洪成文 主编

大学筹资理论与实践丛书

中美大学校友捐赠影响因素比较研究

梁显平 著

人民东方出版传媒
People's Oriental Publishing & Media
東方出版社
The Oriental Press

图书在版编目（CIP）数据

中美大学校友捐赠影响因素比较研究 / 梁显平著 . -- 北京 :
东方出版社，2023.1
ISBN 978-7-5207-2083-0

Ⅰ . ①中… Ⅱ . ①梁… Ⅲ . ①高等学校—慈善事业—影响因素—
对比研究—中国、美国 Ⅳ . ① G647 ② D632.1 ③ D771.27

中国版本图书馆 CIP 数据核字（2022）第 116920 号

中美大学校友捐赠影响因素比较研究
（ZHONG MEI DAXUE XIAOYOU JUANZENG YINGXIANGYINSU BIJIAOYANJIU）

著　　者：梁显平
策划编辑：戴燕白
责任编辑：朱兆瑞
出　　版：東方出版社
发　　行：人民东方出版传媒有限公司
地　　址：北京市东城区朝阳门内大街 166 号
邮　　编：100010
印　　刷：北京明恒达印务有限公司
版　　次：2023 年 1 月第 1 版
印　　次：2023 年 1 月第 1 次印刷
开　　本：787 毫米 ×1092 毫米　1/16
印　　张：18
字　　数：330 千字
书　　号：ISBN 978-7-5207-2083-0
定　　价：88.00 元
发行电话：（010）85924663　85924644　85924641

本专著系教育部人文社科青年基金项目“中美高校校友捐赠影响因素比较研究”（19YJC880048）的阶段性成果

目　录

CONTENTS

绪 论

高水平大学的建设离不开充足的经费支持。现任世界银行高等教育主管贾米尔·萨尔米（Jamil Salmi）博士对世界一流大学研究后认为：充沛的资源是建设高水平大学的三大条件之一，充沛的资源源于公共财政、捐赠收入、学费、研究经费[①]。西方近十年高等教育资源配置实践中，慈善捐赠是西方高等教育资源配置的重要现象之一[②]。社会捐赠是社会财富的第三次分配，对社会事业尤其是教育事业有着重要的意义。如何借助社会资金推动高等教育办学经费多元化，越来越受到关注。当下，筹资已成为高等教育管理实践的新领域。2004年，布鲁斯·约翰斯通（D. Bruce Johnstone）在高等教育国际会议上谈到世界高等教育财政问题时强调："慈善是最具有吸引力的高等教育经费多元化渠道，慈善在高等教育财政持续性发展中将会是越来越重要的补充，利用慈善捐赠来支持高等教育发展越来越有必要并具有可行性。"

随着我国社会经济的飞速发展，校友对高校的捐赠热情高涨，校友捐赠展现了巨大的潜力。1980—2018年期间，我国高校校友捐赠总额为320亿元，

① Salmi J., "The Challenge of Establishing World-Class Research Universities in Developing Countries", Washington D.C.: The World Bank, 2009, pp. 23-38.

② 康宁、张其龙：《政府、市场和大学在高等教育资源配置中的角力》，《复旦教育论坛》2016年第14期。

占高校社会捐赠总额的34.52%，其中有1所高校的校友捐赠达30亿元以上，3所高校超过20亿元，15所高校超过5亿元，48所高校超过1亿元[①]。2015年11月，国务院发布的《统筹推进世界一流大学和一流学科建设总体方案》指出："高校要不断拓宽筹资渠道，积极吸引社会捐赠"，"多渠道汇聚资源，增强自我发展能力。"随着"双一流"建设的持续推进，高校的社会筹资内在需求不断递增，提升筹资能力已成为高校发展的现实需求。校友捐赠是高校社会筹资的主要来源，关于校友关系、校友捐赠的影响因素研究备受关注。我国大学社会筹资工作目前受限于大学不敢做，但是专业发展需求明显[②]。校友捐赠的影响因素研究可以为高校校友关系培育及专业化的筹资工作提供理论支撑，有利于满足高校筹资工作的实践需求。美国高校的社会捐赠模式，长久以来都是世界高等教育筹资研究的主要效仿对象。中美跨文化比较研究是为了知己知彼，避免盲目的模仿，寻求本土策略。中美高校校友捐赠影响因素比较研究有利于反思社会文化及高等教育环境对高等教育慈善捐赠行为的影响。

2017年我高等教育总量已经位居世界第一，我国高等教育发展速度与发展质量显现出诸多矛盾，规模上急速增大，财政却难以满足需求。从规模发展到质量提升是必然选择，面临激烈的竞争性发展的大学在发展内涵、发展模式、办学方向等方面都需要重新思考，大学必须"走出象牙塔"。社会筹资不单纯是募集资金办学，它对大学发展的外部关系和内部治理有着更深远的作用。因此，高等教育筹资研究是高校未来发展必然遇到的紧迫问题。

高等教育筹资作为新兴研究领域，目前尚未形成成熟的理论体系，理论探讨的必要性显而易见。虽然美国学界较早开始了相关研究，但是主要理论

---

① 赵德国、蔡言厚、党亚茹：《2019中国大学评价研究报告——高考志愿填报指南（校友会版）》，科学出版社2019版，第23—43页。

② 洪成文：《创新资金新结构 着力推进"双一流"建设》，《中国高教研究》2018年第1期。

支撑大部分来自非营利组织慈善捐赠，高等教育情境下的理论体系有待发展和深入。国内高等教育筹资理论的研究成果不多，而且其中还以比较和借鉴国外研究成果为主。结合本土化背景的高等教育筹资理论探讨还较为缺乏，本土高等教育筹资理论亟待补充。以中美校友捐赠影响因素为研究主题，可以探讨西方高等教育筹资理论的适切性，明晰中西方高等教育筹资内在差异性，最后构建本土化高等教育筹资理论。

高等教育筹资不同于非营利组织筹款，校友捐赠也异于普通的个人慈善行为。理论上，本研究一方面拓展了高等教育筹资研究领域，将研究问题向微观层次延伸。目前我国高等教育筹资研究主要集中在国际比较、经验介绍和总结，高等教育捐赠制度研究也有所涉及，但更为注重法律制度、税费制度、政策激励机制等宏观问题层面。校友捐赠影响因素研究将筹资管理问题、个人捐赠问题置于高等教育背景之下，研究视角向社会学、心理学、管理学侧重，有利于丰富和补充高等教育筹资理论。

另一方面，从实证角度分析校友捐赠行为，探索哪些因素影响了校友捐赠及相关因素的影响路径是什么等问题，这些都是对个人捐赠行为理论的补充。校友捐赠不同于其他领域捐赠。在已有个人捐赠行为理论基础上，通过结合校友身份的特殊性及高校组织内外部环境因素，探讨校友捐赠行为关系的影响因素和影响机制问题，也是对个人捐赠行为理论范畴的丰富。

最后，目前我国高校筹资理论基础研究十分匮乏，急需本土理论探索。选择中美案例高校进行研究是基于对中西方文化差异的考虑，这有利于回应西方高等教育筹资理论、个人捐赠行为理论在本土环境下的适切性问题，也有助于明晰中国传统社会文化背景下校友捐赠的特征，提供本土理论构建的依据。

就实践意义而言，校友捐赠问题是关乎大学管理、大学筹资发展以及校友关系维护实践的议题。基于对中美案例高校校友捐赠行为影响因素的深入分析，本研究以实证的方法探索哪些因素影响高校校友的捐赠行为，从而为校友工作、大学筹资策略、大学内部治理提供现实依据。

首先，校友捐赠离不开长期校友关系的维系，校友捐赠的影响因素必然与校友工作相关。校友捐赠收入、捐赠率等均可以从侧面反映出校友工作的效果和不足。校友捐赠的影响因素研究可以从校友满意度、校友捐赠回馈等方面折射出校友对校友服务的需求，继而也可以提升校友工作。如何有效地增加校友和母校的连接与沟通、如何丰富校友与母校的互动、如何凝聚校友与母校的感情并获得校友支持等课题，在本研究中都可以获得一定启示。

其次，我国高校筹资处于起步阶段，急需有针对性、有创新意义的筹资策略指导高校筹资工作。随着经济社会的发展，校友的反哺能力增强，校友捐赠潜力巨大，急需有效的筹资策略挖掘。校友是大学筹资的重点筹款对象，通过实证分析校友捐赠的影响因素，可以深刻地理解校友捐赠的动因，为高校筹资实践提供更有效的对策，优化筹资项目。同时，反思我国高校募集社会捐赠管理存在的问题，为高校管理者提出校友捐赠文化培育策略，为高校基金会提供可操作的有针对性的筹款措施和操作方案。

最后，大学校友捐赠行为受到多种因素的影响，既是对教育质量结果的检验，也是对高校管理工作的审视，皆对高校管理实践有着重要的意义。校友捐赠行为的产生是基于校友与母校的关系互动，本研究从社会交换理论视角切入，能够从多个层次分析校友与母校之间的互动，从就读体验、整体满意度、对母校认同等角度分析校友的捐赠行为。从多个维度探讨校友捐赠以及构建校友捐赠的影响机制，可以完善高校内部管理。

Chapter 01 | 第一章

中美高等教育捐赠的发展背景

第一节　美国高等教育捐赠的历史与现状

一、美国高等教育筹资发展动力：历史传承与财政危机

美国高等教育慈善事业萌芽于殖民地时期，捐赠资产在初期主要用于创立大学，以及传授宗教、艺术、科学知识。这种捐资建学的模式从英国引进而来，主要满足美国大学初创时期的硬件需求，包括修建教学楼、图书馆等。慈善捐赠对美国早期高等教育的发展起着绝对性的支持作用。1693—1770 年是美国大学成立的辉煌时期，这与慈善家支持新事物的意向密切相关，也为美国高等教育系统的多样化和扩张奠定了基础。1638 年，约翰·哈佛捐赠成立的哈佛大学，是西方高等教育史上最具有影响力的慈善捐赠，随后耶鲁、斯坦福等捐赠型大学成立。虽然当时社会向大学所捐赠物品的价值并不高，但社会向高等教育捐赠的文化从此植根于西方土壤。独立战争时期，专业学院、女性大学开始兴起，慈善家们支持这些新兴大学也维持老一批大学的生存。独立战争和内战期间，美国大学数量从 9 所扩张到 173 所，新建大学在窘迫的财政背景下挣扎生存。[①] 美国公立大学在内战前的经费来源以公共经费和私人支持相结合的方式为主。内战后，社会力量和政治推动改变了这种模式，州立大学开始对资源管理进行重新定义，公共关系和财政的关系开始重新被审视，州立大学开始发展吸引私人资金的能力。19 世纪晚期，经济迅速发展，社会财富创造激增，高等教育事业获得大量捐赠。同

① Drezner N. D., “Philanthropy and Fundraising in American Higher Education” , *ASHE Higher Education Reports*, Vol.37, No.2 (2011) , pp.1–155.

一时期，积聚财富的企业家、金融家们开始推动大学走向实用性，多所知名的捐赠商学院成立，比如约瑟夫·沃顿（Joseph Wharton）成立沃顿商学院，约翰·戴维森·洛克菲勒（John D. Rockefeller ）捐赠成立芝加哥大学，阿伯特·劳伦斯（Abbott Lawrence）捐资成立哈佛劳伦斯科学学院。

20世纪，系统的有组织的筹资活动在美国高等教育领域兴起。[①] 有组织的校友捐赠在20世纪中期开始普遍起来，随之产生了校友会、筹资运动、专业筹资者。二战后，由于大学毕业生收入提高以及税费利益的刺激，校友捐赠开始激增。康奈尔大学首先将校友捐赠者纳入董事会，这标志着大学系统劝募的开始。俄亥俄州立大学于1940年发起校友捐赠活动，成为开展私人募捐的第一所州立大学。20世纪后半期，大学间的筹资竞争骤然激烈，美国2000所私立高校和1500所公立高校开展了筹资工作，几所大学竞争同一笔捐赠是常见现象。有学者指出，二战后，美国高等教育筹资的发展呈现三大趋势：筹资开始变得越来越专业化，大学内部开始组建专业筹资团队而非依靠筹资公司；筹款活动趋向丰富精细；开始关注大额捐赠[②]。20世纪90年代被称为"美国高等教育的百万年"，政府缩减经费激发大学筹资热情空前高涨。[③]

社会捐赠为美国高等教育提供了可靠资本，民间财富流向高等教育领域，突破了美国高等教育财政制度分配的制约性。莱斯利·雷米（Leslie Ramey）认为，自愿支持成为唯一平衡高校财政预算的来源。[④] 美国教育发展

① Cutlip S. M., *Fund Raising in the United States: Its Role in America's Philanthropy.* Transaction Publishers, 1965.

② Ehrenberg R. G., "New Strategies for Educational Fund Raising", *Journal of Higher Education,* Vol.76, No.1,（2005）, pp.110–111.

③ Drezner N. D., "Philanthropy and fundraising in American higher education", *ASHE Higher Education Reports*, Vol.37, No.2,（2011）, pp.1–155.

④ Leslie, G. Ramey, "Donor Behavior and Voluntary Support for Higher Education Institutions", *Journal of Higher Education*, Vol.59, No.2,（1988）, pp.115–132.

与资助委员会（Council for Advancement and Support of Education，简称 CASE）认为，美国高等教育的繁荣应当归功于慈善捐赠。到 21 世纪，美国创新型大学如深泉学院等也由私人支持而成立。高校基金会管理和筹资手段走向市场化，为美国高校的发展提供源源不断的资金，尤其美国一流高校更为突出。获取社会捐赠已逐步成为美国缓解高等教育经费难题的重要策略之一。

美国高等教育筹资的内驱力首先是弥补政府经费不足，维持社会正义，保持入学率，为学生提供更多资助。当政府削减公共经费时，大学是合乎逻辑的选择对象，因为不像其他社会机构，大学有潜力通过自创收入弥补收入缺口。美国高等教育筹资的发展与高等教育财政体制的变革直接相关。由于经济环境的不稳定及政府经费削减的大背景，“学生承担费用”分担政府成本成为西方国家高等教育财政出路的“通用规则”。2003—2012 年，美国州政府财政支持占公立大学经费比例从 32% 降至 23%，而学费占大学经费来源的比重从 17% 增加到 25%。[①] 州政府削减了 23% 的生均经费，即使州政府收入恢复到经济萧条之前，大部分高校获得的政府经费仍然低于经济危机之前。[②]

1987—2012 年，公立大学学费翻倍，同时生均经费减少了近 1/3[③]。2013 年，学费占全美公立高校财政收入的 47.7%，超过一半公立高校的运转经费来自学费，学费占收入的比例超过州政府和地方政府的拨款。公立高校依赖学费平衡收支，增加学生资助费用成为高校新的挑战。2014 年，美国大学生学费资助的来源主要包括联邦政府贷款（占 34%）、高校自主资助（占 22%）

① Emrey-Arras M., “State Funding Trends and Policies on Affordability” *Gao Reports,* Vol.3, 2014.

② Mitchell M., Palacios V., Leachman M., *States are Still Funding Higher Education Below Pre-Recession Levels.* Washington, D.C.: Center on Budget and Policy Priorities, 2014.

③ Clink Kellian, “The NEA 2015 Almanac of Higher Education” , *Reference Reviews*, 2015.

和联邦政府佩尔助学金（占16%），而2009—2010年度到2014—2015年度，联邦政府提供的资助资金仅增长了1%，增长最多的是高校自己投入的资金，增加了96亿美元，与5年前相比增加了32%。[①]“为学生提供公共资金以减少高成本学校和低成本学校的价格差异，这确实是联邦学生资助项目的初衷。但是，在过去20年中，作为公立大学收入一部分的州专项拨款减少了25%，再加上20世纪90年代后期股市上涨期间私人捐赠急剧增加，公立大学的平均学术经费开支远远落后于私立大学。”[②]公立大学、私立大学在可用资源上日益扩大的差异，迫使公立大学在社会筹资方面开始投入大量精力。对于私立大学来说，募集社会资金及建立基金会，很长时间以来已经成为一项关键的事情。对公立大学来说，在强烈反对增加学费的政治压力下，私人募捐是一种更为现实的选择。

金融危机后，美国政府大幅削减高等教育经费。学生和家庭的高等教育负担增重，让人们对美国高等教育的定位产生了质疑，也引发了关于高等教育公共属性的争议，高等教育的作用、角色变得模糊。高等教育是否还应该被当作公共产品？谁才应该承担更多高等教育成本？高等教育入学机会、社会公平问题成为美国高等教育发展急需解决的问题，然而高校与政府的博弈并未出现实质性转变，公立高等院校也不得不思考通过其他途径来增加经费，多元化筹资成为高校走出经费紧缩困境的仅有且易操作的选择。私立大学依靠慈善捐赠的成功实践成为美国众多公立大学的效仿目标，于是，公立大学纷纷拓展大学发展部门业务筹集社会资金。

① Baum S. , Elliott D. C., Ma J., Bel D. W., “Trends in Student Aid”, *The College Board,* 2014.

② ［美］詹姆斯·杜德斯达、弗瑞斯·沃马克:《美国公立大学的未来》，刘济良译，北京大学出版社2006版，第22页。

二、美国高校校友捐赠的发展状况

高等教育社会捐赠是弥补美国财政教育经费削减的重要途径。1974—2020 年，美国社会向高校捐赠金额总体呈现稳定的上升趋势，不过，在 2008—2009 年经济萧条期间，增长势头明显减缓甚至下降，到 2013 年，捐赠总收入恢复到了 2008—2009 年前的水平见（见图 1-1）。2020 年，美国自愿支持教育（*Voluntary Support of Education*）报告显示，当年捐赠总收入达 495 亿美元，主要来源包括：校友捐赠 110.6 亿美元（占 22.34%），基金会捐赠 164.4 亿美元（占 33.21%），非校友个人捐赠 86.3 亿美元（占 17.43%），公司捐赠 66.3 亿美元（占 13.39%），其他组织捐赠 67.4 亿美元（占 13.62%）。其中，基金会、校友捐赠和非校友个人捐赠是主要捐赠来源。

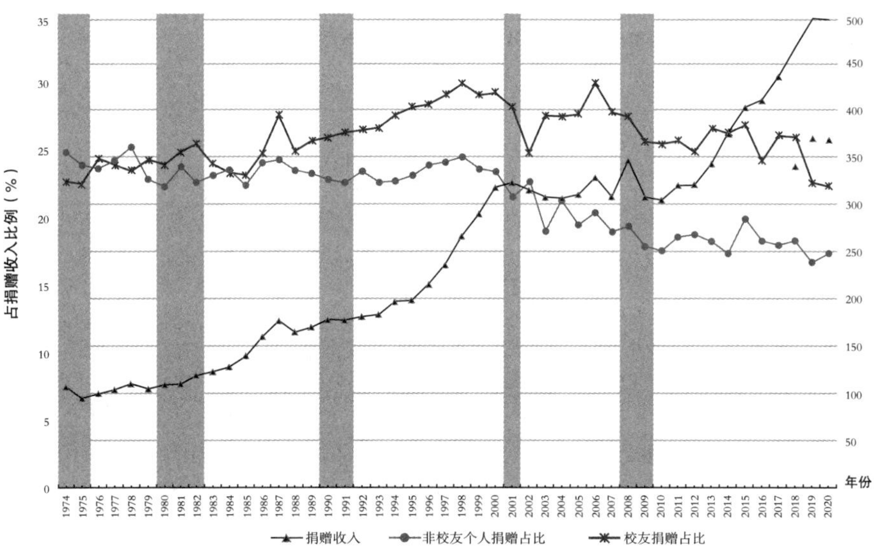

图 1-1　1974—2020 年美国高校社会捐赠收入

数据来源：Voluntary Support of Education（VSE）,1974-2015, *Council for Aid to Education*。

从图 1-1 中还可明显看出 1984 年后，校友捐赠和非校友捐赠比例出现了逆转趋势，校友捐赠比例超过非校友捐赠比例，并且占比逐年上升，在 2005 年校友捐赠占比最高达 30%。校友成为最大捐赠来源之一，这与美国高校重视校友工作及校友回馈母校的传统捐赠文化分不开。在 2008 年之前，校友捐赠占比最高，2008 年经济萧条后，基金会捐赠比例超过校友捐赠比例。美国有将近 72000 个基金会，2008 年经济危机过后，大多数慈善基金会都会提供固定的非限制性资金用于支持科学研究、教师发展、学术项目和奖学金等。公立高校加入筹资队伍非常迅速，1990 年公立大学捐赠基金占美国高校捐赠总额的 20%，到 2013 年增加到 30%，基金会向私立大学捐赠 36.5 亿元，向公立大学捐赠 37.3 亿元。在 1990—2013 年，研究型大学的社会捐赠收入一直维持高校总收入的 70% 左右，本科院校的捐赠收入占高校总收入的 20%[①]。2019 年，新冠肺炎疫情的暴发对家庭和社会的经济状况产生了明显的冲击，校友捐赠总量显著下降。

由于校友捐赠往往被认为是校友对大学质量评价的一大因素，所以校友捐赠率被加入第三方大学评价指标中。为了提高大学排名，各高校为提升校友捐赠率不遗余力，捐赠活动以各种方式在各种场合如火如荼地开展。提升捐赠率似乎比其他科研教学等指标更容易实现，因此美国高校尤其私立高校围绕校友捐赠进行了系统策划。

根据《美国新闻与世界报道》1451 所大学排名报告的数据，2017—2018 学年和 2018—2019 学年的美国高校校友平均捐赠率为 8%。但一些学校报告的数字要高得多，排名前十的高校年平均校友捐赠率达到 44%，甚至更高。排名第一的是普林斯顿大学（Princeton University），该大学 2017—2019 年的

① Drezner, N. D., Huehls F., *Fundraising and Institutional Advancement: Theory, Practice, and New Paradigms,* Routledge, 2014, pp23–49.

校友平均捐赠率为55%。在校友捐赠率最高的10所大学中，有7所是文理学院（见表1-1）。

表1-1　2017—2019年美国校友捐赠率（平均数）最高的前十所高校

高校名称	校友平均捐赠率（%）
普林斯顿大学（Princeton University）	55
威廉姆斯学院（Williams College）	50
鲍登学院（Bowdoin College）	47
爱丽丝劳埃德大学（Alice Lloyd College）	46
阿默斯特学院（Amherst College）	45
卡尔顿学院（Carleton College）	45
托马斯阿奎那学院（Thomas Aquinas College）	45
圣十字学院（College of the Holy Cross）	44
达特茅斯学院（Dartmouth Colleg）	44
韦尔斯利学院（Wellesley College）	44

数据来源：https://www.usnews.com/education。

2014—2016年，美国公立大学校友向母校捐赠的比例在5%~6%，私立大学校友捐赠率中位数比例达18%~20%。2016—2020年，校友捐赠金额超过1000美元的比例为10%~13%，其中私立大学明显高于公立大学[①]（见表1-2）。

表1-2　2016—2020年美国高校校友捐赠金额超过1000美元的比例

年份	私立大学（%）	公立大学（%）	全部高校（%）
2016	12.83	8.78	10.20
2017	12.90	9.42	10.63
2018	13.90	10.08	11.45
2019	13.25	10.59	11.66
2020	15.10	11.52	12.95

数据来源：2020 Donor Centric Annual Report on Higher Education Alumni Giving。

① Blackbaud, "2020 Donor Centric Annual Report on Higher Education Alumni Giving"，2021-2-14，https://s21acms01blkbsa02.blob.core.windows.net/prod/docs/default-source/industry-insights/reports/2020-dc-he-report.pdf.

第二节　中国高等教育捐赠的历史与现状

一、中国高等教育捐赠的发展历程：从断层到复兴

自古以来，教育一直是中国慈善事业的重要领域。回溯中国教育社会捐赠发展历程，我国形成了从孔子募资兴办私学到唐宋时期私人捐资助学成立书院（被称为“乡党之学”）的悠久办学传统。书院的经费来源也包括官员、乡绅的捐赠。到清末年间，我国第一代高等教育机构诞生，为了弥补教育经费的不足，清政府颁布了许多法令，鼓励社会个人和团体捐资助学[①]。民国时期，特别是从君主制向民国过渡的 1911—1927 年间，中央政府权力的缺乏激发了我国高等教育慈善的时代[②]。一方面，中央政府颁布了《教育捐赠表彰奖励条例》，于 1912 年首次颁布，1929 年重新颁布。地方政府也对捐赠激励条款做出了更详细的规定，主要通过授予奖牌或牌匾的方式，根据捐赠者的声誉对其进行表扬[③]。另一方面，世纪之交的中国高等教育也受到了外来宗教的影响。在 19 世纪末和 20 世纪初，作为一种宗教教义传播路径，基督教和天主教传教士在我国创立了许多教会大学，如 1888 年成立的金陵大学（现南京大学），1900 年成立的东吴大学（于 1949 年搬到台湾），1919 年成立的上

① 参见陈俗嘉、邓洪波主编：《中国书院史资料》（中册），浙江教育出版社 1998 年版，第 915—1325 页。

② Hayhoe R., *China's Universities* 1895–1995: *A Century of Cultural Conflict*, New York and London: Garland publication, 1996, pp28–59.

③ Wang X., “A Policy Analysis of the Financing of Higher Education in China: Two decades reviewed”, *Journal of Higher Education Policy and Management,* Vol.23, No.2, (2001), pp.205–217.

海中医药女子学院。在同一时期，一些社会精英通过家族传承的方式建立了大学[①]，如1905年马相伯创办的复旦大学，1917年丁甘仁创办的上海中医药大学，以及1921年陈嘉庚创办的厦门大学。

1911年之后，现代大学蓬勃发展，其中私立大学理事会大力筹款。大学理事会的捐赠者主要是校友、商人、政府官员、从海外回来的华人和传教士[②]。据《中华民国历史档案》（1994）记载，1929—1937年，高等教育捐款总额达2450万元，是中小学捐款总额的3倍[③]。其中，大部分捐赠资金流向了严重依赖社会捐赠的私立大学。1931年，民办高校经营经费中49.8%来自社会捐赠[④]，复旦大学、岭南大学、齐鲁大学等部分民办高校的捐赠比例超过70%[⑤]。另一个主要的捐赠来源是外国基金会，如卡内基基金会和洛克菲勒基金会。洛克菲勒基金会从1923年开始向南开大学提供大量资金支持，到1934年共捐赠了344437元，其中125000元用于修建科学馆。

中华人民共和国成立以后，私立学校全部转为公办。新中国成立初期，教育经费由国家财政提供，政府成为办学的主要财政来源。1978年，在教育经费体制改革初期，大多数公立大学的政府拨款比例高达95.9%，社会捐赠

① Kwong J., “The Reemergence of Private Schools In Socialist China”, *Comparative Education Review*,Vol.41, No.3,（1996）, pp.244–259.

② 李梦琪、任一明:《论民国时期私立高等学校的教育捐赠》,《 教育史研究辑刊》2012年第1期。

③ 王佩、赵媛、陆丽云:《民国时期我国高等院校的教育捐赠研究》,《江苏高教》2018年第8期。

④ 民国政府教育部:《第一次中国教育年鉴》（丁编），上海开明书店1934年版，第50页。

⑤ 王佩、赵媛、陆丽云:《民国时期我国高等院校的教育捐赠研究》,《江苏高教》2018年第8期。

收入几乎为零[①]。1997年，中国所有的公立大学开始收取学费，为了帮助家庭经济状况较差的学生完成学业和扩大研究能力与机会，高等教育慈善事业复兴起来。许多商人，比如李嘉诚、田家炳、邵逸夫、霍英东都慷慨解囊捐建内地高校。如今，中国有3000多所大学和45所学院及众多教师培训中心都以田家炳命名[②]。至此，大学基金会也开始成立，以管理资金和捐款。尽管此时高等教育筹集的资金数额很小，却极大地推动了精英大学基金会的成立。

二、高等教育大众化阶段高校捐赠收入"贫富差距"明显

进入21世纪，高等教育捐赠热开始升温。1999—2018年期间，我国高校社会捐赠收入绝对值持续增长，年均增长率为17.1%。从2007年开始，高校每年的捐赠收入持续增加，2018年达到51亿元，占高等教育财政支出的0.43%。1999—2010年，年平均捐赠收入约23亿元；2011—2018年，年平均捐赠收入增加到45亿元（见图1–2）。从总体上看，大学的平均捐赠收入呈波动上升趋势。

2019年《中国大学基金会发展报告》显示，从1980年到2018年，中国高等教育的社会捐赠总额为927亿元。在社会捐赠收入方面，大学之间存在着明显的差距：1所大学超过100亿元，2所大学超过50亿元，13所大学超过20亿元，19所高校超过10亿元，38所大学超过5亿元，101所大学超过1亿元，128所大学超过5000万元，227所大学超过1000万元（见图1–3）。

① Wang X., "A Policy Analysis of the Financing of Higher Education in China: Two decades reviewed", *Journal of Higher Education Policy and Management,* Vol.23, No.2,（2001）, pp.205–217.

② 吕旭峰:《我国教育捐赠问题研究》，浙江工商大学出版社2015年版，第51—57页。

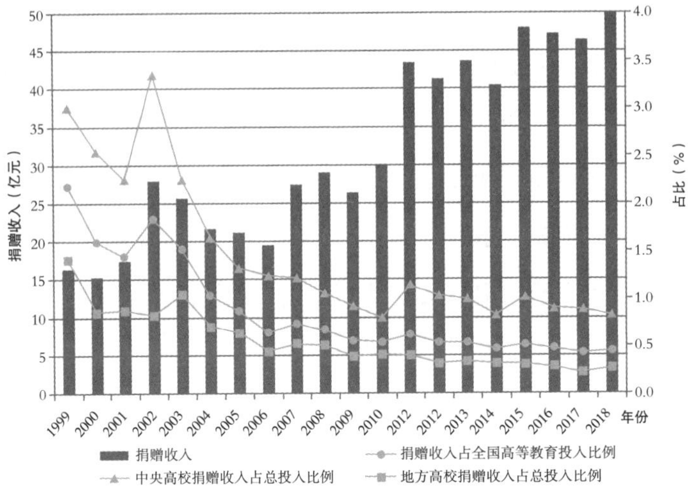

图 1-2 1999—2018 年高校捐赠收入情况及占总投入比例

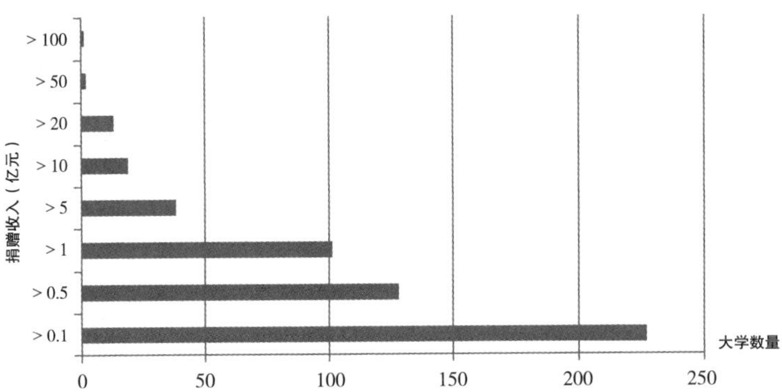

图 1-3 1980—2018 年我国大学基金会不同捐赠收入的数量分布

2018 年，全国 118 所高校接收捐赠资金 29.8 亿元，占捐赠总额 51 亿元的 58.43%,2513 所地方高校接收其余的 21.2 亿元捐赠。此外，如表 1-3 所示，排名前十的大学占中国高等教育社会捐赠的 50% 以上，其中 70% 是 985 高校。具体而言，清华大学和北京大学分别以 123 亿元和 91.5 亿元的社会捐赠收入遥遥领先。汕头大学一直受到李嘉诚私人基金会的支持，以 50 亿元的捐赠收入排名第三。

表 1–3 1980—2018 年社会捐赠收入的前十所高校

（单位：亿元）

高校名称	社会捐赠总收入	校友捐赠总收入
清华大学	123	29
北京大学	91.5	31
汕头大学	50	—
浙江大学	48	16
西湖大学	35	—
武汉大学	29	18
复旦大学	27	17
上海交通大学	27	0.6
中国人民大学	25	2.2
武汉学院	25	—
占全国高校捐赠总额的比例	51.8%	43.4%

三、中国高校校友捐赠的发展趋势

为了激励更多高校主动吸纳社会资金，2009 年 10 月 12 日，财政部、教育部联合制定了《中央级普通高校捐赠收入财政配比资金管理暂行办法》（以下简称《配比办法》），中央财政设立配比资金对中央级普通高校接受的捐赠收入实行奖励补助，进一步激励高校积极自主筹集社会资金。2015 年 11 月，国务院发布了《统筹推进世界一流大学和一流学科建设总体方案》，该方案的一项重要内容就是倡导和鼓励社会资源参与高等教育发展，指出："建设世界一流大学和一流学科是一项长期任务，需要各方共同努力，完善政府、社会、学校相结合的共建机制，形成多元化投入、合力支持的格局"，"高校要不断拓宽筹资渠道，积极吸引社会捐赠，扩大社会合作，健全社会支持长效机制，多渠道汇聚资源，增强自我发展能力。"2015 年 11 月，多部委联合发布《关于改革完善中央高校预算拨款制度的通知》，其中特别提出要引导和激励中央高校吸引社会捐赠。

校友是我国高等教育慈善支持的主要来源。自1980年以来，中国大学毕业生成为新的财富持有者，他们的个人可支配收入随着中国经济的迅猛发展而增长。1980—2018年，校友向母校共捐款320亿元，占总高校捐赠总额的34.52%。近年来，我国大学校友捐赠总额、校友个人捐赠金额、单笔捐赠金额、校友捐赠率等最高纪录频频被刷新，引起社会的高度关注。近15年我国校友向母校回馈开始出现"井喷式"现象。根据中国校友网报告，1990—2015年我国大学接受校友捐赠总数超过170亿元，占当年全国高校社会捐赠总收入的31%[①]。2010—2014年期间，全国校友捐赠数额近90亿元；2016年单年全国高校捐赠收入近60亿元；到2017年底，中国校友捐赠总额已突破250亿元。位居全国大学校友捐赠榜首的高校为清华大学、北京大学和中国人民大学，3所高校累计获得校友捐赠均超过20亿元。除了综合实力靠前的高校，一些综合实力排名靠后的高校也获得了令人瞩目的校友捐赠，如中国农业大学、电子科技大学、昆明理工大学、河海大学、深圳大学、宁波大学等高校均入围校友捐赠排行榜前30。[②]

在中国高校的企业家捐款中，校友捐款占主导地位。自2010年以来，随着中国民营企业的蓬勃发展，各高校的主要捐赠来自企业家校友，他们主要从事房地产、互联网商务和制造业行业。根据《2019年中国慈善年报》，企业捐赠额为931.3亿元，占慈善捐赠总额的61.71%[③]。胡润《2013年中国百万富翁财富报告》指出，中国企业家回馈母校的趋势越来越明显[④]。这些亿万富

① 中国校友网，2020年12月19日，见 http://class.cuaa.net/paihang/news/news.jsp?information_id=134373。

② 同上。

③ 中国慈善联合会："2019年中国慈善年度报告"，2020年12月19日，见 http://www.charityalliance.org.cn/news/14040.jhtml。

④ 胡润研究院：2013年中国百富榜，2020年1月13日，见 http://up.hurun.net/Humaz/201312/20131218145315550. pdf。

翁对母校的捐款占了校友捐款总额的近一半。近年来，互联网行业的企业家热衷于回馈母校。2019 年，字节跳动创始人张一鸣捐赠 1 亿元，庆祝南开大学成立 100 周年；百度创始人李彦宏 2018 年捐赠 6.6 亿元，庆祝北京大学成立 120 周年；马云捐赠 1 亿元在杭州师范大学设立教育基金，主要用于教师教育和教育科研创新；2017 年，京东创始人刘强东向中国人民大学捐赠了 3 亿元。

高等教育筹资中，校友捐赠是主要捐赠来源，稳定且可持续性强。我国高校校友捐赠具有巨大潜力。进入 21 世纪以来，随着民营经济的飞速发展，中国校友的“创富能力”正在突飞猛进。在 1999—2009 年胡润中国百富榜、福布斯中国富豪榜、南方周末中国（内地）人物创富榜和新财富 500 富人榜等上榜的亿万富豪中，6 成上榜的亿万富豪拥有大专以上学历。其中，27.44%的亿万富豪拥有硕士、博士学历[①]。具有大学教育经历的一批校友正在成为中国社会的主要创富者，这正是未来高校可利用的重要资源。“中国校友会网 2011 中国大学排行榜”率先引入“校友捐赠”作为衡量大学的评价指标，目的在于倡导大学校友自由捐赠文化，促进大学更加重视校友服务工作，重视校友捐赠对大学发展的意义。

校友是高校重要的社会资本，聚集了智力财富和物质财富，为高校的发展提供融资功能和发展能力，校友可以为学校注入思想、知识、资金等资源，帮助高校获得可持续的竞争力。国际上高校排行榜还将校友捐赠作为评价大学水平的重要指标，彰显了高校校友捐赠的重要性。校友捐赠的内涵远远超过捐赠金额，更加强调对高校教育质量与效果的检验。高校应当大力培育校友资源，借此促进自身发展。校友对母校怀有深厚的感情，他们可以利用其资源直接或间接地为母校提供资金支持，为母校筹资拓展

① 中国校友会网，2020 年 12 月 19 日，见 http://www.cuaa.net/cur/2010ywfhdcbg/。

渠道。校友是高校筹资的重要中介，是大学外部经济关系中的重要元素。如何得益于校友这一社会资本，利用校友资源筹集经费，是国外许多高校致力探索的问题。

相对于我国高等教育规模来说，社会捐赠还仅仅是我国高等教育经费的一种极为边缘的补充形式，无论在投入比重上还是在规模数量上，都与西方发达国家存在较大差距，尚有巨大潜力有待挖掘。

Chapter 02 | 第二章

校友捐赠行为的理论分析

第一节　理性人为何捐赠

一、非纯粹的利他主义动机

人与动物的最大差异是拥有理性，理性人为何会出现向他人的志愿捐赠行为？其答案可以从自利行为、利他行为和互惠行为三个方面来挖掘。经济学中的三大假定之一：人类从事各种活动的根本动机是追求自身效益最大化。加里·S. 贝克尔（Gary S.Becker）在其《人类行为的经济分析》一书中主张经济学可以解释一切人类行为，他认为某种行为的产生是基于对种种行为效用的预期，即“做或是不做这种行为是否会得到更大的收益或是产生更小的损失”。“慈善”被认为是个人将个人拥有转移给没有利益关系的人或是组织。贝克尔从经济学角度认为慈善行为是出于改善福利，并且慈善者对他人的施予善举，是补偿他人失去的收入，最后使所有人的“机会”和消费达到最大化。“利己的支配性与某些善举的延续性通常被解释成‘人性’，这是回避问题的托词。”① 他并不认同以人性作为解释，一切皆为效益最大化。《人类行为的经济分析》一书将利他主义和利己主义的效益最大化行为之间的相互作用解释为利他主义的自然选择问题。效益最大化的假设作为解释分析人类捐赠行为时，显然自利动机不能解释捐赠行为，因为，捐赠者在捐赠过程中并没有获得可排他的收益。当然，有可能直接得出反向的结论，即捐赠者是出于利他动机，因为个人在捐赠过程中是在提升他人的

① ［美］加里·S. 贝克尔：《人类行为的经济分析》，王业宇、陈琪译，上海人民出版社 1995 年版，第 321—323 页。

幸福，赠予他人而使得他人快乐。在传统的公共物品捐赠模型中，捐赠者的效用依赖于作为一个整体的慈善行为的外部性，而不是他自己捐赠的多少。捐赠使得受捐者福利水平提高，利他主义的捐赠者也因此获得效益，从而改善了整个社会的福利。但是，这种利他动机是否完全利他？纯粹的利他主义动机是否存在？

从目前已有的研究结论来看，以上问题的答案是否定的。西方学界将利他主义动机分为两种：纯粹利他主义动机和非纯粹利他主义动机。非纯粹的利他主义动机也符合经济学中理性人的假设，研究者认为普遍存在的利他行为本身也可以为个体带来他自己所认为的效益最大化的个人福利。也就是说，利他主义的馈赠者的捐赠行为考虑的不仅仅是他人福利，而是通过捐赠行为增加他人的福利进而使自己也获得一定好处。为何产生利他主义动机？国内学者认为，利他主义是为了在自然选择中生存下来[①]；利他主义动机是为了保障个人在激烈的生存竞争中获取更多的社会资源或资本，从而获得竞争优势[②]；利他行为可以是内部动机所要实现的利己目标的手段[③]。

那么，非纯粹利他主义行为的行为机理是什么？利他行为中掺杂的利己特征是什么？安德烈奥尼（J. Andreoni）建立了非纯粹利他主义的模型，该模型假设人们不仅从捐赠使他人福利得到改善中获得欣慰，更可以从捐赠行为中直接获得快乐——他称之为“温情效应”（warm-glow effect）[④]。个人捐赠行为本身还会产生个人心理上或精神上的满足，是属于非纯粹利他主义动机。除了从帮助他人行为中获得快乐，还存在其他形式的回报。目前学界对社会

① 叶航:《利他行为的经济学解释》,《经济学家》2005 年第 3 期。

② 王覃刚、冀红梅:《利他行为、社会资本与制度演化》,《财贸研究》2006 年第 5 期。

③ 徐贵宏、贾志永、王晓燕:《“经济人”利他行为的经济分析》,《经济学家》2008 年第 1 期。

④ Andreoni J., “Impure Altruism and Donations to Public Goods: A Theory of Warm-Glow Giving”, *Economic Journal,* Vol.100, No. 401（1990）, pp. 464-477.

捐赠动机的研究更倾向于非纯粹利他主义动机。利他主义动机更深一步的研究表明，把捐赠看作基于公平、互惠等社会规范而产生的一种行为是一种有条件的利他主义动机（conditional altruism）。慈善被认为是基于共同利益，是利他主义和自我利益的集合。即使看起来是出于纯粹的利他主义动机，也仍然受到个人利益的驱动，比如“自我价值”[①]。自私行为和利他行为之间存在一个交集，比如为了未来获得认可是自私行为，而为了共同利益可能就属于交集范畴。因此，捐赠者动机并非是一件不言自明的事情，这种处在自私和纯粹的利他行为动机之间的区域相当于灰色地带，也是有意思的地方。德雷兹内（Drezner N. D.）教授认为，探究人的捐赠动机应该去探索这个灰色地带。那么，在高等教育独特的背景下、校友这个独特的身份下以及大学与校友管理关系衔接的这个场域里，这个灰色地带又是如何呈现的，会呈现出什么差异，是值得进一步研究的问题。

作为利他主义动机的补充和矫正，经济学家门提出了“公共利益模型”（public-good model），该理论认为慈善行为处于利他主义时，是基于公共利益也就是他人利益的最大化为目标的。基于公共利益的一个假设是：个人追求某种利益或需求时，并不会减少他人的利益。有学者认为“公共利益”和“利他主义”的概念只是抵消一种直接需求，而不是补充一种需求[②]。这就引出了利他主义动机的挤出效应（crowding out）问题。私人捐赠最明显的利益在于提升相关非营利组织的“产出”，比如增加服务，让更多需要帮助的人受益，改善低收入者的福利。非营利组织的产出带来的利益是非排他的、非独一无二的，除了捐赠者外还可以造福其他人，这就是一种“挤出效应”。

① Drezner N. D., Huehls F. : *Fundraising and Institutional Advancement: Theory, Practice, and New Paradigms*. Routledge, 2014, pp.23–43.

② Drezner N. D., Huehls F. : *Fundraising and Institutional Advancement: Theory, Practice, and New Paradigms*. Routledge, 2014, pp.23–43.

把个人捐赠的动机指向非营利组织的产出时，通常被解读为一种利他主义行为。布鲁克斯（Brooks A. C.）指出，在不同的领域，挤出效应的大小不一[①]。经济学领域对利他主义动机产生的完全挤出效应和不完全挤出效应进行了丰富的研究。在社会公共事业领域，挤出效应大一些；而在文化艺术领域，捐赠则较少受到政府相关支出的影响。有研究还发现，政府资助在某些领域具有挤入效应，即政府支出的增加有可能带来私人慈善捐赠的增加。

二、亲社会行为

利他是指自愿地帮助他人的行为，并且在你做出这种行为时并不期望得到任何形式的回报，忽视个人的利益所得。单从概念上理解，利他就是不图回报地帮助他人。亲社会行为（prosocial behavior）是一个更宽泛的概念，包括任何助人行为和那些计划要帮助他人的行为，不管助人者的动机是什么，仅仅聚焦在希望和愿意帮助他人。所以，亲社会行为所涉及的范围包含纯粹的利他行为和完全受自身利益驱动的助人行为。最早的对亲社会行为解释主要源于进化理论、社会文化理论、学习理论、决策理论和归因理论。进化理论认为，助人的倾向是我们基因进化遗传的一部分。社会文化理论则强调规范的重要性，这些规范规定了我们何时应该帮助需要的人。学习理论指出，个体遵循强化和模仿的基本原理，学会帮助他人。决策理论强调，在做出帮助行为决定之前，人们对成本和收益的权衡很重要。归因理论指出，帮助人的意愿取决于这件事情的价值，即是否值得去帮助。社会文化理论认为，亲社会行为对社会有益，因此它就成为社会规范的一部分。人类社会存在三种

① Brooks A. C., "Public Subsidies and Charitable Giving: Crowding Out, Crowding In, or Both?", *Journal of Policy Analysis & Management,* Vol.19, No.3 (2000), pp.451–464.

共同的基本社会规范，所谓的社会规范即体现出人类文化的相似性。第一，社会责任规范：我们应该帮助那些依靠我们的人，比如父母帮助孩子，教师帮助学生等。第二，互惠规范：我们应该帮助那些曾经帮助过我们的人。第三，社会公正规范，这是一种关于公平和公正地分配资源的规范。向慈善机构捐钱是受创建一个更公平的环境的愿望所驱动的。实验研究也表明，如果能够做到，受益多的人未来会为公平多做出一些行动。[①]

个人捐赠行为的内在动机是个人偏好于他人的幸福，被视为一种亲社会行为。个人内在动机研究在经济学和社会心理学研究中非常丰富。内在动机（intrinsic motivation）指的是对事物本身的兴趣或愉悦带来的动机，这存在于个体内部而非依赖于任何外部力量的驱动。根据美国人本主义心理学家亚伯拉罕·马斯洛在著名的组织动机理论研究中提出的需求层次理论，获得尊重和自我实现需求决定人格发展，也是个人慈善行为的主要内在动机。尊重需求（esteem needs）包括成就、名声、地位和晋升机会等。尊重需求既包括对成就或自我价值的个人感觉，也包括他人对自己的认可与尊重。个人的捐赠行为也是自我实现需求（self-actualization）。作为另一种个人捐赠的内驱力，它是最高层次的需求，是真善美至高人生境界获得的需求，是一种衍生性需求，如自我实现、发挥潜能等。[②]

相较于内在动机，外在动机（extrinsic motivation）指的是从事某个活动的行为是为了取得外部收入，这种动机常常与内在动机相抵触。外在动机源于个体的外部。通常，外在动机包括金钱、分数、强迫、惩罚等。个人捐赠的外在动机主要基于道德规范的考虑和需求层次。经济学家厉以宁先生认为

① [美]谢利·泰勒、利蒂希亚·安妮·佩普劳、戴维·西尔斯：《社会心理学》，崔丽娟、王彦等译，上海人民出版社2010年版，第371页。

② [美]马斯洛 A. H.、陈炳权、高文浩等：《人的动机理论（上）》，《经济管理》1981年第11期。

慈善是社会的第三次分配，第一层次的分配是以竞争为动力的分配，即根据能力大小决定收入多少；第二层次是以公平为原则的分配，即通过社会保障、社会福利进行再分配；第三层次则是基于道德规范的考虑，即有钱人自愿把钱分给穷人[①]。与利他主义或非纯粹利他主义动机不同，基于道德规范的考虑是基于人类的理性和同情心的个人选择，而不是基于个人的利益，所以属于道德的范畴。基于道德的捐赠行为，被视为符合社会规则，如果人们违反了此规则，他们就会受到良心上的谴责，也有可能遭受社会舆论压力甚至负面的道德判断。“义务感”和“社会责任感”成为一种慈善行为动因，以此支持和维护社会规范，与社会基本保障制度相联系，这种道德选择也是影响捐赠行为的一类重要驱动力。这也是现代社会将“慈善”作为一种事业的一个前提，不仅体现个人的道德层面的高尚和善意，也能促进社会和谐，有利于弥补社会保障制度的缺陷。但是，人的道德情感非常复杂，难以靠主观层面来描述或解释人类的捐赠行为动机。从形式上看，个人的外在动机包括获得外在物质奖励、名誉奖励、社会认可、公众影响力等。慈善捐赠与筹资机构就像是一种消费、购买关系。捐赠后，慈善机构给捐赠人以回报，如捐赠证书、感谢礼物、会员优惠、演出赠票、冠名权、加入高级别捐赠俱乐部等。其中大部分个人利益的动机往往是无形的。除了内在动机和外在动机分类以外，有学者提出了第三类动机：形象动机，即个人因捐赠获得社会认可、尊重和社会威望等回报[②]。研究者认为，内在动机和外在动机是个人动机，形象动机属于社会动机，也是有形的动机。

① 厉以宁:《超越市场与超越政府：论道德力量在经济中的作用》，苑爱玲译，外语教学与研究出版社 2015 版，第 45—58 页。

② Ariely D., Bracha A., Meier S., “Doing Good or Doing Well? Image Motivation and Monetary Incentives in Behaving Prosaically”. *The American Economic Review,* Vol.99, No.1 (2009), pp.544–555.

有研究发现，物质奖励会挤出形象动机，内在动机、外在动机、形象动机三者存在相互影响关系，形象动机对个人的亲社会行为有着重要影响[①]。

三、个体的动机差异

总体来说，捐赠人抱持混合动机偏好在很多研究中得到了验证，混合动机偏好在一定程度上成为后续研究的基本假设。那么，具体的“混合”会出现怎样的特征呢？1994年，普林斯（Prince R. A.）在著作《七种慈善面孔》（*The Seven Faces of Philanthropy*）中，将个人向非营利组织捐赠行为和捐助者的个人利益相关联，发现了7种捐赠者的动机特征[②]。研究根据态度、信念和个人动机来定义和划分每个组别，根据捐赠者的交流方式、参与程度、决策动机及认知来辨别和预测捐赠者的类型。该研究共经历了四个阶段，研究样本总共包括800多位富有的慈善人士，属于一项宏大的研究项目，其研究结果得到了广泛的应用。该研究采用定量研究和定性研究相结合的方法，以访谈法为主要的资料收集途径，采用聚类分析（cluster analysis group）进行数据分析。这7种不同的“慈善人”分别为：回报者（repayer），认为慈善是一种回报行为；投资者（investor），认为做好事是一种好的商业行为；社交型（socialite），认为慈善让人愉悦；交流者（communitarian），认为做慈善能让人增进理解；虔诚者（devout），认为慈善是一种道德责任；利他主义者（altruist），认为慈善是一件正确的事情；世袭者（dynast），把慈善当作为家族传统。研究者按照被调查者最关注的需求、捐赠动机和个人利益进行分类

① Andreoni J., Ragan P., “Public Goods Experiments without Confidentiality: A Glimpse into Fund-Raising”, *Journal of Public Economics,* Vol.88, No.7-8（2004）, pp.1605-1623.

② Prince R. A., *The Seven Faces of Philanthropy: a New Approach to Cultivating Major Donors.* Jossey-Bass nonprofit sector series, 1994, pp.23-74.

得出以上7种慈善人。每一类慈善人都呈现出了个人的态度和信念、关注范围、衡量过程、参与非营利组织的类型。个人的动机差异研究在筹资实践应用中可以改善用单一的指标对潜在捐赠者进行的分割，挖掘出更多具有潜力的捐助者；同时，还可以针对不同类型的慈善人制定有针对性的筹资计划和策略，辨别出更合适的捐赠策略；此外还具有延伸作用，可以对公共政策改革决策提供参考，比如慈善税费政策改革。遗憾的是，《七种慈善面孔》一书主要对结论进行展示，具体数据分析部分没有陈列出来。该书表明慈善人具有不同的动机，但是没有深入分析捐赠行为产生的前因后果，比如哪些因素导致了捐赠动机类型的差异、不同捐赠动机类型呈现怎样的捐赠产出等。总的来说，该研究结论新颖，实践应用效果明显，也为后续相关研究提供了重要的研究思路。

第二节　相关理论基础

一、社会交换理论

（一）社会交换理论的思想基础

社会交换理论形成于20世纪50年代末60年代初，创始人霍曼斯（Hosman）、彼得·布劳（Peter Blau）和理查德·埃默森（Richard Emerson）是社会交换理论的三大代表人物。构成社会交换理论的思想来源是近代西方的功利主义经济学、功能主义人类学和行为主义心理学。

功利主义经济学的代表人物亚当·斯密（Adam Smith）在《国富论》中

指出“人类有一种互通有无、物物交换、互相交易的互助倾向”，这是人与动物的根本区别，而人类社会也就是这种交换的联合。但是，亚当·斯密认为这种互助基础并不是利他主义，而恰恰是利己主义。他认为，一个人若要获得他人的帮助，就要“能够刺激他们的利己心，即告诉他们，给他做事，是对他们自己有利的”，他就能更容易达到目的。不论是谁，如果他要与旁人做买卖，他首先就要这样提议：“请给我所要的东西，同时，你也可以获得你所要的东西。”这句话是交易的通义，这也是交换理论对人的基本行为的假设。霍曼斯认为，这种对人的基本假设完全可以用于解释人的全部社会行为。具体来讲，对功利主义思想的修正体现在加入了某些限定（最大利润的追求改为一定利润、并非完全理性等），倾向于“不完全偏激”和“去极端”，表现在以下方面：（1）人并不追求最大利润，但在与他人发生社会交易时总是试图得到一定的利润；（2）人并非是完全理性的，但他们在社会交易中的确进行成本和利润之间的核算；……（6）人们的确在交换中追求物质目标，但他们同时也流通和交换非物质的资源，诸如感情、服务和符号；（7）在所有社会中，人们在明确规定的市场中的确进行着经济交易，但它仅仅是发生于所有涉及社会环境中个体之间更为普遍的交换关系的特例。第（6）条、第（7）条对人类行为的解释摆脱了经济市场中完全物质化交换的局限，申明人类的社会交换包括物质交换和非物质交换。[①]

英国社会人类学家、功能学派创始人之一马林诺夫斯基（Malinowski）发现，在原始社会中，支配经济生活的原则是基于社会义务的互惠性交换。这与现代经济生活相似，决定了在原始社会中经济行为和其他社会行为在功能上是密切相关的：原始人在互惠性的交换行为中所追求的并非是物质上的最大获利，而是社会性的和礼仪性的声望与价值的满足。他的交换理论跳出了功利主

① 周晓虹主编：《现代西方社会心理学流派》，南京大学出版社 1990 版，第 153 页。

义的束缚，而将符号的交换关系作为基本的社会过程。后来，学者莫西提出了社会结构对交换过程的调节作用，列维·斯特劳斯则进一步说明各种直接的和间接的交换类型与各种社会组织模式（而不是个人动机）的联系。

要论行为主义心理学对社会交换理论的影响，首先要谈及行为主义心理学的思想来源：包括巴浦洛夫的经典条件反射和心理学家桑代克的动物行为实验。二者的研究结果强调了行为产生的动因是“奖励”机制，随后华生和斯金纳进一步对行为主义心理学进行拓展，斯金纳的操作性条件反射理论直接影响了社会交换理论的创始人霍曼斯。人们所做出的全部行为要么是为了获得报酬，要么是为了逃避惩罚。霍曼斯将斯金纳的操作性条件反射理论直接搬入社会交换理论中，提出：在任何既定情境中，机体将发生能够获得最大报酬和最小惩罚的行为；机体将重复以往曾获得报酬的行为；在与过去行为曾得到报酬的情境相似的情境中，集体将重复那一行为。

可见，社会交换理论以行为主义心理学和功利主义经济学为基础，它汲取了二者共同的理论观点：人类是追求互惠的群体，他们会选择那些会产生最大奖赏或最小惩罚的行为方案。社会交换理论中似乎借用了行为主义心理学的“酬赏”机制原理，也借用了功利主义经济学的“效用”一词，但是交换理论突破了功利主义经济学限于“交易行为”的考虑范畴，使得社会交换理论把人的社会行为视为心理需求的驱使结果。同时，社会交换理论也克服了行为主义心理学研究的实验范式。动物实验的原则往往是“单向的”刺激和反应，而社会交换理论更强调“相互”和“互动”关系。

（二）社会交换理论的基本观点

霍曼斯的社会交换理论是对经济学和心理学的兼容并蓄，他提出的“酬赏和代价”等基本概念就融合了经济学和心理学概念，并互为修正和补充。酬赏是个人在与他人的交往中所得到的收获，包括物质性的（如金钱、佳肴）和非物质性的（指导、爱慕、感激）酬赏。代价是指个人在与他人交往中所蒙受的任何内在的或外在的惩罚与损失。霍曼斯提出了五个命题来解释作为交换过程的整个人类的社会行为：成功命题、刺激命题、价值命题、剥夺－满足命题、侵犯－赞同命题。五个命题的建构都是借用斯金纳的操作性条件反射原理，如价值命题：一种行动对某人越有价值，那么他越有可能采取该行动。除了公正的社会交换行为，霍曼斯也尝试对社会生活中存在的不平等交换和制度化行为进行解释。交往关系中用权力地位来诠释不平等的交换现象，虽然不尽如人意，也尝试从个人和小群体的研究结论推演到大的社会组织、社会制度，从而论述社会变迁的具体现象。

交换包括两种形式物质或经济的交换和非物质或符号的交换。若是后者，那么交换过程中并没有盈亏的迹象，也不能找到任何理由以功利的和经济的眼光看待这种交换，因为在这种交换中，双方效用没有任何增加。这背后隐匿的不完全是经济动机而是社会动机，因此，这种交换不同于经济交换或“交易”。这种交换的功能包括让个人心理愉悦，或者确定个人的身份地位、获得他人的认可，等等。人们在自由贸易和市场竞争中与他人交易时，总是理性地追求最大的物质利益。作为自由市场的理性单位，人们拥有获得各种信息的渠道，能够权衡所有可行的选择，并基于这种考虑理性地选择那种代价最小但能够获得最大报酬的行为。

彼得·布劳被称为社会交换理论的巨擘。布劳认为：“并非所有的人类行为都受到交换指导，能够成为社会交换的人的行为必须具备这样两个条件：一是该行为的最终目标只有通过与他人互动才能达到，二是该行为必须采取有助于实现这些目的的手段。”周晓虹教授认为：“只有那些具备目标取向（可以是内在目标，也可以是外在目标），且采取了有利于实现这些目标的手段的行为，才是交换行为。”在霍曼斯的基础上，布劳对微观的社会结构进行分析，他依然借用了霍曼斯的“酬赏和代价”等概念。布劳将酬赏概念划分为内在酬赏和外在酬赏：内在酬赏来自亲密关系本身，这种关系提供给双方的酬赏就是再次肯定和维持这种交往；外在酬赏则是建立在交往或关系能谋求一定的利益基础之上。除此以外，布劳还区分了人们在社会生活中所期待的四种类型的酬赏：金钱、社会认同、尊重和服从。在交换关系中，这些酬赏的价值逐渐递增。“金钱在许多社会交换关系中，并不适宜作为酬赏，价值最低；社会认同是一种适宜的酬赏，但对大多数人来说它的价值并不是很高；尊重是一种受到大多数人喜爱的酬赏，但这与能够命令他人提供对自己有利的服务来说，则又相形见绌。因此，最有价值的酬赏是他人的服从。”社会交换中的酬赏与经济行为中的利润或收益不同，它首先没有明确的可度量价格，更没有可以充当商品的一般等价物的货币来衡量，而社会交换中的酬赏价值主要由交换双方的个人主观判断而定。布劳也指出，社会交换与经济交换存在回馈周期的差异，经济交换往往是“立即的”，一手交钱一手交易，而社会交换的回馈发生周期往往是不明确的。一个人对另一个人施恩，尽管存在未来回报的期望，但并没有事先对周期进行明确的规定。周晓虹教授认为，这一事实决定了社会交换的实现靠的是交换双方的信任，而这种信任感是由小到大逐渐建立起来的。信任感成为获得酬赏、交换次数的保障条件，若获得酬赏，说明对方值得信赖，交换可以继续。布劳对社会交换理论的贡献在于对社会交换与经济交换的比较。他主张，两者最大的差异在于：社会交换包含“不明确的”责任，“回报”的本质是不能讨价还价；只有社会回报才能产生个人责任感、信任和感激，纯粹的经济交换则不能；社会交换中的回报没有明确的“价格”存在。

乔纳森·H. 特纳（Tonathan H. Turner）在《社会学理论的结构》（*The Structure of Sociollgical Theory*）中对布劳的交换原理进行了如下概括。（1）理性原理：人们在某一特定活动中相互之间越期望得到利润，他们就越有可能从事该活动。（2）互惠原理：人们相互交换报酬越多，越可能产生互惠的义务并引导这些人以后继续交换；人们越违反某一交换关系的互惠义务，被剥夺者越倾向于消极地制裁互惠规范的违背者。（3）公正原理：交换关系确立的越多，它们越可能受到公平交换的规范约束；在一次交换中公平规范越不能实现，被剥夺者就越倾向于消极制裁规范的违背者。（4）边际效用原理：发生某一特定活动所得到的期望报酬越多，则该活动价值越小，并且越没可能发生该活动。（5）不平衡原理：在社会单位中某些交换关系越是稳定和平衡，其他交换关系就越可能变得不平衡和不稳定。布劳和霍曼斯都同意社会交换的一条原则是“个人在他们的社会交往中追求社会报酬”。[①]

（三）社会交换理论的重要原则

库克（Cook K. S.）和赖斯（Rice E.）对社会交换的定义是“个人和组织之间的关系产生社会身份、产生力量和影响”[②]。作为社会心理学理论的分支，应用于慈善行为研究中的社会交换理论是在解释个人与组织捐赠关系背后的服务交换和价值交换，也是一种“回报”行为和“沟通”行为。社会交换理论关注在社会交换过程中人的关系。

社会交换理论中最为人熟知的原则是互惠原则，但很难界定清楚什么是互惠原则。古尔德（Gouldner）从多学科角度提出了三种互惠形式来界定互惠原则：互惠作为相互依赖的合同模式；互惠作为大众的信念；互惠作为一种规范。首先，在互惠作为相互依赖的合同模式中，相互依赖指的是关系的产出结果依赖于双方的努力，合同中要求“给予”和“回报”。所以，这种交换关系的特征是涉及共同的补偿条款的“相互依赖”。其次，作为大众信念的互惠关乎文化期待。所谓文化期待，是指人们得到应有的回报或是惩

① 周晓虹主编：《现代西方社会心理学流派》，南京大学出版社 1990 版，第 170—171 页。

② Cook K. S., Rice E., *“Social Exchange Theory”*, SAGE Publications, 1987, pp.53–76.

罚。这种互惠关系表现为追求公平性，有付出就必须获得回报，否则会被处罚或被剔除，总之任何事情都会有个结果。对大众信念的互惠很少有深入的研究。最后，作为一种规范的互惠，表示“应该”进行回报。具有强烈交换倾向的个人会产生责任感；个人交换倾向弱则不会在意责任，也不会在意交换的互惠。尽管互惠原则是最为普遍的原则，但是由于文化和个人的差异，具体的互惠过程具有差异性。①

沟通原则在交换关系中有着十分重要的地位，双方需要沟通才能促成有益的交换。沟通的内容越直接，越有助于进一步理解责任和细节。沟通的基础建立在不断交往中形成的信任感之上②。交换过程中可能会产生不平等的交换，需要一些规则来指导个人决策。交换关系中双方的权力会产生不平衡的情况，平衡的权力可以增加双方的交换。在捐赠中，这种不平衡表现形式多样，比如：捐赠者的捐赠意图或期望高于组织的承受力；劝募方式充满强迫意味，让捐赠者难以接受；更为常见的是，募捐组织的捐赠资金使用信息不够公开透明，让捐赠者产生质疑。在捐赠关系中，平衡来自双方的信任、符合社会道德伦理的约束及双方认可的回馈。

情感原则在早期研究中并没有得到重视。社会交换实证研究关注社会结构影响交换的结果，比如权力。大量研究结果反映出来，行动者如果是简单追求他们的利益，会产生不平等的资源分配和打破常规的交换关系类型。霍斯曼的经典分析中指出，频繁的互动可以培养双方积极的情感③。后期，研究者开始研究社会交换过程的情感结果及情感在交换关系中的作用。劳勒

① Cropanzano R., Mitchell M. S., “Social Exchange Theory: An Interdisciplinary Review”, *Journal of Management,* Vol.31, No.6 (2005), pp.874–900.

② Molm L. D., Takahashi N., Peterson G., “Risk And Trust In Social Exchange: An Experimental Test of a Classical Proposition”, *American Journal of Sociology,* Vol.105, No.5 (2000), pp.1396–1427.

③ 周晓虹主编:《现代西方心理学流派》，南京大学出版社 1990 年版，第 159 页。

（Lawler E. J.）等人提出了关系凝聚理论（theory of relational cohesion）①②③，以此解释情感如何影响交换结果。这些研究者首次关注情感要素在交换关系中影响，把情感置于传统的交换理论范畴之内。布劳在建构早期社会交换理论时就特别提出交换关系的要素问题，他认为正是交换关系随着时间产生了内在价值，这成了关系凝聚理论的主要焦点④。劳勒提出社会交换的最简单因果链，认为结构力量对交换双方产生积极的影响和情感，比如喜欢和满意，即产生关系凝聚。这种积极影响产生了关系承诺等行为结果（见图 2–1）。

图 2–1 关系凝聚理论示意图

资料来源：E. J. Lawler, J.Yoon, “Power and the Emergence of Commitment Behavior in Negotiated Exchange” *American Sociological review*, Vol.58, No.4（1993）, pp.465–481.

具体的承诺行为表现为“保持行为”（stay behavior）和“额外的贡献”（gift–giving）。保持行为是指即使有可替代的关系也不予考虑；“额外的贡献”并不是为了维系这种关系，这种“额外的贡献”，随着时间推移也需要一定的回馈或者形成一种“一般化的交换”。频繁的交换会产生社会效应，比如人与人之间的信任、共同的社会认同或集体情感和责任。这些效应是区别于双方合同关系的依赖性与纯粹的经济交换的差别。

社会交换理论对捐赠问题提出了三种重要的关联要素——情感、互惠、沟通——对捐赠行为的影响假设（见图 2–2）。

---

① Lawler E. J., Yoon J., “Power and the Emergence of Commitment Behavior in Negotiated Exchange” *American Sociological Review,* Vol.58, No.4（1993）, pp.465–481.

② Lawler E. J., Yoon J., “Commitment in Exchange Relations: Test of a Theory of Relational Cohesion”, *American Sociological Review,* Vol.61（1996）, pp.89–108.

③ Lawler E. J., “An Affect Theory of Social Exchange”, *American Journal of Sociology,* Vol.107（2001）, pp.321–352.

④ Blau, *Exchange and Power in Social Life,* New York: Wiley, 1964, pp.223–243.

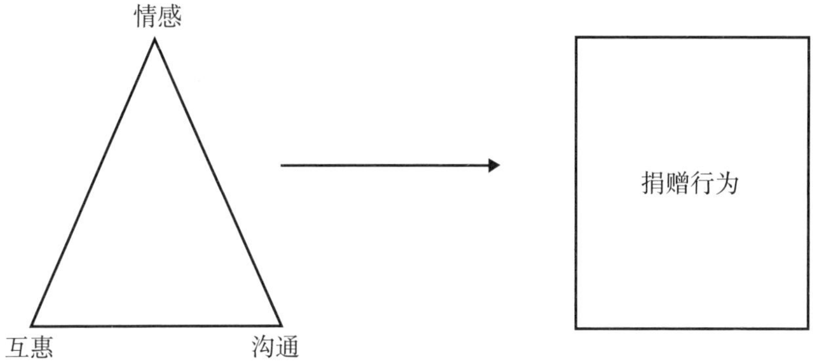

图 2–2 社会交换理论重要原则与捐赠行为的影响关系假设

早期，布劳提出社会交换存在于捐赠者和获赠组织之间。随后，学者们从社会交换理论的互惠规则开始探讨个人捐赠行为的内在动机，比如温情效应、身份认同、荣誉等。非纯粹的利他主义的存在成为社会交换的解释基础，捐赠方的回馈会对捐赠者的利己性产生作用，捐赠者的捐赠水平更高。互惠规则并不能完全解释社会交换行为，学者们开始从情感影响探讨社会交换的本质，关系凝聚概念被提出来。随着美国大学自主筹资的迅速发展，社会交换理论开始应用于高等教育筹资中，研究者开始在社会交换理论的基础上探讨捐赠人的捐赠动因。目前，基于社会交换理论对捐赠行为的研究主要观点如表 2–1 所示。

表 2–1 社会交换理论在捐赠行为研究中的主要观点

主要观点	提出理论者
社会交换存在于捐赠者和获赠组织之间	布劳 (1964)
非纯粹的利他主义是一种温情效应，使得捐赠者感觉良好，对利己产生作用，从而减少了纯粹的利他性	安德烈奥尼 (1989)
非实物的回馈会对捐赠者的利己性产生作用，捐赠者的捐赠水平更高	Yoon & Harrison(1989)
提出互惠规则，慈善机构提供捐赠者身份、认同和心理上的好感	Boulding (1973)
交换关系中存在相互依赖；当一方拥有权力来影响另一方的利益时，交换关系就会产生	Pfeiffer & Salancik (1978)

（续表）

主要观点	提出理论者
大多数捐赠者不会受到纯粹的利他主义驱动，而是交换符号、荣誉或内在的回馈	Brittingham & Pezzullo (1990)
筹资就是找到一个正确的方式把大学的需求和潜在捐赠者的利益相结合	Cook & Lasher(1996)
用关系凝聚理论来解释情感如何影响交换结果	劳勒等人（1993，1996，2000）
做捐赠决定时基于五个因素：参与组织、捐赠者其他慈善责任的使命、个人利益、可支配的收入、过去的捐赠行为	Mount(1996)
混合捐赠动机模型，分为两个层次：提高公共利益和获得个人回报	Kelly(2002)
把学术参与作为校友志愿参与的一个预测指标，高质量的教育体验有利于未来获得校友的支持	Weerts D. J., Ronca J. M.（2008）

（四）对本研究的启示

社会交换理论发展的社会背景是在资本主义社会条件下，社会学家们敏锐地注意到资本主义社会中的交换现象以彼此利益得失为基本特征，利用市场交换的观点来解释人类互动，并确实在一定程度上揭示了资本主义社会的本质，以及人们在政治税费、经济社会乃至精神生活的各个方面都有受制于这种交换关系这一事实。应该指出的是，社会交换理论自 19 世纪 50 年代末产生以来，完成了基本理论建构，并成为美国社会学领域中影响极大的一个理论流派。在当下，社会交换理论依然活跃在社会问题、组织行为等研究中，但站在当下多元文化的时代中，我们应该考虑更多的交换发生场域的文化背景因素。就本研究的问题而言，这是一个很好的思考方向，社会捐赠这种慈善范畴的问题如何在这个时代精神和国别文化都异于传统的当下通过社会交换理来进行解释，当然应该有进一步的发现和补充。高等教育社会捐赠问题满足社会交换理论的基本原则，但是属于不平等交换行为的一种。向母校捐赠不属于一种经济交换，因为没有盈亏证据，向母校捐赠的结果是，大学效用的增加高于捐赠人的效用增加，这背后隐匿的是复杂的社会动机。基于社会交换原理，探索校友向母校捐赠这种“交换关系”的发生机理，解释驱动交换结果的因素，必然要考虑高等教育组织环境因素。因此，可以预见，基于社会交换理论对校友捐赠问题的探讨还需要其他理论的支撑。

另外，校友和母校之间的交换不是一种精确的交换，不是一种依靠法规约束的交换，不是一种协商一致的交换，也不是陌生社会的交换。是什么原因主导了这种交换行为？交换原则是一种规范性的概念情境，它存在或是被交换关系中的参与者所采用，是交换过程中的指导纲领。个人的捐赠决定不是仅源于单一的捐赠因素，作为解释校友捐赠行为的基本框架，情感、互惠、沟通三个交换原则有助于弄清背后隐匿的多层次因素。具体而言，情感原则可以解释交换关系中的情感与交换结果的机制，互惠原则可以解释个人捐赠的偏好是什么以及期望获得怎样的回报，沟通原则可以解释校友与大学在劝募过程中的相关因素对是否捐赠的影响。

二、组织认同理论

（一）组织认同理论基本思想

组织认同（organization identification）指个人对自己属于一个组织或者与一个组织命运与共关系的知觉和感受，是一个人用组织成员的身份来定义自己的过程。有学者把组织认同分为三个维度：认知方面，自我认知和关于身份类别的看法；情感方面，对组织强烈的感觉和评价；组织成员之间的相互作用和相互依赖。[①] 组织认同的研究者往往会结合自身的研究问题，从不同的视角对组织认同进行定义。这些不同的定义大多强调组织认同的认知特性，有些强调组织认同的情感特性，还有些则同时考虑认知特性与情感特性。

梅勒（Mael F.）和阿什福思（Ashforth B. E.）把组织认同定义为“个人对组织的感知或对组织的归属感”[②]。梅勒和阿什福思提出的“组织认同理论模型”（见图 2-3）是解释校友捐赠行为的主要理论之一。大学是一个“全息组织”（holographic organization），个人作为组织的成员共享组织身份，极小可能产生部门或职业身份那样的竞争需求。具有组织认同的校友更有可能影响校友关于母校发展的感知，校友向母校捐赠是因为强烈的认同感，该理论认为组织认同会促进校友的捐赠。组织认同的前因包括个体特性、组织特性和环境特性三大类，组织特性又包括组织形象、组织氛围、工作特性和文化特性。[③] 实证研究中，影响校友捐赠的因素包括个人因素和组织因素。组织因素包括声誉、特色、组织内部和外部的竞争力。其中，组织的声誉和特色对产生组织认同感具有积极影响，而组织内外部的竞争力对组织认同感具有消极影响。个人因素包括任期、导师、满意度、情感、当前会员身份和可比较组织数量，除了可比较组织数量对组织认同具有消极效应外，其余个人因素对组织认同感均具有积极效应。梅勒和阿什福思还指出：个人处于多种社会结构中，拥有多种身份，每种身份归属的大学组织单位也不同，所有个人是产生多种“次校友身份”的集合。有研究发现，组织认同的产生与满意度

① Deaux K., Reid A., Mizrahi K., et al., “Parameters of Social Identity”, *Journal of Personality & Social Psychology,* Vol.68, No.68 (1995), pp.280–291.

② Mael F., Ashforth B. E., “Alumni and Their Alma Mater: A Partial Test of the Reformulated Model of Organizational Identification”, *Journal of Organizational Behavior,* Vol.13, No.2 (1992), pp.103–123.

③ 宝贡敏、徐碧祥:《组织认同理论研究述评》,《外国经济与管理》2006 年第 1 期。

有关，也可通过一些行为来实现身份目标，这些行为包括会员关系、自我参与和内在激发。[①]

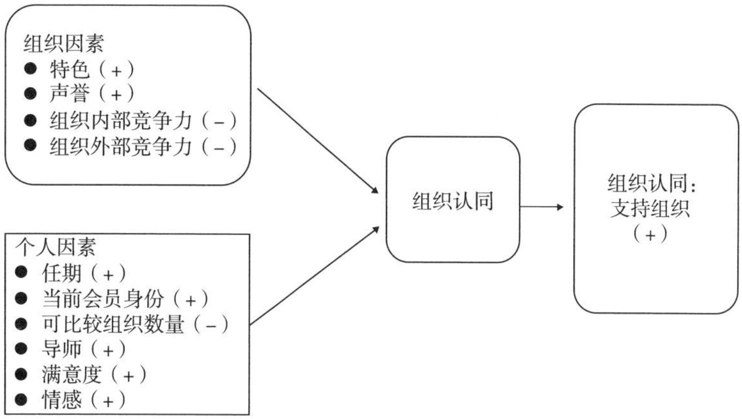

图 2-3 组织认同理论模型[②]

（二）对本研究的启示

梅勒和阿什福思最早将组织认同理论应用于高等教育捐赠研究中形成组织认同理论模型，其采用的问卷分为组织认同（organizational identification）、感知组织地位（perceived organizational prestige）、组织外部竞争力（interorganizational competition）、组织内部竞争力（intraorganizational competition）和情感（sentimentality）五大部分，主要从组织认同和情感角度来测量校友的组织认同感。直接使用问卷的局限性表现在：问卷的跨文化性并没有得到验证，其中一些问题难以转换为中国情境问题。比如，组织外部竞争力和感知组织地位两类题目

① Ashforth B.E., Mael F., "Social Identity Theory and the Organization", *Academy of Management Review,* Vol.14, No.1 (1989), pp.20—39.

② Mael F., Ashforth B. E., "Alumni and Their Alma Mater: A Partial Test of the Reformulated Model of Organizational Identification", *Journal of Organizational Behavior,* Vol.13, No.2 (1992), pp.103-123.

都以联盟学校（conference school）作为比较对象，在语境中表示同类型学校，在我国语境中难以描述清楚这个“比较对象”。也有研究者指出其理论过分强调组织情感的认同。[①]

组织认同理论是众多捐赠动机理论中唯一一个在高等教育情境中产生并得到检验的理论，是校友捐赠研究的重要参考理论。该理论强调了组织满意度、组织声誉、个人的会员身份等对组织支持的不同影响。其理论的优势在于，非常贴合高等教育的情境，考虑了对大学的满意度，以及其他竞争性组织特征。该理论研究中认同维度的问题包括：当有人批评学校时，会感到羞辱；在意他人对学校的看法；在谈论到学校时，常常用我们代替他们；学校的成功就是我的成功；当有人表扬学校时，犹如表扬自己；当媒体报道学校的负面问题时，我感到尴尬。这些问题检验了个人对组织的认同，“个人对自己属于一个组织或者与一个组织命运与共关系的知觉和感受”。梅勒和阿什福思的研究结论为本研究在社会交换理论的基础上提供了对交换双方情感联系的影响因素，即组织情感。该理论模型中的“情感”维度有助于了解校友是否是一个情感丰富或敏锐的人，并没有回答到底是什么样的组织情感，这种情感又是如何促使校友产生捐赠行为或捐赠意愿的。在社会交换系统中，相互依赖是一个重要的特征，显然，梅勒和阿什福思的理论并没有包含此类情感“依赖”关系，而是重在强调“用组织身份来定义自己”。

---

① Bergami M., Bagozzi R. P., “Self-Categorization, Affective Commitment and Group Self-Esteem as Distinct Aspects of Social Identity in The Organization”, *British Journal of Social Psychology,* Vol.39, No.4 (2000), pp.555-577.

三、社会影响理论

（一）社会影响理论模型阐释

阿德里安·萨金特(Adrian Sargeant)教授等人提出的社会捐赠模型，可以解释社会因素是如何影响个人的捐赠行为的（见图2-4）。社会影响因素包括社会环境、信息性影响、规范性影响、社会网络、社会身份等。该理论强调，这些因素只能通过心理过程来影响捐赠人的行为。在解释这个“心理过程”时，理论提出者借助了心理学领域的概念：自我（self-concept）、自我图式（self-schema）、自我调节（self-regulation）。自我是指捐赠者的动机和

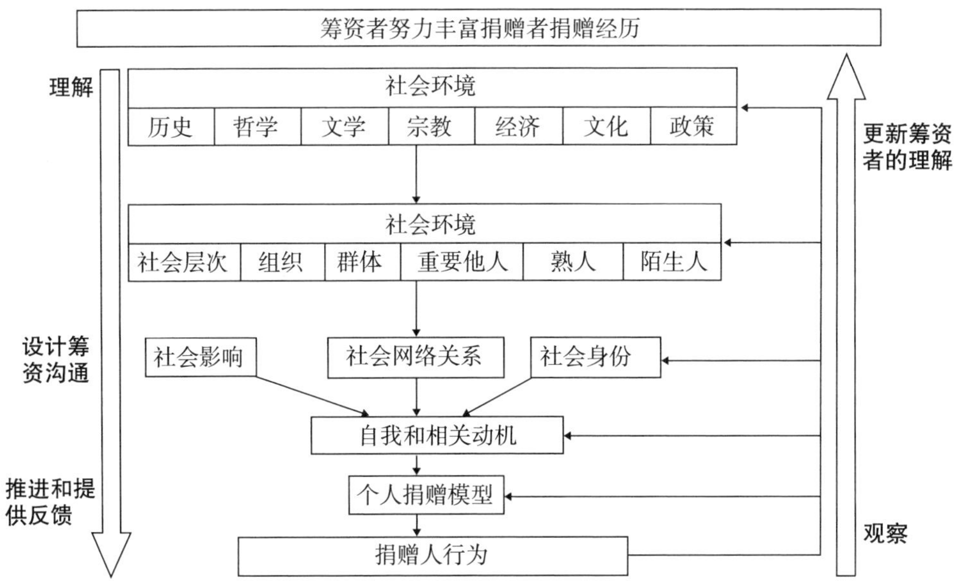

图2-4 社会捐赠模型[①]

① Sargeant A., Shang J.: *Fundraising Principles and Practice*, John Wiley & Sons, 2010, pp.476–478.

行为；通过自我图式实现自我，自我图式即自我认知的过程。自我图式与知识认知的差异体现在，仅仅关注对自我的了解而不关注外部世界。只有认识自我才能调节个人的行为，这种基于行为和自我认识而达成一致的行为，即自我调节。自我调节包含两种产生模式：一种是被为获得良好的自我（自尊）驱动，另一种是受到个人所认为的正确的社会普遍观点驱动。基于这两种模式，个人的捐赠行为可以理解为一个基于自我调节的结果。基于上述核心概念可以进一步理解在社会影响理论视角下，影响个人捐赠行为的动机主要有两种：一种是受到自我实现的驱动，可以理解为为了获得良好的自我而实施捐赠行为；另一种是道德约束，个体受到社会公德的影响时也会产生捐赠行为。这里的社会影响可以泛指任何外部社会传递的意识，这些社会意识被认为是正确的，属于一种道德约束。

社会影响理论模型阐释的核心问题是，社会影响因素如何影响个人的捐赠行为。该模型通过社会环境、社会影响、社会网络关系、社会身份等因素，帮助筹资者理解谁是捐赠人及捐赠者的动机。该模型从多个层次来理解捐赠人行为。首先，通过社会的文化、历史、宗教、哲学、经济来了解捐赠人。社会文化因素是跨文化研究的基础。社会心理学家从文化分层角度对社会因素塑造个人行为进行了大量的分析。以个人主义文化和集体主义文化两种社会文化为例。个人主义文化强调以自我为中心的目标，往往重视成绩、权力、快乐主义、激励和自我导向。这种文化容易塑造独立的和优先满足自我的个体。在个人主义文化中，成为优秀等同于独立和自我满足。北美和一些西方文化属于这一类。相反，集体主义文化则强调集体目标的实现，看重仁慈、普遍主义、传统、社会统一和安全。东方国家，尤其是中国、日本和韩国属于这种文化。在集体文化中，人们的自我产生于他们所属的集体，实现自我也意味着实现集体目标。所以，这两种文化都假设人们的捐赠行为动机存在一定的差异。

其次，社会环境也包含个体与他人联结形成的关系，比如社团、重要的人、同伴等。个体除了处于宏观的社会环境中，也同时属于不同群体，个人可能会受到其所在的社区、俱乐部、协会等组织及身边的人的影响而产生积极的行为。社会捐赠模型认为，如果个人与某个组织的关系越密切，个体更可能支持他所在的团体。因此，辨别个人与组织的紧密程度、个人对组织的态度可以更好地理解个体的捐赠行为。就大学而言，校友对母校的组织认同感、忠诚感、归属感都会影响其捐赠行为。同时，校友也可能受到其他校友或重要人物的影响，比如同学、教师等。

以上两种范畴的社会环境会形成两种社会影响：信息性社会影响（informational social influence）和规范性社会影响（normative social influence）。信息性社会影响指的是通过知道什么是正确的而采取行动。人不是生来就无所不知，在很多情况下，由于对社会环境的不确定，我们也不知道如何应对。比如，在涉及捐赠时，该捐赠多少、捐给谁，并不一定一开始就有明确的答案。遇到这种情况时，通常会信任别人的判断，认为别人的判断更加准确，从而按照别人的方式去做。这种效应就是一种信息性社会影响。当然，有时候并不是按照别人的方式，更确切的是尊重自己的选择，因为自己认为这是正确的事情。这也是一种信息性社会影响。在信息不确定的情况下，信息性社会影响会对行为产生重要的影响，可以预见，利用信息性社会影响会刺激他人做出捐赠行为。

规范性社会影响是出于被他人接受的需要而采取行动。当人想要被他人喜欢和接受时会选择遵从他人的行为。这种遵从行为发生在他人会看到自己的行为的情况下，如果是私底下的行为，个人就不存在要去获得他人的喜爱。现代社会筹资中广泛地应用了该理念。研究发现，相比于其他平台，在大型公开活动上更容易筹集大额捐资，因为捐赠人希望自己成为实现群体目标的积极参与者。

值得注意的是，信息性社会影响和规范性社会影响有时会产生截然不同的效果。因为那些被认为是正确的行为和我们为了被他人喜爱而产生的行为并不一定是一致的。另外，信息性社会影响和规范性社会影响也可能同时发挥作用。当受捐助群体对个人的价值体系、需要和驱动力越重要，个人越愿意为获得他人的喜爱而遵从群体规范。

（二）对本研究的启示

社会影响理论模型为跨文化研究提供了重要的基础：社会文化对个人捐赠行为的影响具有异质性。一方面，社会文化的差异可以影响个体与组织的关系，以及形成不同的信息性社会影响和规范性社会影响。因此，在跨文化研究中，社会文化的特征可以解释跨文化研究的结果。另一方面，在实践层面，该模型为筹资工作提供依据。社会环境并不能直接改变校友捐赠的动机，但是可以通过社会影响来激发捐赠动机。因此，社会环境因素可以为解释校友捐赠的动因、效用偏好提供解释框架，而不同国家的社会文化特征可以帮助理解校友向母校捐赠的影响因素及其背后的原因。最后，社会影响理论模型还可以为校友工作、校友沟通、筹资策略等实践提供思路。

第三节　相关研究综述

一、非营利组织营销理论与校友捐赠

国外对捐赠行为的研究主要基于非营利组织营销理论，将个人的捐赠行为视为非营利组织的一类消费行为。这些研究主要以马斯洛的需求层次理论为基础，后来情境因素理论、人际关系理论也逐步被应用于建立消费者行为理论模型。其中最具有影响力的是“合理行为理论”，该理论模型旨在揭示个人的捐

赠行为过程，涵盖了社会影响、信念、态度、意愿等重要因素。该理论模型侧重于揭示个人捐赠的“心理决策”过程，因此在模型中，个人态度、意识等心理变量成为核心要素。该模型的优点在于普适性，即可以用相对较少的变量揭示多种捐赠行为，但难免出现对捐赠行为的预测产生不完全切合甚至不完全准确的结果。模型将捐赠者的心理信念、态度作为内在变量分析，缺少对社会情感因素的考量；而外在变量中也缺少对组织因素的考虑。

纽约大学博士艾拉·泰奇（Ira Teich）采用该理论模型对美国私立大学校友捐赠行为进行了研究（见图 2–5）。他在研究中把“自愿捐赠”当作特殊的消费者行为，却未能在理论模型中体现出能够解释和“消化”这种“特殊行为”的变量。他解释模型的出发点，依然是将校友捐赠与非营利组织的一般性捐赠行为同等化。虽然他在模型中尝试考察个人与组织关系的密切程度（母校的亲和力），但是该变量仅仅是整体性的描述，并未看到更深入的解释，比如师生关系、依恋情感等。这难免让人怀疑该研究直接“嫁接”了

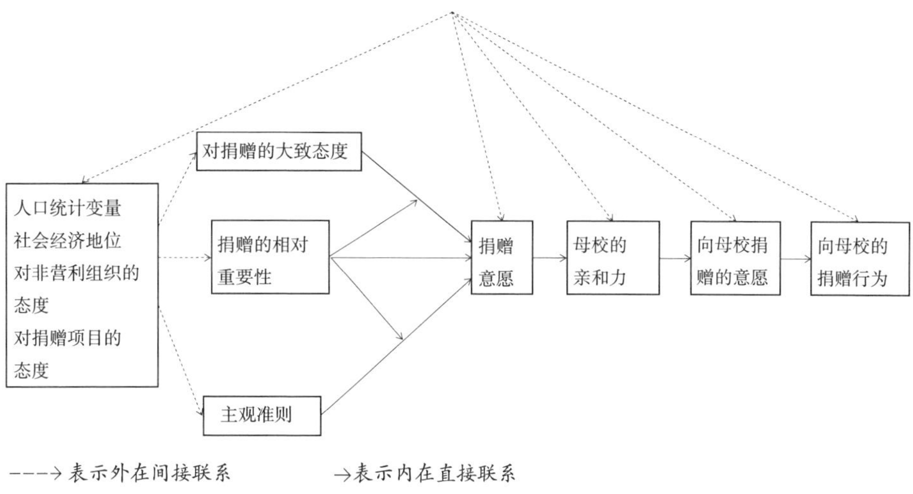

图 2–5 高校校友捐赠行为的理论模型

资料来源：Ira Teieh, *A Marketing Perspective of Donation Attitudes and Intentions: An Analysis Of Selected Factors Which May Impact Alumni Contributions.* Ph.D. Dissertation, New York University, New York, USA, 2001, p.23.

合理行为理论模型，没有真正去考虑高等教育组织特殊情境性和校友身份与普通消费者的差异性。因此，该研究还是不能真正回答校友的捐赠行为受到哪些因素的影响。

以上述评并非对非营利组织领域的捐赠人行为研究的否定，实际上，该领域的理论研究一直在持续发展，它们为校友捐赠研究提供了很好的基础。美国印第安纳大学教授萨金特的系列研究就是其中的代表之一。他首次提出了从投入、感知到过程决定因素再到捐赠产出的捐赠行为模型。该模型深入刻画了个人捐赠行为的内在决定因素，比如愧疚、同情、社会正义、敬畏、移情等动因。萨金特教授还考虑到了“捐赠结果”的不同类型，包括时间、规模、忠诚度，而不仅限于金钱。相比基于合理行为理论构建的一般模型，萨金特的模型增加了组织投入因素、感知因素和过程决定因素。随后，萨金特利用 SEM 结构方程模型检验信任对捐赠行为的直接影响，信任度会直接影响忠诚度。结果发现，个人捐赠者对组织绩效的感知会积极影响对组织的信任，但对组织的信任并不显著影响个人捐赠意愿。[①] 2007 年，萨金特等人在重新分析了大量捐赠行为模型后指出：之前模型并不能完全解释捐赠行为，其未回答的问题包括捐赠决定过程如何确定、捐赠者评估不同慈善机构而进行决定的因素、组织表现的作用（比如服务质量、个人特征的范围）是否足够、捐赠反馈因素等。基于之前的研究，他们得出以下新的捐赠行为模型（见图 2–6）。萨金特教授等人的研究对“合理行为理论”进行了补充，越发明晰内在影响因素对个人捐赠行为的影响，即捐赠动机（自尊、个人兴趣、情感、声誉等），同时强调多种捐赠结果（包括捐赠与否、捐赠额度大小）。

① Sargeant A., Lee S., “Trust and Relationship Commitment in The United Kingdom Voluntary Sector: Determinants of Donor Behavior”, *Psychology & Marketing,* Vol.21, No.8 (2004), pp.613–635.

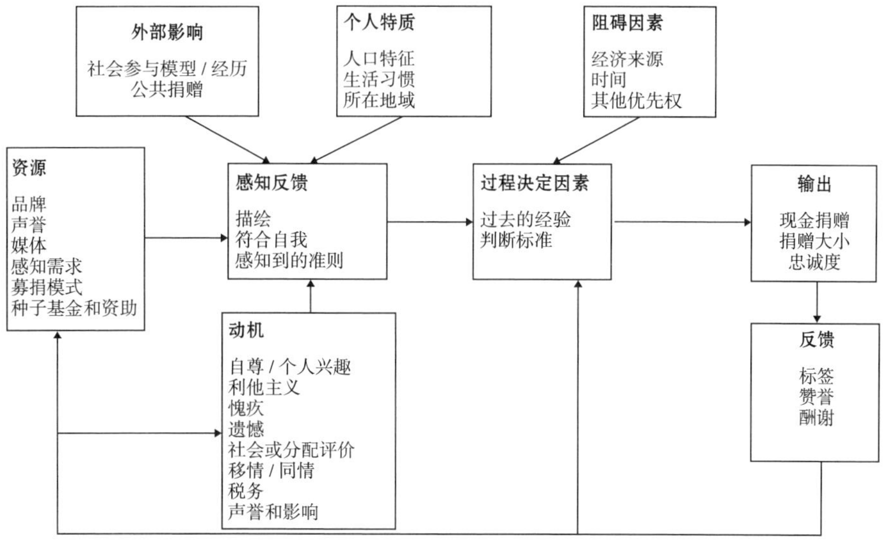

图 2-6 捐赠行为模型

资料来源：Sargeant A., Woodliffe L., "Gift Giving: An Interdisciplinary Review", *International Journal of Nonprofit and Voluntary Sector Marketing,* Vol.12, No.4（2007）, pp.275–307.

很明显，基于非营利组织的捐赠人行为研究很少考虑到个人捐赠动机的差异性、情境性。首先，差异性来自不同的社会文化背景。由于文化底层蕴含的慈善观念和现实实践会带来不同的“驱动力”，比如在集体主义社会文化中容易出现为了“个人荣誉”和“利他主义”的复杂动机。另外，萨金特等人建构这一模型也只是基于前人的研究成果，对模型各阶段提出的相应命题进行了理论阐释，实际上并没有得到验证，因此有待进一步的论证。以上基于“消费者”假设的捐赠人行为模型为校友捐赠行为提供了基础性认知框架，但是在高等教育领域，需要把研究对象的身份从“消费者”确立为“校友”，加之国别文化的因素，需要更符合高等教育组织内在情境性及社会文化的差异。

此外，多学科研究结论也让个人捐赠动机的研究更加丰富而无定论。有学者对市场、经济、社会心理学、生物心理学、神经学、脑科学、社会学、政治科学、人类学、生物学和进化心理学等学科领域的500多篇文献围绕核心问题“为什么人们向慈善组织捐赠”进行了梳理和分析。他归纳总结了8个最重要的个人捐赠的决策因素：需要意识、募捐、成本和收益、利他动机、声誉、心理收益、价值、效果①。社会心理学认为慈善捐赠是一种帮助行为，但是它们似乎与其他帮助行为有所不同。一个关键的差别是慈善捐赠的接受者往往不在捐赠环境中。经济学家们开始不断地将社会学、社会心理学融入其慈善捐赠模型建构中。从经济学视角来看，经济学家注重捐赠的成本-收益分析，很多研究关注税费以及慈善机构给予的优惠措施的影响。社会学家将慈善捐赠行为看作一种正式的亲社会行为，发现社会压力、劝募次数、组织身份和宗教身份等与慈善行为紧密相关。心理学家发现“个人形象”、利他主义心理、同情心、名誉、社会责任感与个人捐赠行为有关。以上多学科观点也反映出影响捐赠决定并非单一因素，有学者提出应结合心理学动机和社会学对捐赠行为影响因素进行研究②。

二、个人背景特征、院校组织与校友捐赠

在美国学界，高等教育捐赠问题通常囊括在“慈善事业与高等教育发展”（philanthropy and higher education advancement）这一研究主题中，该主题已成为美国高教研究新的热门领域。作为高校收入的主要来源之一，校友捐赠一直是该领域的热门议题。对校友捐赠影响因素的研究，从筹资工作角度来说是对捐

① Bekkers, Wiepking P., “ A Literature Review of Empirical Studies of Philanthropy: Eight Mechanisms That Drive Charitable Giving” . *Nonprofit & Voluntary Sector Quarterly,* Vol.40, No.5（2010）, pp.924–973.

② Wesley E. Lindahl, Aaron T. Conley, “ Literature Review: Philanthropic Fundraising” , *Nonprofit Management & Leadership,* Vol.13, No.1（2002）, pp.91–112.

赠资源的拓展和维护，同时，透过相关研究可以检视大学发展和管理的多方面问题。美国学者通过对20位校长的研究完成了研究论文《高等教育筹资理论初探》，文中呈现了影响高等教育筹资结果的12个关键变量，比如领导力、捐赠者的经济能力、捐赠者和院校的关系等。[①] 这些变量表明，大学内外部多种力量的相互推动才使得筹资能够获得成功。

因此，除了以非营利组织的捐赠人行为相关研究作为校友捐赠影响因素的研究以外，高等教育自身的理论也被逐渐应用于该议题中。从校友个人的人口统计变量，到校友的社会学"身份"，再到与母校的互动关系，都逐渐被纳入该研究问题中。

（一）个人背景特征与校友捐赠行为

个人背景特征是预测校友捐赠行为的重要变量。有研究者发现，年龄是区别校友捐赠与否的关键指标，也是区别捐赠频次高低的区分变量。[②] 在一些研究中，家庭收入被认为与校友捐赠可能性正相关，家庭收入越高的校友，向母校捐赠的可能性越大，向母校捐赠的额度更大，家庭收入常常代表校友的捐赠能力。有研究发现，大学生毕业后随着收入增加，捐赠数额也会增加，捐赠收入与捐款额度成正比关系。有研究发现，收入每增加1%，捐赠就能增加0.4% ~ 0.5%。[③] 也有研究认为，个人收入每增加10000美元，社会捐赠就能增加2.1%。当然也有

① Lasher W. F., Cook W. B., "Toward a Theory of Fund Raising in Higher Education". *Review of Higher Education,* Vol.20, No.1(2006), pp.33-51.

② Oglesby R. A., *"Age, Student Involvement, and Other Characteristics of Alumni Donors and Alumni Non-Donors of Southwest Baptist University"*, Doctoral Dissertation, University of Missouri,1991.

③ Baade R. A., Sundberg J. O., "What Determines Alumni Generosity?". *Economics of Education Review,* Vol.15, No.1(1996), pp.75-81.

一些研究发现家庭收入与校友捐赠没有关系。[①] 有研究表明：毕业的年限长短影响捐赠者动机，捐赠的欲望会随着校友年龄的增长而降低，因为与母校的身份关系会逐渐降低。[②③] 总体上，已有研究对校友个人背景的研究结论均存在差异，个人背景特征对校友捐赠的影响并不构成稳定的相关关系。

（二）个人心理因素与校友捐赠行为

关于个人心理因素与校友捐赠行为的关系，研究者主要是从“帮助行为”“亲社会行为”理论视角来进行分析的。捐赠者在决定捐赠时会考虑回馈和成本，回馈和成本被看作内在动机。“回馈”包括获得积极的个人评价、他人的表扬、帮助别人而获得好感、提升母校声誉和排名、提升自己学位的价值。有研究者用亲社会行为模型解释校友捐赠问题，问卷数据结合了大学捐赠记录和随机抽样的某管理学院 1980—1988 年的校友，测量了亲社会行为中的社会心理结构，认为决定校友捐赠的因素还包括效能感知、需要感知、互惠和个人与学校的关系。模型中，校友对母校的责任感和捐赠意图两个因素，解释了 6 年期间捐赠的数量。他们在文章中用该模型为学校筹资沟通问题提出了建议。[④] 在以上研究的基础上，德雷兹内教授提出提高年轻校友和学生的参与度，有助于维系他们与母校的关系，只要他们与母校保持联

---

① Grill Alan John, *An Analysis of The Relationships of Selected Variables to Financial Support Provided by Alumni of a Public University,* Doctoral Dissertation, The Pennsylvania State University,1988.

② Meer J., Rosen H. S., “Family Bonding with Universities” , *Research in Higher Education,* Vol.51, No.7（2010）, pp.641–658.

③ Conley A. T., *Student Organization Membership and Alumni Giving at a Public, Research I University,* Indiana University, 1999.

④ Diamond W. D., Kashyap R. K., “Extending Models of Prosocial Behavior to Explain University Alumni Contributions” *Journal of Applied Social Psychology,* Vol.27, No.10（1997）, pp.915–928.

系，其捐赠意愿不一定下降，因为他们具有很高的组织认同。[①] 根据继续理论（continuity theory），一旦校友有了第一笔捐赠，即便是作为学生，他们未来捐赠的可能性都会提高。[②] 社会心理学中社会距离（social distance）指个体之间的移情距离。[③] 减少潜在捐赠者和受益者的移情距离可以增加捐赠可能性，可以通过分享受捐助者的个人故事来减少社会距离。比起呈现捐赠金额等数据，详细讲述个案故事更有利于激发捐赠行为。[④]

（三）院校环境与校友捐赠行为

院校环境指校友在大学中体验到的相关因素，包括大学组织特征、参与过程、对学校的满意度等。大学组织特征中最具代表性的体育运动[⑤]、学术声誉[⑥]、全国排名[⑦]、教师质量[⑧]对校友的捐赠意愿具有积极影响。就教育

① Drezner N. D., "Why Give?: Exploring Social Exchange and Organization Identification Theories in The Promotion of Philanthropic Behaviors of African-American Millennials at Private-HBCUs", *International Journal of Educational Advancement,* Vol.9, No.3 (2009), pp.147–165.

② Atchley R. C., "A Continuity Theory of Normal Aging", *Gerontologist,* Vol.29, No.2 (1989), p.183.

③ Karakayali N., "Social Distance and Affective Orientations", *Sociological Forum,* 2009, Vol.24, No.3 (2009), pp.538–562.

④ Kogut T., Ritov I., "The Identifiable Victim Effect: Causes and Boundary Conditions". in *The Science of Giving: Experimental Approaches to the Study of Charity, D. M. Oppenheimer and C. Y. Olivola (eds)*, New York: Psychology Press, 2011, pp.133–147.

⑤ Holmes J. Prestige, "Charitable Deductions and Other Determinants of Alumni Giving: Evidence From a Highly Selective Liberal Arts College", *Economics of Education Review,* 2009, Vol.28, No.1 (2009), pp.18–28.

⑥ Rhoads T., Gerking S., "Educational Contributions, Academic Quality, and Athletic Success", *Contemporary Economic Policy,* Vol.18, No.2 (2000), pp.248–258.

⑦ Liu Y., "Determinants of Private Giving to Public Colleges and Universities", *International Journal of Educational Advancement,* Vol.6, No.2 (2006), pp.119–140.

⑧ Clotfelter C. T., "Alumni Giving to Elite Private Colleges and Universities", *Economics of Education Review,* Vol.22, No.2 (2003), pp.109–120.

体验而言，课堂教学和课内外活动是学生与大学建立亲密关系的重要载体。这种亲密关系是捐赠的重要影响因素，学生参与、大学体验对校友捐赠具有积极影响[①]，参与课外活动、与导师的关系及对大学教育体验的满意程度都会影响校友向母校捐赠的可能性[②]。有研究指出，捐赠者捐赠的原因在于感激导师，高质量师生关系会刺激校友向母校捐款。相关研究主要关注研究生的学术导师，本科生捐赠的原因可能是表达对教师的感激之情。[③]一些研究发现，对大学教育体验的满意度对校友捐赠有积极影响，包括对学生经历的满意度、对管理服务的满意度；[④]也有研究认为，大学满意度并不是校友捐赠的必要条件。[⑤]一些研究发现经济资助影响校友捐赠，但研究结论并不完全一致。有学者发现，多数捐赠者认为他们获得奖学金是学校对个人的一种投资行为，将投资还回被认为是合乎情理的；有参与者认为，获得奖学金资助是第一次体验到慈善的影响。[⑥]而有的研究发现，接受过奖学金、助学贷款等经济资助的经历会对校友未来捐赠产生消极效应。[⑦]研究者们发现，依靠奖学金支付学费的学生常常会向母校提供奖学金资助。有研

① Gasman M., Bowman N., *A Guide to Fundraising at Historically Black Colleges and Universities: An All Campus Approach,* New York, NY: Routledge, 2011.

② Clotfelter C. T., "Alumni Giving To Elite Private Colleges And Universities", *Economics of Education Review,* Vol.22, No.2 (2003), pp.109–120.

③ Monks J., "Patterns of Giving to One's Alma Mater Among Young Graduates from Selective Institutions" *Economics of Education Review,* Vol.22, No.2 (2003), pp.121–130.

④ Mael F. A., Tetrick L. E., "Identifying Organizational Identification", *Educational & Psychological Measurement,* Vol.52, No.4 (1992), pp.813–824.

⑤ Pearson J., "Comprehensive Research on Alumni Relationships: Four Years of Market Research at Stanford University", *New Directions for Institutional Research,* Vol.1999, No.101 (2010), pp.5–21.

⑥ Cascione G. L., *Philanthropists in Higher Education: Institutional, Biographical, and Religious Motivations for Giving,* New York: Routledge Falmer, 2003, pp.231–283.

⑦ Meer J., Rosen H. S., "Does Generosity Beget Generosity? Alumni Giving and Undergraduate Financial Aid", *Economics of Education Review,* Vol.31, No.6 (2012), pp.890–907.

究发现，学术成就的大小对校友的捐赠行为会产生积极影响。研究团队通过对美国中西部公立大学的校友捐赠行为进行为期 2 年的实证研究，发现在学经历以及课外活动对校友的捐赠行为产生了显著的影响[①]。有学者对校友活动与校友捐赠的关系进行研究，发现校庆等重大活动对校友捐赠具有积极的作用。[②] 组织中存着个体与个体的认同关系，当潜在捐赠者和需要帮助者的身份产生一致性时，会增加捐赠的价值感和捐赠金额。[③]

罗志敏归纳了学界针对校友捐赠问题的研究模式，包括以下五种：联系－交流模式认为，加强沟通联系以稳固校友和母校及教师的关系，与校友捐赠行为有一定的联系；体验－满意模式，则强调校友是否愿意捐赠取决于他们是否满意母校就读经历；性格－特征模式认为，校友愿意给母校捐款或给予支持是出于某种相关的性格或特征，如性别、年龄、教育程度、价值观、年收入水平等；技术－工作模式相关研究从完善校友组织、新兴的网络技术手段等角度提升校友工作成效；形象－声誉模式认为大学声誉和募捐成绩有直接关系，因此大学应当塑造良好的整体形象，提升大学声誉从而提高校友捐赠额和捐赠率。以上五种模式呈现了近年来西方学者对校友捐赠问题的主要研究切入点，从这个意义上更准确地说，它们是五种研究视角。

国内学者的相关研究局限于可获得的资料——以高校的排名数据为主。针对高校特征的研究居多，例如“院校教学科研水平、院校募捐努力程度

① Miller Michael T., Arthur L. Casebeer, “Donor Characteristics of College of Education Alumni: Examining Undergraduate Involvement”, ERIC Report, 1990.

② Wunnava P. V., Lauze M. A., “Alumni Giving at a Small Liberal Arts College: Evidence From Consistent and Occasional Donors”, *Economics of Education Review,* Vol.20, No.6 (2001), pp.533–543.

③ Drezner N. D., “Philanthropic Mirroring: Exploring Identity-Based Fundraising in Higher Education”, *The Journal of Higher Education* ,Vol.89, No.3 (2018), pp.261–293.

及院校所在地区不同的影响"[①]。莫蕾钰和李岩（2015）利用偏最小二乘法（PLS）模型以学术影响、毕业生影响、社会声誉、技术转化作为高校影响力解释维度，他们发现：高校社会声誉及毕业生的影响力对校友捐赠有显著积极的作用，高校的学术影响力和技术转化程度对吸引校友捐赠的作用并不明显，而社会声誉及毕业生影响力的提升最终归因于优秀的师资。[②]有学者通过对2010—2014年的面板数据进行回归分析，发现综合声誉、人才培养、科学研究、造富能力、筹资费用等高校指标对校友捐赠的确有显著积极的影响；"985工程"高校的校友认同度高于其他高校，是否为"985工程"高校也和校友捐赠金额显著正相关。[③]除了高校特征因素，其他因素包括校友特征、大学品牌、校友情结、大学精英企业家培育。此外，对学校的文化越认同，越愿意为母校提供捐赠；对学校教育满意度越高，越愿意为母校提供捐赠；年轻校友越愿意为母校提供捐赠。有学者研究美国私立大学校友捐赠的影响因素，发现主要有文化因素、政府因素、学校因素和个人因素四个方面。其中，学校因素包括学校自身的情况（如教育质量、运营情况、声誉和名望）、学校对筹资做出的努力程度和捐赠资金的用途等；个人因素包括校友的个体特征和校友的在校经历，等等。[④]总之，我国高校筹资效能影响因素与美国私立大学筹资影响因素有一定差异，共同点都体现了学校因素和个人因素的作用，而具体的差异研究几乎未曾涉及。

---

① 陈晓宇、冯倩倩：《我国高校的捐赠收入及捐赠人行为研究》，《北京大学教育评论》2011年第1期。

② 莫蕾钰、李岩：《我国高校影响力对校友捐赠的影响路径探析——基于偏最小二乘法模型（PLS）分析》，《中国高教研究》2015年3期。

③ 郭培、何娟、洪成文：《高校校友捐赠收入影响因素研究》，《中国高教研究》2017年第6期。

④ 汪茧：《美国私立大学校友捐赠研究》，博士学位论文，西南大学，2010年。

（四）校友参与、劝募努力与校友捐赠

校友参与捐赠活动并非自然发生，需要母校校友会和劝募部门的合作。有学者以斯坦福大学作为案例开展研究，发现校友捐赠取决于校友和母校的沟通、劝募信息、筹款策略和资源投入。① 一些研究表明，校友参与返校活动、校庆或母校志愿活动等会增加捐赠的可能性。②③ 另外，如邮件、大型活动、电话联系等劝募方式，在部分研究中被认为是校友捐赠的重要因素。④⑤ 也有研究表明，劝募的方式与校友捐赠并没有显著的相关性。⑥ 被劝募的频率也会影响校友捐赠，有研究发现，经常被劝募的校友向母校捐赠的可能性更大。⑦ 也有研究指出，大学校友这一身份不足以成为捐赠的动机，募捐过程更为重要，募捐过程意味着在将个人的身份和组织身份联结在一起。⑧

---

① Pearson J., "Comprehensive Research on Alumni Relationships: Four Years of Market Research at Stanford University", *New Directions for Institutional Research,* Vol.26, No.1 (1999) , pp.5–21.

② Patouillet L. D., *Alumni association members: Attitudes toward university life and giving at a public AAU institution,* Doctoral dissertation, University of Pittsburgh, 2000.

③ Young P. S., Fischer N. M., "Identifying Undergraduate and Post–College Characteristics that May Affect Alumni Giving" , AIR 1996 Annual Forum Paper, 1996.

④ Harrison W. B., Mitchell S. K., Peterson S. P., "Alumni Donations and Colleges' Development Expenditures: Does Spending Matter ?" *American Journal of Economics & Sociology,* Vol.54, No.4 (1995) , pp.397–412.

⑤ Turner S. E., Meserve L. A., Bowen W. G., "Winning and Giving: Football Results and Alumni Giving at Selective Private Colleges and Universities" , *Social Science Quarterly,* Vol.82, No.4 (2010) , pp.812–826.

⑥ Cunningham B. M., Cochi–Ficano C. K., "The Determinants of Donative Revenue Flows from Alumni of Higher Education: An Empirical Inquiry" , *Journal of Human Resources,* Vol.37, No.3 (2002) , pp.540–569.

⑦ Willemain T. R., Goyal A., Deven M.V., "Alumni Giving: The Influences of Reunion, Class, and Year" . *Research in Higher Education*, Vol.35, No.5 (1994) , pp.609–629.

⑧ Wesley E. Lindahl, Aaron T. Conley, "Literature Review: Philanthropic Fundraising" , *Nonprofit Management & Leadership,* Vol.13, No.1 (2002) , pp.91–112.

西方学者立足于利他行为或是社会慈善问题的一种特殊形式对校友捐赠问题进行研究，从多学科视角出发，依托或是建构理论阐释校友捐赠这种行为及其发生的规律，预测该行为如何发生。研究关注点从“校友筹资实践指南、操作手册”即如何提升校友捐赠频率和维护校友关系，转向了“探索校友的捐赠规律”，总体上从实践经验转向理论阐释。这表现出在实践中急需理论的指导和规律的探索，也表明在高等教育筹资中的理论建构亟待加强。

三、国家文化与校友捐赠

研究表明，社会文化会对人们的捐赠行为产生影响[①]，因此，影响校友捐赠行为的因素在不同的国家可能会有所不同。文化维度理论（cultural dimensions theory）是荷兰心理学家吉尔特·霍夫斯泰德（Geert Hofstede）提出的用来衡量不同国家文化差异的一个框架。他认为文化是在特定环境下人们共同拥有的心理程序，借此能将一群人与其他人区分开来。通过研究，他将不同文化间的差异归纳为六个基本的文化价值观维度：权力距离、个人主义、男性化、不确定性规避、长期取向、自身放纵（见表2-2）。[②]该文化理论被广泛用于考察和解释不同社会文化背景下的捐赠态度与行为。

① Luria G., Cnaan R. A., Boehm A., “National Culture and Prosocial Behaviors Results from 66 Countries”, *Nonprofit & Voluntary Sector Quarterly,* Vol.44, No.5（2015）, pp.1041–1065.

② Hofstede G., Hofstede G. J., Minkov M., *Cultures and Organizations: Software of the Mind,* New York: McGraw–Hill, 2010. pp.53–296.

表 2-2　不同国家文化差异——基于霍夫斯泰德文化维度的划分

霍夫斯泰德文化维度	主要内容
权力距离	指某一社会中地位低的人对于权力在社会或组织中不平等分配的接受程度。由于各个国家对权力的理解不同，所以在这个维度上存在着很大的差异。欧美人不是很看重权力，他们更注重个人能力，而亚洲国家因体制的关系而更注重权力的约束力
个人主义	该维度是衡量某一社会总体是关注个人的利益还是关注集体的利益。个人主义倾向的社会中人与人之间的关系是松散的，人们倾向于关心自己及小家庭；而具有集体主义倾向的社会则注重族群内关系，关心大家庭，牢固的族群关系可以给人们持续的保护，而个人则必须对族群绝对忠诚
男性化	该维度主要考察某一社会中两性的社会角色差别和分布。在男性化倾向较强的国家中，人们更多地表现出男性的性格特征，例如自信、果断、竞争性等，人人追求成功。而女性化倾向较强的国家里的人们则更加注重和谐的人际关系，崇尚礼让谦虚，强调男女平等，关心生活质量等。男性化指数的数值越大，说明该社会的男性化倾向越明显，男性的决定权越突出；反之，则说明该社会的女性气质突出，更加强调男女平等
不确定性规避	该维度指一个社会受到不确定的事件和非常规的环境威胁时是否通过正式的渠道来避免和控制不确定性。规避程度高的文化比较重视权威、地位、资历、年龄等，并试图以提供较高的职业安全度建立更正式的规则，不容忍偏激观点和行为，相信绝对知识和专家评定等手段来避免这些情景。规避程度低的文化对于反常的行为和意见比较宽容，规章制度少；在哲学、宗教方面，他们容许各种不同的主张同时存在
长期取向	该维度指的是某一文化中的成员对延迟其物质、情感、社会需求的满足所能接受的程度。这一维度显示有道德的生活在多大程度上是值得追求的，而不需要任何宗教来证明其合理性。长期取向指数与各国经济增长有着很强的关系。20 世纪后期东亚经济突飞猛进，学者们认为长期取向是促进发展的主要原因之一
自身放纵	该维度指的是某一社会对人基本需求与享乐欲望的允许程度。自身放纵的数值越弱，说明该社会整体对自身约束力不大，社会对自身放纵的允许度越大，人们越不约束自身

资料来源：霍夫斯泰德文化维度，2021-3-29，见：https://geerthofstede.com/culture-geert-hofstede-gert-jan-hofstede/6d-model-of-national-culture/。

目前仅有少数校友捐赠跨文化研究将霍夫斯泰德文化维度理论作为校友捐赠影响因素差异比较的解释和检验。一项俄罗斯和德国的比较文化研究中，学者揭示了大学生活中的学术、社会融合和感知的服务质量是俄罗斯社会中校友忠诚的重要驱动因素。俄罗斯社会的特征是集体主义和更大的权力距离。霍夫斯泰德认为，在集体主义社会中，人们倾向于融入社会群体并对自己的族群有绝对的忠诚。因此，在集体主义社会中，校友强调人际关系和与社会群体的紧密联系。相反，在个人主义和权力距离较小的德国社会，互动质量（如学术教学和客观的考试评价系统）对支持母校的影响更大。由于霍夫斯泰德将权力距离定义为社会中影响力较小的成员接受权力、物质财富和威望不平等分配的程度，而在权力距离较小的国家，所有的个人都希望拥有平等的权力和不带偏见的交往。① 另一项意大利和美国高校校友捐赠的比较研究则发现，美国高校更能促进校友的情感承诺转化成积极的捐赠态度，而意大利高校则不然。这种差异与两国在“不确定性规避”和“自身放纵”两个文化维度上的差异有关。② 校友捐赠行为的跨文化研究对本土实践的指导有重要的意义。另外一些研究者经过多国比较发现：集体主义、权力距离和长期取向 3 个文化维度与捐赠行为呈负相关的关系。③

本研究以美国和中国校友作为研究对象。根据霍夫斯泰德文化维度理论，中美两国在权力距离、个人主义、不确定性规避、长期取向等文化维度的立场不同（见图 2–7）。因此，二者在校友捐赠行为的影响机制上可能存在差异性。自新中国成立以来，中国高等学校的收支主要依赖政府财政，校友捐赠在中国并不像在美国那么普遍，公众对中国校友捐赠的情况了解不多。相反，美国大学成熟的筹款管理和独特的校友捐赠文化吸引了大量

① Iskhakova L., Hilbert A., Joehnk P., “Cross–Cultural Research in Alumni Loyalty: An Empirical Study Among Master Students From German and Russian Universities”, *Journal of Nonprofit & Public Sector Marketing,* Vol.33, No.4（2021）, pp.1–36.

② Francioni B., et al., “Does Trust Play a Role When It Comes To Donations? a Comparison of Italian and Us Higher Education Institutions”, *Higher Education,* Vol.82, No.1（2020）, pp.1–21.

③ Luria G., Cnaan R. A., Boehm A., “National Culture and Prosocial Behaviors Results from 66 Countries”, *Nonprofit & Voluntary Sector Quarterly,* Vol.44, No.5（2015）, pp.1041–1065.

的捐赠，具有非常高的校友捐赠参与率。揭示和区分这两种文化中哪些因素影响他们的捐赠行为，对理论和实践都有价值。

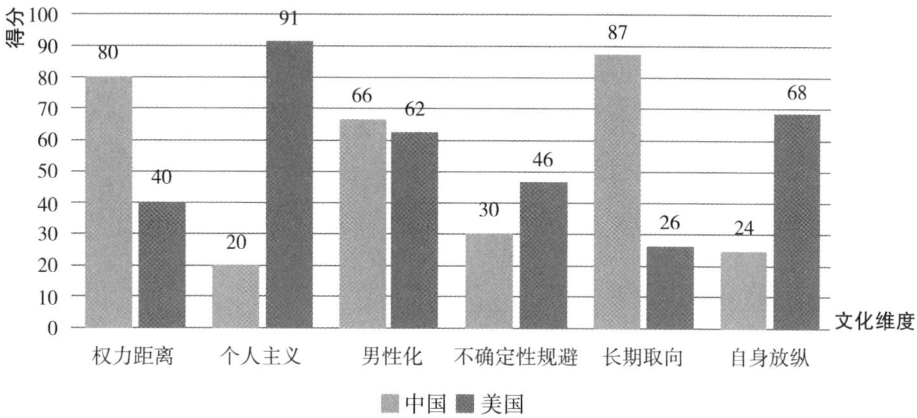

图 2-7 中美两国在六大文化维度上的得分①

四、研究述评

首先，非营利组织捐赠行为研究为高等教育社会捐赠提供了丰富的理论基础。上述研究发现，个人捐赠行为模型主要以非营利组织为捐赠对象，大学虽然被划分为非营利组织，但是大学组织特征和组织文化的独特性对个人捐赠行为产生的影响是不容忽视的。也就是说，向大学捐赠不能类比为一种“消费者行为”。萨金特等人对个人捐赠行为持续的研究为高等教育社会捐赠提供了理论参考，其建立的理论模型更加强调过去的经历以及内在决定因素（态度、个人心理动机），他还将忠诚度作为捐赠行为的结果。这些已有的个人捐赠行为模型，为校友捐赠行为提供了一个视角，即捐赠决策是个怎样的过程。在该模型的不断修订过程中，个人捐赠决策过程被

① 中美两国的霍夫斯泰德文化维度得分，2012-2-19，见：https://www.hofstede-insights.com/。

置于探索的核心位置，其中捐赠者的动机、心理态度、意愿等成为关键变量。遗憾的是，这一部分在高等教育捐赠的研究中“嫁接痕迹”过重，没有考虑高等教育自身的外在和内在诸多因素，也是未来研究急需弥补、论证的部分。

其次，国内高等教育筹资研究应该从“国际比较”转向“实证探索”。当下，国内针对高等教育筹资的研究主要是比较视角，介绍、分析国外经验、模式。关于中美高校捐赠问题研究，主要从宏观层面来考虑慈善捐赠法律法规的改革，多为政策建议和主观描述总结，少有微观的行为分析和定量研究。诚然，比较视角直接反映出我国在筹资组织架构、专业管理、战略策划等方面的差异和不足，也能看到国外筹资发展的制度优势和创新策略等具有价值的经验举措。但是，不得不坦言，尽管国外的实践结果远远超过我国，但是解决我国高校筹资落后的根本问题不在于增加组织架构、增加几个办公机构等，国内筹资管理人员普遍缺乏实践经验，同时也需要通过理论来认识大学筹资并理解大学筹资和捐赠人的关系。只有真正理解捐赠行为的发生机理，各大学才能真正制定出有效的筹资战略，提升筹资工作效果。美国大学筹资发展从重实践操作折回理论探索的现象是我国筹资发展的前车之鉴。“实践操作手册”可以从商业化和市场化获得多样的筹资手段，然而适用性、持久性和有效性常常受到质疑，因为高等教育的内外部环境的特殊性决定了筹资策略不能简单地嫁接经验。比如以“经济收入”作为划分或寻找潜在捐赠人的依据，在实际操作中常常效果不佳。到底该依据什么来制定募捐策略呢？要回答这个问题，只能借助全面、深入的实证研究，这也是当前美国大学筹资研究的重要取向。

再次，关于校友捐赠行为研究，理论探索和实证探索都需要精进。国内关于校友捐赠议题的深度讨论偏少，需要以新的视角建立完善的分析框架，进而深刻地理解校友捐赠行为。目前，国外校友捐赠影响因素及影响机制研究以单一维度的探讨居多，难以对校友捐赠行为进行深入理解。有必要从理论上构建较为全面的分析思路，多个维度解构校友捐赠行为。校友捐赠行为离不开校友文化的讨论，我国校友文化与西方校友文化的差异可以在校友捐赠上反映出来，但这还不能妄言我国缺乏校友文化。目前，我国校友捐资助学行为已不在少数，“捐赠文化”在我国校友大文化体系中属于隐性文化，如何挖掘这种隐性文化进而使之成为显性文化，然后将这种捐赠文化与筹资战略相结合，提升筹资效果，需要从更多角度来理解我国的校友文化。

最后，增加实证研究案例，迫切需要丰富本土理论。在已有研究中，美国学者对大学捐赠的研究，主要以经济学理论、组织效能理论、合理行为理论等作为研究框架。国内相关实证研究较少，对国外相关理论的应用和适用性讨论更是不多见。在校友行为研究中，主流趋势是多学科研究视角，理论上目前存在多种学科视角的理论研究，但是不够系统化。西方理论界对慈善捐赠行为的研究繁多，这些理论在中国文化背景下的适用性如何？非西方文化和地区对慈善行为的研究正在兴起，需要关注理论的适用性问题。目前我国对捐赠的研究多参照海外成功经验，相对缺乏从我国大学自身管理与校友捐赠出发的实证分析。

Chapter 03 | 第三章

研究设计

第一节 研究问题

校友捐赠是高校多元化筹资中的重要部分，随着我国经济社会的发展，“中国校友”的创富能力剧增，这正是未来高校可利用的重要资源。“今天的在校生，明天的校友。”如何有效地增加校友捐赠也是大学内部的治理问题，本研究围绕校友捐赠的影响动因，了解校友捐赠的心理和行为，为我国大学管理和筹资发展提供方案。具体而言，本研究的研究问题包括：中美影响校友捐赠的因素有哪些？影响机制是什么？中美校友捐赠的影响因素和影响机制是否存在差异？现有实证研究以美国高校背景为主，本研究选择中美高校各一所作为研究对象，进一步对以上问题进行不同文化背景下的分析和讨论，尝试提出符合我国文化传统、制度环境的校友募捐对策和管理思路。

为了解释中美校友捐赠的影响因素和影响机制及中美校友捐赠影响机制的差异，本研究通过三个维度来进行探讨：校友捐赠的情感影响因素并基于社会交换理论探讨“关系凝聚”，即大学满意度、归属感、捐赠责任感三个因素在校友捐赠过程中的中介效应；校友捐赠过程中沟通因素的影响作用；关于校友捐赠效用偏好对校友捐赠的影响。

第二节 概念界定

（一）校友

校友英译为“alumni”，源于拉丁文中的“alumnus”，原意为“孕育婴幼儿”，现指在同一所大学毕业的人或在同一所大学学习过的人。母校英译为“alma mater”，意指为子女提供丰富食物的母亲。从词源上看，母校和校友的关系是母与子的关系。本研究中“校友”指具有该校就读经历，包括具有全日制和非全日制的各阶段（本、硕、博）毕业生。

（二）校友捐赠

校友捐赠是指高校校友为母校的教育事业而自愿向母校捐献自己的资源，包括物质、金钱、智力等方面。校友捐赠是公益捐赠的一种，校友作为捐赠人，高校作为受益人。校友捐赠体现了校友对母校的深厚感情，支持母校教育事业，是一种集道德、法律、经济于一体的行为。

诸多研究者把个人捐赠看作非营利组织的一种消费行为，运用消费者行为学来解释捐赠行为。国外研究者将个人捐赠看作一个决策过程，认为个人捐赠行为包括意识 / 察觉、唤起同情心、成本收益权衡、决策，也有学者从态度、意愿、行为等方面来解释捐赠行为。本研究中，把校友捐赠行为理解为捐赠行动结果，由主观意愿、态度、动因等影响的行动决策结果。因此，本研究中校友捐赠指经济捐赠，校友捐赠涉及校友是否捐赠、捐赠频率与捐赠次数。

第三节 研究方法

（一）比较研究

乔治・贝雷迪（George Z. F. Bereday）在《教育中的比较方法》（*Comparative Method in Education*）中提出比较四步法——描述、解释、并置、比较，首次将比较研究推向程序化[①]。他强调描述和解释是比较研究的基础，仅足以服务区域研究，真正的比较研究从并置和比较开始。本研究遵从四步法，首先，在描述阶段说明中美高校校友捐赠的基本情况是“怎样的”，使用一般描述统计来回答。其次，利用回归分析手段在理论基础上解释校友捐赠受到哪些因素的影响。再次，在并置阶段，聚焦并提出自变量与因变量之间更为具体明确的关系的假设。结构方程模型应用在这个阶段，更进一步回答“为什么”。最后，比较阶段是对并置阶段的发现进行分析：校友捐赠是一种社会人行为，无论是行为结果还是影响行为的因素，都不能脱离不同的社会文化背景。因此，在比较阶段，中美两个国家文化差异是研究结论讨论的基础。

一般而言，比较研究要求被比较对象之间具有充分的相似性，同时具有明显的差异性，这样的比较才更有意义。美国 M 大学和中国 B 大学作为两所案例高校在基本规模和性质方面具有很强的相似性（见表 3-1）。首先，两所高校类型相同，均属于公立研究型大学。其次，两所高校的师生比接近，整体规模相当。美国 M 大学有 3.2 万名在校生，2151 名全职教师，师生比为 1∶15；中国 B 大学有在校生 2.8 万名，1737 名全职教师，师生比为 1∶15.7。再次，两所高校地理位置均位于首都。最后，两所高校所含学科类型相似，M 大学包含的农学专业已在抽样中剔除。美国 M 大学基金会成立于 2000 年，中国 B 大学基金会于 2007 年成立。从 2020 年的基金会捐赠收入来看，两所高校捐赠收入差距不大。由于新冠肺炎疫情影响了整个美国高校的捐赠收入，美国 M 大学 2020 年的捐赠收入低于往年水平。2015—2020 年，中国 B 大学的基金会总资产净值增长超过 8 亿元。[②] 中国 B 大学代表了绝大多数大学筹资近五年来强劲的发展趋势。

① George Z. F. Bereday, *Comparative Method in Education*, Holt, Rinehart and Winston, 1964. p.27.

② 根据历年 B 大学基金会审计报告数据所得。

表 3-1　案例高校基本情况一览

案例高校	基金会总资产（截至 2020 年）	年捐赠收入（2020 年）	全职教师数	全日制在校学生数	类型	师生比	所在城市
美国 M 大学	7.5 亿美元	0.8 亿美元	2151 名	3.2 万名	公立研究型大学	1∶15	华盛顿
中国 B 大学	13.3 亿元	6.1 亿元	1737 名	2.8 万名	公立研究型大学	1∶15.7	北京

（二）研究设计：混合研究法

本研究是一项比较教育研究，为了深入、全面理解校友捐赠影响因素，决定采用混合研究法。混合研究法是“研究者以实用主义为基础（如效用倾向性、问题中心主义和多元化）建构知识观，它运用顺序法或并行法等资料收集方法为研究策略，以能最好地理解所研究的问题为目标”。混合研究法结合了定量研究和定性研究两种方法，通过二者结合以便更深入、更透彻地理解研究问题，获得更准确的研究结果。

本研究选择混合研究法主要考虑校友捐赠现状、校友捐赠的影响因素研究是一种服务于实践的研究，因此必须依赖一定规模的数据调查得出结论，以便进行推广；同时，校友捐赠是关于“人”的研究，社会统计方法过于抽象，在特定的行动场域中可能会有偏差或不足以解释。通过定性研究丰富对研究问题的解释，探讨研究问题更多细节和经验脉络。根据克雷斯威尔（Creswell）关于混合研究路径的分类①，本研究采用以定量研究有限的顺序型解释策略，即先进行定量分析，再通过定性数据收集和分析，最后整合二者

① ［美］约翰·W. 克雷斯威尔：《研究设计与写作指导》，崔延强主译，重庆大学出版社 2007 年版，第 170—173 页。

对研究结果进行解释。

（三）资料收集方法：问卷调查法、访谈法

基于本研究问题，采用问卷调查法和访谈法进行资料收集。

问卷调查法是本研究的基本方法。研究人员在文献研究的基础上，提出研究假设，形成校友捐赠调查问卷。然后，制订抽样计划，发放问卷，回收问卷，通过多种统计方法对问卷数据进行分析得出研究结论。本研究采用自编问卷。由于选择了中美两所案例高校进行调查，考虑相关问题的文化适应性，本研究进行了预测，然后调整问卷。

由于问卷调查法在很大程度上依赖于被访问者的自我报告，偏向于个人的主观意识，调查问题深度不够，需要用访谈法进行补充。访谈法是一种无结构的、直接的、个人的访问。在访谈过程中，访谈者介绍一个观点或问题，而这个观点或问题背后的原因尚未被人们揭示出来，访谈者试图通过受访者的回答来寻找有关主题的新信息和新视角。在调查问卷之后的假设检验访谈更趋于结构化，其目的在于检验某个假设。本研究中，访谈法主要用于得出问卷调查结果之后，对问卷调查结果进行深入分析和解释，或弥补问卷调查的不足。

本研究中，对中国案例高校 B 大学的访谈采用了一对一访谈形式，并对两位捐赠者进行了深度访谈；对 B 大学基金会主要工作人员组建了焦点小组，一对一访谈了两位校友会工作人员。对美国案例高校 M 大学校友的访谈采用了焦点小组（三组）的形式。两所高校访谈样本的基本信息如表 3–2 和表 3–3 所示。

表 3-2　美国 M 大学被访谈者基本信息

姓氏	性别	出生年份	在 M 大学所获最高学位	专业	毕业年份	种族
Anika	女	1988	硕士	计算机	2015	白人
Allison	女	1987	硕士	教育学	2016	亚裔
Jessica	女	1970	学士	社会学	1995	黑人
Ronald	男	1967	学士	新闻	1989	白人
Sheldon	男	1970	学士	物理学	1976	白人
Linda	女	1983	博士	教育学	2017	白人
Matthew	男	1979	学士	金融	2001	白人
Nicolle	女	1982	学士	生物学	2005	印裔
Kenneth	男	1965	学士	数学	1987	白人
Kerri	女	1983	硕士	未知	2007	白人

表 3-3　中国 B 大学被访谈者基本信息

代号	性别	在 B 大学获得的最高学位	专业	毕业年份	捐赠与否
CJL	男	博士	教育学	2016	是
CNX	女	硕士	教育学	2013	否
XJH	女	博士	政治经济学	2010	是
XJ	男	学士	马克思主义	2000	是
XHH	女	博士	计算机	1998	否
FDX	男	硕士	物理学	1997	是
ZYJ	女	硕士	化学	2007	是
ZXD	男	学士	经济管理	2007	是

（四）数据统计分析方法

本研究在对校友捐赠行为的影响因素及机理进行分析时，采用统计软件 Stata 及 Amos 20.0 对构建的理论模型进行验证和分析。探索校友捐赠动机时，使用 Mplus 软件进行潜在类别分析（Latent Class Analysis, LCA）。本研究中采用一般统计、计量分析模型、潜在类别分析模型对问卷进行分析。

前两种分析方法在教育领域运用非常广泛，潜在类别分析在国内教育领域运用极少，有必要做一些说明。潜在类别分析是新兴数据分析领域中混合模型中的一种，它主要解决数据中的类型或分组问题。潜在类别分析思路源于因子分析，其基本假设是:“对各外显变量各种反应的概率分布可以由少数互斥的潜在类别变量来解释，每种类别对各外显变量的反应选择都有特定的倾向。假设有 A、B、C 三个外显变量，分别具有 I、J、K 个水平数，其彼此之间不相互独立。若存在一具有 T 个潜类别的潜变量 X，其不仅可以解释 A、B、C 三者间的关系，且在 X 的每个类别中，能够维持 A、B、C 这三个外显变量的局部独立性，即为潜在类别分析。”[①] 潜在类别分析将多个二分类变量进行聚类。与聚类分析不同的是，潜在类别分析可以进一步分析属于某个类别的概率。潜在类别分析在美国已广泛应用于教育研究领域，比如学校领导力、教师影响、学生辍学[②]、校长流动和高等教育等[③]。因子分析和结构方程模型通常假设，可观测变量和潜变量都是连续性的变量而且服从正态分布。潜变量分析弥补了因子分析和结构方程模型的仅限于连续变量的不足，提高了分类变量的分析价值。

① 曾宪华、肖琳、张岩波:《潜在类别分析原理及实例分析》,《中国卫生统计》2013 年第 6 期。

② Bowers A. J., Ryan Sprott, “Examining the Multiple Trajectories Associated with Dropping Out of High School: A Growth Mixture Model Analysis” , *Journal of Educational Research,* Vol.105, No.3 (2012) , pp.176–195.

③ Boyce J., Bowers A. J., “Principal Turnover: Are There Different Types of Principals Who Move From or Leave Their Schools? A Latent Class Analysis of the 2007–2008 Schools and Staffing Survey and the 2008–2009 Principal Follow–Up Survey” , *Leadership & Policy in Schools,* Vol.15 (2016) , pp.1–36.

Chapter 04 | 第四章

校友捐赠行为影响因素理论模型构建

第一节 校友捐赠行为的社会交换三要素分析

西美尔（Simmel G.）提出，社会学研究就是从各种现象中分出社会交往的要素。社会交换是社会交往的纯粹形式。布劳将交换行为定义为：交换是个人受到可以从交换另一方那里得到回报的激励而产生的自愿行为，是当别人做出报答性反应就发生、当别人不做出报答性行为就停止的行动。[①] 社会交换是一种双向交换，在 A 与 B 的交换关系中，双方都拥有一定"权力"，当有一方可以影响另一方的利益的时候，就产生了社会交换。社会交换理论认为，交换双方存在一种"协作社会合同"，如果交换是成功的，双方都有"权力"影响一定的结果。校友 – 母校关系是一种交换关系，大学提供高等教育服务，大学生支付学费，大学生获得个人发展、就业技能、心理发展等。学生毕业以后，这种交换关系基于校友 – 母校关系依然持续重复着。在通常情况下，组织内部的社会交换主要包括以下两种形式：一为"生产性交换"，即组织成员必须首先为组织创造某种价值，才能得到报酬；二为"内部成员"的交换，即员工或领导—下属之间的交换。校友和母校的交换关系是一种高效的交换（productive exchange），即一种个人—组织和组织—个人的一种交换。有研究者将高校的交换描述为"群体一般性交换"[②]。这种交换关系主要体现了交换一方不只有一个个体而是多个个体。明确校友和母校的关系是一种社会交换后，再回到校友捐赠问题情境下对这种社会交换进行进一步思考。

---

① Blau P. M., *Exchange and power in social life.* Wiley, 1964, p.8.

② Yamagishi T., Cook K. S., "Generalized exchange and social dilemmas", *Social Psychology Quarterly,* Vol.56, No.4（1993）, pp.235–248.

首先，个人与大学之间存在着一种“合同关系”：个人上大学要交学费，大学提供优质的教育服务，提升个人在认知和情感各方面的能力，获得未来发展生存所需的知识和技能；其次，因为“学缘关系”形成了校友－母校关系；最后，母校的发展需要社会支持时，校友和母校之间形成了“交换关系”，校友和母校各自拥有“权力”，校友有权力选择捐赠或者不捐赠，母校有权力选择接受或拒绝，或决定如何使用捐款。这些非常符合社会交换理论最基本的原则：利益交换和相互影响。“合同关系”和“学缘关系”是校友－母校交换关系的基础，也可视为交换关系中的“前刺激”。大学生毕业后，个人和大学的关系并没有就此消失，“个人—大学”转换为“校友—母校”身份，母校和校友之间依然存在联系，以多种互动方式保持关联，是交换关系中的“后刺激”。

通过对社会交换理论的回顾和分析，我们对社会交换的思想基础、基本原则产生了全面的认识。本章以社会交换理论为基础，结合组织认同理论、社会影响理论，重点从情感、互惠、沟通三个交换要素对校友捐赠行为的动因进行分解。

一、校友捐赠与社会交换的情感机制

校友捐赠是一种基于“母校—校友”情感的社会交换。社会交换理论常常应用于解释组织与个人或个人与个人关系中，校友向母校捐赠的这种交换关系与普通的个人—组织的关系存在差异。普通的员工与企业的关系更多基于回报性，是基于生产利益和获得回报而产生交换；也是通过规范性条例来进行约束和控制，或是通过上传下达等方式来实现交换。而校友向母校捐赠则是基于“合同关系”“学缘关系”之后产生的一种交换，没有生产性也没有规范性存在于二者关系中，这种交换关系产生的根本基础是基于“母校情结”。

情感是如何影响交换机制的？首先，情感产生于大学环境中。在就读期间，大学与学生的联结是通过个人交往、师生交往，通过各种教学活动、课外活动作为载体而产生的，这些多样化的体验融合在一起便产生了超越合同关系的情感。“参与理论”是美国大学生发展、大学影响力研究的重要理论基础。阿斯廷（Astin A. W.）提出的“输入—环境—输出（I-E-O）”模型将大学生参与环境置于研究大学生发展问题、大学输出质量等问题的核心。[①] 大学为学生提供的支持环境，促使大学生投入时间和精力参与学术活动、课外活动等丰富多彩的校园活动中，通过参与获得成功，提高对大学的满意度。[②] 博耶（Boyer E. L.）认为大学校园生活直接影响大学体验的效果和满意度。[③] 大学生越积极投入大学学术活动、社交活动中，越容易产生大学归属感而避免辍学。已有研究将校友在校参与作为校友捐赠的预测指标，发现在校参与度越高，校友向母校捐赠的可能性越大。[④⑤] 在这些研究中，大学参与活动具体包含学生组织活动、体育活动、宿舍活动、学生社团等非课内活动。以上研究很少包含参与学术活动。除了在校参与，校友毕业后与大学依然保持着相互联系，毕业后继续“卷入”母校的各种活动中。

---

① Astin A. W., “What Matters in College”, *Liberal Education,* Vol.79, No.4（1993）, pp.4–15.

② Terenzini P. T., Pascarella E.T., “Twenty years of research on college students: Lessons for future research”, *Research in Higher Education,* Vol.32, No.1（1991）, pp.83–92.

③ Boyer E. L., *College: The Undergraduate Experience in America,* New York:Harper & Row, 1987.

④ Oglesby R. A., *“Age, Student Involvement, and Other Characteristics of Alumni Donors and Alumni Non-Donors of Southwest Baptist University”*, Doctoral Dissertation, University of Missouri,1991.

⑤ Taylor A. L., Martin J. C., “Characteristics of Alumni Donors And Nondonors at a Research I, Public University”, *Research in Higher Education,* Vol.36, No.3（1995）, pp.283–302.

在已有研究中，也有研究者将毕业后校友参与作为校友捐赠的预测变量，① 具体包括：与母校教师保持联系、参加母校活动、阅读母校期刊、参加返校活动、参加校友活动等。帕特里夏（Patricia P. O.）在“输入—环境—输出”理论模型的基础上，对校友在校参与和毕业后参与对向母校提供经济资助的影响关系进行了研究，提出了“双参与”理论②（见图 4-1）。

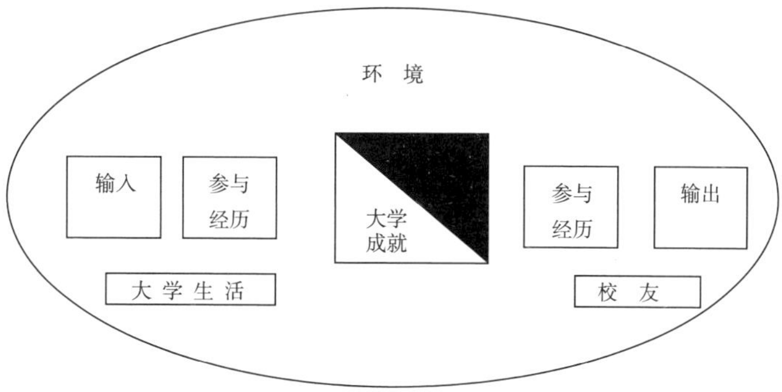

图 4-1 “双参与”理论模型

“双参与”理论模型对校友捐赠行为缺少过程性变量的解释，基于社会交换理论，在社会结构的力量下产生关系凝聚，从而产生额外的付出。该分支理论为校友捐赠的情感动因探究提供了思路，在大学参与中产生了关系凝聚进而影响校友是否捐赠。社会交换最简单的因果链为“积极的情感促使额外的付出”，可推断关系凝聚对校友捐赠会产生积极影响。

那么，校友与母校的交换关系中的“关系凝聚因素”包含哪些？已有研究把校友对母校的情感依附作为一个影响因素，强调校友与母校之间建立积

① Conley A. T., “Student Organization Membership and Alumni Giving at a Public”, *Research I University,* Indiana University, 1999.

② Patricia P. O., *“The Impact of Undergraduate Greek Membership on Alumni Giving at the College of William and Mary”*, Doctor Dissertation, The College of William and Mary in Virginia, 2005.

极的感受和联结。[①] 具体对情感依附的描述性定义包括对大学的满意度、向母校捐赠的态度。研究中采用的变量包括参与本科活动对大学产生积极的情感、参与捐赠决策、对大学的情感、对大学的教育体验的总体满意度。[②] 根据前文的文献综述及相关理论，本研究认为大学满意度、归属感、捐赠责任感应作为交换关系中的关系凝聚因素。

1. 大学满意度

大学满意度是校友对教育经历和结果的主观评价。[③] 在组织认同理论中，梅勒等人的研究将组织情感纳入了个人是否支持大学的影响因素中，包括对组织的满意度、任期、组织内外的竞争力等。对组织的满意度是一种对感知服务的评价，属于交换理论中的"积极情感"的范畴。通常通过学术环境和校园生活的质量来进行衡量，如教学效果、学习环境、学生服务和与教师的关系。[④] 当学生得到了大学和教师的支持与关心时，他们对大学的满意度会更高。[⑤] 同时，对自己的学习经历和大学支持服务感到满意的校友更有可能向母校捐款。[⑥] 因此，高质量的教育体验有利于未来获得校友的支持，甚至在毕业

① Steeper D. W., *"The Effects of Selected Undergraduate Student Involvement and Alumni Characteristics on Alumni Gift-Giving Behavior at the University of Virginia"*, Doctoral Dissertation, University of Virginia, 2009.

② Cauda L. A., *"Exploring the relationship between institutional commitment to diversity and Latino alumni giving"*, Doctoral Dissertations, University of Pennsylvania, 2014.

③ Monks J., "Patterns of Giving to One's Alma Mater Among Young Graduates From Selective Institutions", *Economics of Education Review,* Vol.22, No.2 (2003), pp.121–130.

④ Weerasinghe I. M. S., Fernando R. L., "Students' Satisfaction in Higher Education Literature Review", *American Journal of Educational Research,* Vol.5, No.5 (2017), pp.533–539.

⑤ Crowe J. A., "Creating a Departmental Climate That Increases a Student's Sense of Belonging, Perceived Faculty Support, and Satisfaction With the Major", *Innovative Higher Education,* Vol.46, No.1 (2021), pp.95–109.

⑥ Gaier S., "Alumni Satisfaction With Their Undergraduate Academic Experience and the Impact on Alumni Giving and Participation", *International Journal of Educational Advancement,* Vol.5, No.4 (2005), pp.279–288.

多年后，大学体验满意度会直接或间接地影响到校友对母校的捐赠决策[①]。

2. 归属感

学术界对归属感这一概念尚无统一的界定。有学者把归属感定义为“在某个系统或环境中，个人的体验让个体感到自己成为这个系统或环境中不可缺少的一部分”。也有研究者认为，归属感是个人融入组织、被他人认同、与他人联结的一种感受。[②] 在教育情境中，古德诺（Goodenow C.）认为归属感是学生感到自己是学校生活和活动中重要一分子的感觉，是学生在学校环境中被他人接受、尊重、包容和鼓励的程度。[③] 这种感觉不仅包含与学校的隶属关系或温暖的感知，还包含自己被作为独立个体而受到的尊重和支持。虽然大学归属感产生的基础是个体对大学的认同，但有研究者认为二者有明显的区别。[④] 梅勒等人提出的组织认同理论强调大学的外部竞争力及声誉。本研究聚焦于个体在大学期间的心理体验。[⑤] 因此，本研究中的归属感指个体感到在大学环境中被接纳、尊重和支持的程度。

首先，归属感是基于成员对组织的认同。其次，个人对大学的主观依附和认同被称为归属感，理论上反映了学生越融入大学，对大学的归属感越

① Weerts D. J., Ronca J. M., “Characteristics of Alumni Donors Who Volunteer at Their Alma Mater”, *Research in higher education,* 2008, Vol.49, No.3（2008）, pp.274–292.

② Walton G. M., Brady S. T., “The Many questions of Belonging”, In the *Handbook of Competence and Motivation*（*2nd Edition*）*: Theory and Application.* A. J.Elliot, C. S. Dweck, D. S. Yeager（eds.）, New York: Guilford Press, 2017, pp.272–293 .

③ Goodenow C., “Classroom Belonging Among Early Adolescent Students Relationships to Motivation and Achievement”, *The Journal of Early Adolescence,* 1993, Vol.13, No.1（1993）, pp.21–43.

④ Drezner N. D., Pizmony–Levy O., “I Belong, Therefore, I Give? The Impact of Sense of Belonging on Graduate Student Alumni Engagement”. *Nonprofit and Voluntary Sector Quarterly,* Vol.50, No.4（2020）, pp.753–777.

⑤ Mael F., Ashforth B. E., “Alumni and Their Alma Mater: a Partial Test of The Reformulated Model of Organizational Identification”, *Journal of Organizational Behavior,* Vol.13, No.2（1992）, pp.103–123.

强，对大学的认同和承诺感就越强[①]。1990年，卡内基教学促进基金会发布的报告《校园生活：寻找失落的校区》的主编博耶呼吁："学生不愿意仅作为花名册上的一个数字而存在，他们希望自己的价值观和个性特点能够得到他人的尊重与认可，他们需要一种隶属于大学的归属感。"[②] 归属感如何产生？该报告强调营造一个学生积极参与的、将学术化与社会化融于一体的教育环境，找回学生对大学的归属感。已有研究表明，在大学期间通过整合学术互动和社会交往互动，可以提高对大学的依附和认同。"整合学术互动和社会交往"最多出现在美国大学生发展研究中，"整合"实质上指学生在参与各种互动活动中、人际互动关系中获得的积极效应。学生参与和学生发展的各个方面的积极关系得到了大量实证研究的验证。"学生参与"的概念范畴包含了大学在校期间的人际互动、学术活动、课内外活动、师生交往等。[③④] 学生对大学产生认同和依附，源于大学期间的体验互动。国外学者的研究进一步解释成功的社会互动和学术互动会对群体与组织产生依附及认同。[⑤] 由此说明在大学体验互动中融入具有共同需求、兴趣的学术或非学术活动可以增加成员的认同和依附感。另一项研究认为，在检验大学归属感时，特别重视学生与教授的关系，特别是在某些学科，学生和教授的关系是产生大学归

① Homan M., Richmond J., Morrow J., Salomone K., "Investigating 'Sense Of Belonging' In First-Year College Students". *Journal of College Student Retention: Research, Theory and Practice,* Vol.4, No.3 (2002) , pp.227–256.

② Boyer E. L., *College: The Undergraduate Experience in America,* New York:Harper & Row, 1987, p13.

③ Terenzini P. T., Pascarella E.T., "Twenty years of research on college students: Lessons for future research", *Research in Higher Education,* Vol.32, No.1 (1991) , pp.83–92.

④ Tinto V., *Leaving College: Rethinking the Causes and Cures of Student Attrition.* University of Chicago Press, Chicago, 1993, pp.74–123.

⑤ Hurtado S., Carter D F., "Effects of College Transition And Perceptions of the Campus Racial Climate on Latino College Students' Sense Of Belonging", *Sociology of Education,* Vol.70, No.4 (1997) , pp.324–345.

属感的必要条件。[①] 哥伦比亚大学的一项研究表明，建设一个以教学为中心的学习环境、注重大学历史文化传统、丰富多样的课外活动、充满个人关怀和尊重的多元化校园环境、积极的师生交流等都是影响学生归属感的重要方面。[②] 当这些丰富的学术体验、人际体验让学生体会到被尊重、接纳和关怀后，个人心理会产生认同感，更加愿意成为群体的一部分，对群体产生依附感和亲近感。

本研究使用了古德诺开发的归属感量表，该量表的目的是测量“多大程度上，学生感到在学校环境中被接受、尊重、融入和支持”。他认为，学校归属感是学生感到自己是学校生活和活动中重要一分子的感觉，是学生在学校环境中被他人（老师和同学）接受、尊重、包容和鼓励的程度。这种感觉不仅包含对于学校发生的归属关系或温暖的感知，还包含自己被作为独立个体而受到的尊重和支持。量表测量了校友在校期间是否积极参与多数活动，是否被他人、老师喜欢和尊重，是否获得支持帮助，自我成就是否得到学校成员认同，对大学的认同（是否感到骄傲、是否热爱），是否融入集体。

3. 捐赠责任感

已有研究将向母校捐赠的态度视为一种情感变量。[③④] 本研究将其定义为个人向母校捐赠的责任意识，即个人是否认为有责任向母校捐赠，或他人应

① Alkan N., “Psychological Sense of University Membership: An Adaptation Study of the PSSM Scale for Turkish University Students”, *The Journal of Psychology: Interdisciplinary and Applied,* Vol.150, No.4（2016）, pp.431–449.

② 程星：《世界一流大学的管理之道：大学管理决策与高等教育研究》. 北京大学出版社 2011 年版，第 92—104 页。

③ Steeper D. W., *“The Effects of Selected Undergraduate Student Involvement and Alumni Characteristics on Alumni Gift-Giving Behavior at the University of Virginia”*, Doctoral Dissertation, University of Virginia, 2009.

④ Cauda L. A., *“Exploring The Relationship Between Institutional Commitment To Diversity And Latino Alumni Giving”*, Doctoral Dissertations, University of Pennsylvania, 2014.

该向母校捐赠，以及即使我交了学费还是有向母校捐赠的责任。该变量的选择也符合社会交换理论。布劳认为社会交换包含“未详细说明的责任”，因而在社会交换关系中，这种责任并不一定是显性的规范或是条约。这也意味着交换关系的情感机制中存在责任感认同的差异性，在不同的背景下，可能会成为影响最终交换结果的因素。“未详细说明的责任”的模糊性、内隐性植根于组织文化或社会文传统中，不可直言，但影响力巨大。这种“似有似无”的责任感，将交换关系中回报的另一个特征揭露出来，即难以衡量。正如布劳所言：“提供的支持会引起未来的分散的责任，不是简单的、详细清楚的，回报的特点是不能讨价还价，但必须留给回报者去判断。”①

综上所述，校友和大学之间是一种互惠的社会交换关系。②社会交换的情感理论将情感凝聚作为社会交换过程的一个显性特征。③当个体从群体互动中体验到积极的感受时，更有可能为集体做额外的事情。④大学与校友之间的紧密关系的建立始于校友就读期间在学术和社交生活中的互动⑤，并且通过积极的情感动机来进行维系和加深，比如忠诚、责任感、归属感。让学生在就读过程中体验到被尊重和被重视的感觉，提升他们对大学的归属感，这有助于提高他们向母校捐赠的意愿。⑥已有研究表明，归属感较强的校友更

① Blau P. M., *Exchange and Power in Social Life,* J. Wiley, 1964, p.98.

② Drezner N. D., Huehls F., *Fundraising and Institutional Advancement:Theory,Practice,and New Paradigms,* Routlegde, 2014, p.73.

③ Lawler E., “Relational Cohesion”., In *Encyclopedia of social theory,*G. Ritzer (Ed.), SAGE Publications, 2005, pp. 634–634.

④ Lawler E., “An Affect Theory of Social Exchange”, *American Journal of Sociology,* Vol.107, No.2 (2001), pp.321–352.

⑤ Gallo M. L., “Beyond Philanthropy: Recognizing The Value of Alumni to Benefit Higher Education Institutions”, *Tertiary Education & Management,* Vol18, No.1 (2012), pp.41–55.

⑥ Sung M., Yang S. U., “Student–University Relationships and Reputation: a Study of The Links Between Key Factors Fostering Students' Supportive Behavioral Intentions Towards Their University”, *Higher Education,* Vol.57, No.6 (2009), pp.787–811.

有可能向母校捐款，也更有可能通过帮助学生、参与校友活动、做志愿者与母校保持联系。[①]

二、校友捐赠与社会交换的沟通机制

校友向母校捐赠，并没有任何规范性条款对此行为进行规定或约束，没有“理所应当”，也没有“应该捐赠”的规范性常识。即使不同文化背景的国家，也不存在这样的规范性约束，也不存在“领导—员工”一样的“上传下达”的沟通模式。校友向母校捐赠是基于一种情感，因此其沟通要素的具体表现是一种有限的沟通。“劝募”是最直接的沟通行为，劝募方式包括电话、邮件等。此外，社会交换理论发生在“给予”和“接受”的关系中，双方可能产生一种不平衡。信任感是减少不平衡的一个因素，高校在交换关系中拥有权力处理捐赠资金，但是，如果信息不够公开透明、捐赠资金使用不明确，则产生交换关系的“不平衡”就会影响交换的结果。综上所述，社会交换中沟通原则表现为校友对母校的信任感及被劝募的频率。

在筹资工作中，信任是发展捐赠者与机构之间关系的一个重要因素。[②]在高等教育筹款文献中，美国学者发现在校友的慈善决策中，信任是一个重要因素[③]。有学者还通过案例研究的方法探讨了信任对亚裔美国人向大学捐赠

① Drezner N. D., O. Pizmony-Levy, “I Belong, Therefore, I Give? The Impact of Sense of Belonging on Graduate Student Alumni Engagement”. *Nonprofit and Voluntary Sector Quarterly,* Vol.50, No.4 (2020), pp.753–777.

② Waters R. D., “Applying Relationship Management Theory to the Fundraising Process for Individual Donors”, *Journal of Communication Management,* Vol.12, No.1 (2008), pp.73–87.

③ Affleck, Arthur G, “Fund Raising from Black-College Alumni: Successful Strategies for Supporting Alma Mater”, *International Journal of Educational Advancement,* Vol.5, No.1 (2004), pp.97–98.

的影响。研究指出，信任在社会人口学特征上有显著差异，在控制了社会人口学特征后，对母校的信任在一定程度上解释了校友捐赠的差异。[①]德雷兹内认为，高等教育机构必须通过创建透明机制，确保有适当的措施来跟踪和实现捐赠者的愿望，从而不断赢得校友的信任。他们发现，对母校的信任是校友捐赠态度的有利预测因素。[②]在美国和意大利高校校友捐赠影响因素跨文化比较中发现，校友参与校友活动是对母校产生信任的前因，信任会对校友对母校支持、忠诚度及捐赠的态度产生积极的影响。[③]

高校的筹资活动开始借鉴市场营销策略，校友聚会、校友返校、刊发校友期刊、发送劝募信等都是通常使用的“校友营销”手段。有研究表明，这些营销手段确实可以吸引校友参与捐赠，参与这些活动的校友比那些较少或不参与的校友更有可能捐款。美国早期的多项研究结果证实了该结论。[④]因此，校友参与大学活动在研究中被列为一个显著的预测因素。[⑤]常规的劝募沟通形式包括面对面、邮件、书信、电话。高校主动募捐过程中，会不定期以不同形式向目标群体发送劝募信息。劝募的频率增加会让校友感知到学校的募捐诉求，“感知到诉求”也被认为是筹资的最关键的一步[⑥]。因此，被劝

① Tsunoda K., “Asian American Giving to Us Higher Education”, *International Journal of Educational Advancement,* Vol.10, No.1 (2010), pp.2–23.

② Drezner N. D., Pizmony-Levy O., M. Anderson-Long, “In ‘Alma Mater’ We Trust? Exploring Attitudes toward Institutions and Alumni Giving”, *Teachers College Record,* Vol.122, No.9 (2020), pp.1–44.

③ Francioni B., Curina I., Dennis C., Papagiannidis S., Hegner S. M., “Does Trust Play a Role When It Comes to Donations? A Comparison of Italian and US Higher Education Institutions” *Higher Education,* Vol.1 (2020), pp.1–21.

④ Taylor A. L., Martin J. C., “Characteristics of Alumni Donors And Nondonors at a Research I, Public University”, *Research in Higher Education,* Vol.36, No.3 (1995), pp.283–302.

⑤ Gallo M., “Beyond Philanthropy: Recognizing the Value of Alumni to Benefit Higher Education Institutions”. *Tertiary Education and Management,* 2012, Vol.18, No.1 (2012), pp.41–55.

⑥ Sargeant A., Woodliffe L., “Gift Giving: An Interdisciplinary Review”, *International Journal of Nonprofit and Voluntary Sector Marketing,* Vol.12, No.4 (2007), pp.275–307.

募的频率应作为高校筹资沟通过程中的一个重要影响因素。

三、校友捐赠与社会交换的互惠机制

社会交换理论认为，激励个人捐赠者多次捐赠的原因在于其感到捐赠后某些利益会增加。如果个人向某一非营利组织捐赠，可以提高个人捐赠者的某种利益，这无疑会使他们选择向该组织捐赠。一般而言，向非营利组织捐赠具有提升捐赠者声誉的效用。就个人的捐赠动机与个人捐赠效用偏好的关系来讲，个人捐赠效用偏好包含范围更广，除了广泛意义上的利他性和自利性以外，还包括个人捐赠的目的，即将捐赠用在什么方面。大部分人的捐赠效用偏好出于纯粹的利他性和纯粹的自利性。

基于社会交换理论，交换关系中的双方都会产生“预期的回馈”，但是这种预期的回馈可能受到不同的内部需要、价值观和情感等因素的影响，因此复杂多样。博尔丁（Boulding）认为校友和大学是一种复杂的关系，当捐赠发生时，其中每一方都获得社会收益。[①] 大学最直接的收益为获得捐赠，校友可以获得的回馈，包括地位、信息和服务等。回馈可分为经济和社会情感两类：经济方面强调经济需要，是现实可触的；社会情感则强调社会和自我需求（通常是标志性和特殊化的），传递的信息是个人被重视或是被尊重的。研究认为，校友向母校捐赠发生在当校友的利益与大学的需求和利益一致时。[②] 凯利（Kelly）认为个人捐赠的原因基于两个方面：一是增加公共利益，例如让更多学生进入大学学习；二是获得私人回馈，通常个人利益可以分为有形的、无形

① Boulding, Kenneth Ewart, Martin Pfaff, Anita B. Pfaff, *Transfers In an Urbanized Economy: Theories and Effects of The Grants Economy,* Wadsworth Publishing Company, 1973.

② Lasher W. F., Cook W. B., “Toward a Theory of Fund Raising in Higher Education” . *Review of Higher Education,* Vol.20, No.1（2006）, pp.33–51， pp.135–243.

的、内心的。这两个层次往往是交织在一起的，因此捐赠的动机是混合的。捐赠者向高校提供捐赠，高校向捐赠者提供头衔、名誉等，捐赠者获得了尊重、认可、赞赏、个人价值的实现、心理层面的满足等社会资本。①

行为经济学者在对经济人假设的补充完善中提出了有限理性和社会偏好概念。所谓社会偏好，是指个体在行为决策时，不只关心自身利益，还会考虑与其他个体利益相关的因素。行为经济学者普遍认同的社会性偏好主要有四种：非公平性厌恶（inequality aversion）、互惠偏好（reciprocity）、社会福利最大化倾向（social welfare maximization）和利他主义偏好（altruism）。② 将社会偏好理论引入慈善经济理论之中，其实就是通过纳入社会环境这一重要变量来拓宽其解释范围。萨金特等人提出五种个人捐赠效用：情感效用，正如经济学家安德雷奥利提出的温情效应，捐赠者在捐赠中获得成就感、自我价值感时更愿意捐赠；家庭效用，当捐赠对家庭或朋友有益时选择捐赠，比如向美国大学捐赠可能获得孩子录取的优先权；可描述性的效用，捐赠者向那些能看到自己的捐赠可以产生巨大而明显的影响的机构捐赠；使用效用，捐赠者可能因为可以获得直接的使用利益而选择捐赠，比如向大学捐赠可以获得图书馆免费使用权；精神效用，捐赠者因为获得了宗教身份和精神需求的满足而进行捐赠。③

在我国高等教育捐赠中，已有研究发现，声誉动机、实现社会责任、巩固校领导关系、获得税费优惠和温暖动机是个人捐赠民办高校的常见动机，

① 辛丽春、董奕含、杨建明：《基于资本转换理论的高校社会捐赠动力研究》，《科学决策》2017 年第 1 期。

② 谢思全、陆冰然：《个体社会资本与社会偏好——对于信任、非市场交易和网络权威的一个微观分析》，《山西财经大学学报》2009 年第 9 期。

③ Andreoni James, Ragan Petri, "Public Goods Experiments without Confidentiality: A Glimpse into Fund-Raising", *Journal of Public Economics,* Vol.88, No.7-8 (2004) , pp.1605-1623.

其中声誉包括内心得益和声誉两个方面。① 值得注意的是，虽然互惠偿还原则是普遍被接受的交换原则，但是接受程度和文化准则具有差异。

第二节　校友捐赠行为影响因素实证模型

一、实证模型

以上分析从社会交换关系中的情感、互惠、沟通三大要素对校友的捐赠行为进行了剖析。基于组织认同理论和国外已有的校友捐赠研究，本研究识别出了三个要素中存在的具体要素。接下来，我们将对各影响因素对校友捐赠的影响一一进行验证，根据以上理论构建实证结构模型（见图 4–2）。

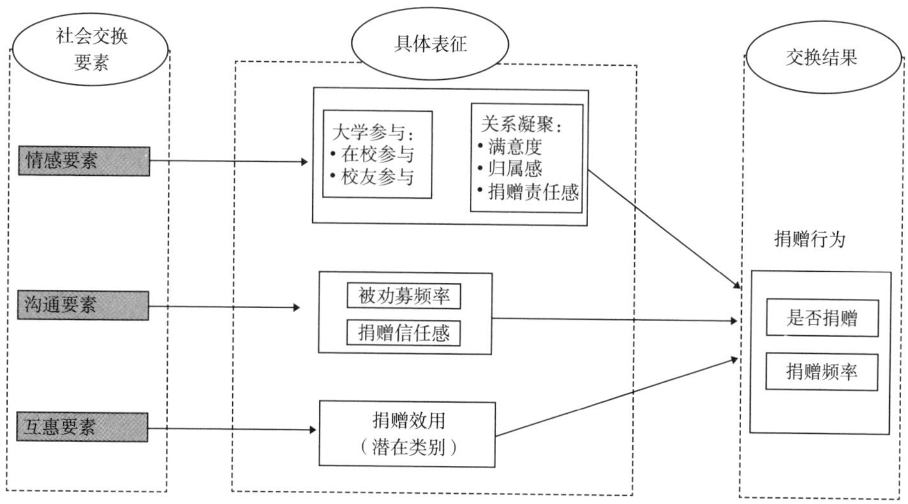

图 4–2　本研究实证理论模型

① 武楠：《中国民办高校个人捐赠者行为动机研究》，硕士论文，华中科技大学，2009 年。

二、研究假设

基于以上分析模型提出以下研究假设：

1. 不同背景校友向母校捐赠与否存在显著性差异。

2. 校友对母校的满意度、归属感、责任感对向母校捐赠有着显著影响。

3. 校友对母校使用捐赠资金的信任度、被劝募的频率对校友捐赠有着显著影响。

4. 不同背景特征校友的捐赠效用偏好存在显著性差异。

5. 不同捐赠效用偏好的校友对向母校捐赠与否及捐赠频率存在显著性差异。

具体假设内容，如表 4-1 所示。

表 4-1　本研究的研究假设汇总表

假设代号	假设内容
H1	不同背景校友向母校捐赠与否存在显著性差异
H2	校友对母校的满意度对校友捐赠有正向作用
H3	校友对母校的归属感对校友捐赠有正向作用
H4	校友对母校的责任感对校友捐赠有正向作用
H5	校友对母校使用捐赠资金的信任度对校友捐赠有正向作用
H6	校友被劝募的频率对校友捐赠有正向作用
H7	不同背景特征校友的捐赠效用偏好存在显著性差异
H8	不同捐赠效用偏好的校友向母校捐赠与否存在显著性差异
H9	不同捐赠效用偏好的校友捐赠频率存在显著性差异

Chapter 05 | 第五章

实证分析

第一节 问卷设计与完善

本研究问卷由个人编制，在哥伦比亚大学德雷兹内教授的指导下完善。2016 年 6 月对 B 大学 433 名应届毕业生进行了预调查，问卷在预研究基础上进行了修订。预调查问卷分为五个部分：背景信息、大学参与、教育满意度、归属感、向母校捐赠的态度和捐赠原因。中美从事高校筹资和校友工作的专家对问卷的开发提供了指导。修订后的问卷也被用于哥伦比亚大学的校友调查工作。[①] 为了保证问卷中英文版本的一致性，采用了翻译和反翻译程序[②]。

一、预调查与问卷的修订

预调查通过网络和学生工作处老师发放两种方式分发问卷，网络回收 192 份问卷，学生工作处老师发放 500 份问卷，回收 262 份。合计回收问卷 454 份，剔除缺失数据共计 421 份有效问卷。

预调查的目的在于检验问卷主要维度的信度和效度。信度是问卷的可靠性和稳定性，即一群受试者在同一份问卷上测试结果的一致性和稳定性的特征。研究中使用 Cronbach-a 系数测量各维度信度均在 0.8 以上，当 a 系数越高时，说明问卷各项的结果越趋向一致，问卷的信度越高，问卷各维度的设

① Drezner N. D., Pizmony-Levy O., Anderson-Long M., "In 'Alma Mater' We Trust? Exploring Attitudes toward Institutions and Alumni Giving", *Teachers College Record,* Vol.122, No.9 (2020), pp.1-44.

② Behling Orlando, Law Kenneth S., *Translating Questionnaires and Other Research Instruments: Problems and Solutions,* Thousand Oaks, Calif: SAGE, 2000.

计合理。在卡方检验中，教育满意度、归属感、信任感与向母校的捐赠意愿有显著的相关关系，可以进行更深入的研究。

预调查中，也对捐赠的内在动机和外在动机题项进行检验，确定了11个主要问题。调查中被调查者的捐赠首要目的是帮助学生（71%），其次为支持教师科研（61.6%），超过半数的被调查者选择改善学校设施（51.5%），而帮助母校增聘师资的被调查者占比17.4%，有近三分之一的人认为向母校捐赠是应尽的责任，认为“这是正确的事情”（31.5%）；心理收益方面主要是向母校的培育之情“表达感谢”（45%）；名誉偏好包括“获得好声誉”（12.5%），“获得大学的认可”（12.4%），获得家庭朋友的认可（10.6%）；捐赠成本偏好，可获得免税（4.9%）。由表5–1可以看出，被调查者的捐赠原因是混合“搭配”的，呈现出不同搭配捐赠效用偏好，比如：3.4%的被调查者的捐赠效用是支持教学和科研，同时获得税费减免；7.94%的被调查者的捐赠效用是帮助学生，同时希望获得朋友和家人的认同；8.40%的被调查者的捐赠效用偏向帮助学生，同时获得好的声誉。这说明，个人的捐赠效用可能会存在多种类型，不仅仅是单一的某一个效用；这些效用可能既包含了利他目的，也包含了获得个人利益。该结果符合正式研究的假设，预研究样本量有限较难进行潜在类别分析。

表5–1 预调查中毕业生捐赠原因共选项交叉表（样本=421）

捐赠原因	减免税费	受到家人和朋友的认可	向母校捐赠可获得好的声誉	受到大学的认可	为大学增聘优质师资	这是正确的事情	向他人传递爱	表示感激	改善学校的基础设施	支持教学和科研
受到家人和朋友的认可	1.60%									
向母校捐赠可获得好的声誉	3.87%	6.40%								
受到大学的认可	1.40%	5.84%	5.40%							
为大学增聘优质师资	1.40%	2.10%	3.27%	4.20%						
这是正确的事情	1.17%	4.44%	4.90%	6.10%	7.00%					

（续表）

捐赠原因	减免税费	受到家人和朋友的认可	向母校捐赠可获得好的声誉	受到大学的认可	为大学增聘优质师资	这是正确的事情	向他人传递爱	表示感激	改善学校的基础设施	支持教学和科研
向他人传递爱	1.90%	5.84%	4.20%	6.70%	6.30%	15.60%				
表示感激	2.10%	6.78%	4.90%	6.50%	8.60%	19.90%	22.40%			
改善学校的基础设施	3.39%	6.78%	7.20%	6.50%	13.30%	17.30%	18.90%	23.80%		
支持教学和科研	3.40%	6.78%	8.60%	8.88%	14.50%	20.56%	21.50%	27.85%	36.21%	
帮助学生	2.80%	7.94%	8.40%	8.18%	11.68%	24.30%	28.50%	33.88%	39.02%	46.55%

在预研究中，对毕业生的捐赠意愿进行了探索性研究，总体上检验了问卷的信度和相关问题的适用性。初步的分析结论支持了问卷的设置结构，问卷信度和效度较高。沟通部分有必要增加校友通过不同途径被劝募的频率。预研究中注重毕业生对校友行为的态度调查，在正式研究中将该部分问题转化为校友参与母校的行为活动的频率调查。

二、研究对象和数据收集

由于资源和条件限制，B 大学校友调查选择了方便抽样的方法。数据收集借助 Qualtrics 平台实施，问卷发放分为两个阶段：第一阶段通过 B 大学校友总会向校友通讯录中的校友发送邮件，邀请各位校友参与校友问卷填写，共发送了 3000 份；二是通过校友会工作人员联系全国各地区校友会负责人向各地区校友微信群转发校友问卷邀请信。最后，共收回 1045 份问卷，有效问卷 679 份。

美国 M 大学校友问卷调查在 M 大学外部关系管理部（Division of University Relations）协助下开展。由校方数据管理人员随机选择 8 万个在库校友的基本信息，包括邮箱、出生年月、最高学位、捐赠次数、捐赠金额等。问卷由 Qualtrics 平台将问卷定向发到校友邮箱，因此每位校友获得特定的问卷链接，该链接将校友在学校的信息与其完成的问卷配对。其中 2712 个邮箱地址无效或是不可用，共回收 1335 份问卷，119 份部分完成，1073 份全部完成，根据 AAPOR（The American Association for Public Opinion Research，美国民意研究协会）计算法则，问卷回收率为 6.6%。该调查通过了美国高校伦理审查委员会审核（协议编号：17–342）。

样本基本情况如表 5–2 所示：美国高校样本中 20~39 岁校友占 54.60%，40 ~ 59 岁校友占 26.74%，60 ~ 90 岁校友占 18.67%，中青年校友占大多数；样本中男女性别比例分别为 44.73% 和 54.33%；获得学士学位的校友占样本的 62.10%，获得硕士学位的校友占样本的 24.48%，获得博士学位或其他最高学位的校友占样本的 13.23%，样本中大部分校友为本科毕业生；校友自我报告结果显示 38.30% 的被调查者曾经为母校捐赠，官方记录的对应数据为 40.70%。

中国高校样本中，以年龄来看，中青年校友占大多数，20~39 岁校友占 53.20%，40 ~ 59 岁校友占 28.89%，60 ~ 90 岁校友占 17.82%；样本中男女性

表 5–2 样本基本情况

样本分类	分类细目	美国 (*n*=1073)	中国（*n*=679）
年龄	20~39 岁	54.60%	53.20%
	40~59 岁	26.74%	28.89%
	60~90 岁	18.67%	17.82%
性别	女性	54.33%	56.71%
	男性	44.73%	43.29%
学位	学士学位	62.10%	39.26%
	硕士学位	24.48%	34.41%
	博士学位或其他最高学位	13.23%	26.32%
	非学位	0.19%	—
是否为捐赠者	是	38.30%	19.73%
	否	61.70%	80.27%
收入	<50000 美元	14.00%	<10 万元（24.10 %）
	50000 ~ 99999 美元	29.30%	10 万 ~30 万元（50.40%）
	10000 ~ 149999 美元	25.00%	30 万 ~50 万元 (13.30%)
	150000 美元	31.70%	50 万元以上 (12.20%)

别比例分别为 43.29% 和 56.71%；获得学士学位的校友占样本的 39.26%，获得硕士学位的校友占样本的 34.41%，获得博士学位或其他最高学位的校友占样本的 26.32%。校友自我报告家庭年收入情况显示：超过一半的校友家庭年收入为 10 万 ~ 30 万元（50.40%），家庭年收入为 10 万元以下的校友占样本的 24.10%，家庭年收入为 30 万 ~ 50 万元的校友占样本的 13.30%，家庭年收入为 50 万元以上的校友占样本的 12.20%。

三、共同方法偏差与信效度检验

由于本研究各维度均采用自我报告的测评方式，因此需要检验是否存在共同方法偏差。通过哈尔曼（Harman）单因子检验方法进行检验，即对研究所涉及的所有变量进行探索性因素分析，查看第一个主成分能够解释方差变异的程度。① 结果发现，第一个主成分解释了总变异的 36.53%，低于 40% 的临界标准，故而本研究中不存在严重的共同方法偏差问题。

通过验证性因子分析评估各维度的收敛效度和区别效度。每个题目的信度、组成信度（Composite Reliability, CR）和提取的平均方差（Average variance Extracted, AVE）是评估收敛效度的方法。② 如表 5-3 所示，所有题项的因子负荷（Factor Loading, FL）均达到规定的阈值（大于 0.6），聚合效度良好。③ 在检验问卷的一致性时，海尔（Hair）等人推荐使用组成信度和平均方差提取。

① Podsakoff P. M., MacKenzie S. B., Lee J. Y., Podsakoff N. P., "Common Method Biases in Behavioral Research: a Critical Review of The Literature and Recommended Remedies", *Journal of Applied Psychology,* Vol.88, No.5（2003）, pp.879–903.

② Fornell C., Larcker D. F., "Evaluating Structural Equation Models With Unobservable Variables and Measurement Error", *Journal of Marketing Research,* Vol.18, No.1（1981）, pp.39–50.

③ Hair J. F., Black W. C., Babin B. J., Anderson R. E., *Multivariate Data Analysis*（*8th ed*）, NJ: Prentice Hall, 2018.

如表5-3所示，所有指标均在阈值以上（CR>0.7, AVE>0.5）[①]，因此问卷具有较好的建构效度。当各维度的AVE值高于维度相关系数值的平方（squared inter-construct correlation, SIC）时，则判定具有区别效度。表5-3呈现了各维度的相关系数，经计算所有的AVE值均大于相关系数的平方，因此，所有维度具备良好的区别效度。

表5-3　验证性因子分析结果

验证性因子	总样本			美国			中国		
	FL	AVE	CR	FL	AVE	CR	FL	AVE	CR
大学参与	0.67~0.78	0.61	0.87	0.63~0.83	0.61	0.84	0.67~0.8	0.63	0.85
归属感	0.71~0.84	0.59	0.82	0.77~0.88	0.63	0.83	0.69~0.84	0.6	0.84
大学满意度	0.75~0.81	0.58	0.88	0.72~0.84	0.59	0.86	0.77~0.83	0.59	0.89
捐赠责任感	0.64~0.88	0.59	0.81	0.69~0.87	0.6	0.88	0.64~0.85	0.62	0.84
被劝募频率	0.73~0.86	0.59	0.84	0.69~0.83	0.61	0.85	0.68~0.87	0.63	0.83

注：本研究使用主成分分析与最大旋转提取因子负荷。
AVE：通过因素荷载的平方除以题目数计算而得。

第二节　中美高校校友捐赠现状及差异分析

一、基本现状描述

（一）美国M大学校友捐赠现状

过去已经向M大学捐赠的校友占样本的40.70%；潜在捐赠者指未曾向M大学捐赠但有意愿进行捐赠，占样本的23.77%；未曾捐赠也不打算捐赠

① Nunnally J. C., Bernstein I. H., *Psychometric Theory,* McGraw- Hill Inc., 1994, p.98.

的校友占样本的 35.53%。在捐赠者中，28.38% 捐赠过 1 次，31.35% 捐赠过 2 ~ 3 次，25.63% 捐赠过 4 ~ 9 次，9.15% 捐赠过 10 ~ 19 次，5.49% 捐赠过 20 次以上。就捐赠频率而言，21.76% 的捐赠者每年捐赠，19.81% 的捐赠者每两年捐赠一次，17.60% 的捐赠者每 3 ~ 5 年捐赠一次，40.83% 的捐赠者 5 年以上捐赠一次。未曾捐赠的校友中，38.99% 有计划将来向母校捐赠，61.01% 的校友没有捐赠计划（见表 5–4）。根据 M 大学官方数据库原始记录，437 名捐赠者捐赠金额平均值为 418.7 美元，最小捐赠额为 2 美元，最大值为 35527.29 美元。

表 5–4　美国 M 大学校友捐赠基本情况（*n*=1073）

项目	捐赠详情	有效百分比（%）
是否捐赠	曾经已捐赠	40.70
	从未捐赠	59.30
捐赠频率	每年	21.76
	每 2 年	19.81
	每 3 ~ 5 年	17.60
	每 5 年以上	40.83
捐赠意愿	有	38.99
	没有	61.01
捐赠次数	1 次	28.38
	2~3 次	31.35
	4~9 次	25.63
	10~19 次	9.15
	20 次以上	5.49

捐赠者中，52.6% 的为女性，47.4% 的为男性。捐赠者中，34.4% 的女性校友捐赠过 1 次，约 10.0% 的女性校友捐赠次数超过 10 次，约 20.0% 的男性捐赠者捐赠次数达 10 次以上。20~39 岁的捐赠者中，77.0% 捐赠了 1 ~ 3 次；40 ~ 59 岁的捐赠者中，25.0% 捐赠了 1 次，29.4% 捐赠了 2 ~ 3 次，29.0% 捐赠了 4 ~ 9 次；60 岁以上的捐赠者中，30.6% 捐赠了 4 ~ 9 次，33.3% 捐赠了

10 次以上。就捐赠频率而言，每年捐赠的群体主要集中在 40 ~ 59 岁的捐赠者中，占 39.3%；每两年捐赠的校友的年龄集中在 20 ~ 39 岁，占了 49.4%；每 5 年捐赠一次的校友年龄主要集中在 20 ~ 39 岁和 40 ~ 59 岁，分别占比 40.0% 和 37.5%；5 年以上捐赠一次的校友在三个年龄段中所占比例比较相当，占 32.0%~34.0%。

捐赠者中，37.7% 的校友年收入超过 15 万美元，27.8% 的校友年收入为 5 万 ~ 9.9 万美元；21.5% 的校友年收入为 10 万 ~14.9 万美元；13.0% 的校友年收入低于 5 万美元。捐赠者中，年收入为 5 万 ~ 9.9 万美元的校友所占比例高于年收入 10 万 ~14.9 万美元的校友。捐赠次数大于 10 次的校友，大部分年收入集中在超过 15 万美元，其中，56.8%（21 人）捐赠了 10 ~ 19 次，47.6%（10 人）捐赠次数超过 20 次。收入在 5 万 ~ 9.9 万美元的捐赠者中，6 人捐赠了 20 次以上（占 28.6%），42 人捐赠了 2 ~ 3 次（占 33.1%），26 人捐赠了 4 ~ 9 次（占 26.0%），34 人捐赠了 1 次（占 12.3%）。

就捐赠频率而言，频率最高的群体主要集中在年收入为 15 万美元以上的捐赠者中，占 41.7%；其次为年收入在 5 万 ~ 9.9 万美元的校友捐赠者中，占 27.1%。每年捐赠的校友中一半来自年收入为 15 万美元以上，四分之一来自年收入为 5 万 ~ 9.9 万美元的校友捐赠者中。

潜在捐赠者中，最大群体集中在年收入为 5 万 ~ 9.9 万美元（占 37.6%），其次为年收入 15 万美元以上（占 24.5%）。未曾捐赠的校友中，57.3% 的女性愿意未来进行捐赠，42.8% 的男性愿意未来进行捐赠。

M 大学近十年（2005—2016 年）校友参与捐赠比例为 5.8%~10.4%（见表 5–5），捐赠人数每年约 2 万人，2016 年校友捐赠收入占大学社会捐赠总收入的 24.8%。

表 5-5　M 大学 2005—2016 年校友参与捐赠情况

年份	校友参与捐赠比例（%）	校友捐赠人数（人）	校友捐赠占总捐赠收入比例（%）
2005	10.40	24424	23.70
2006	9.00	22168	28.30
2007	8.90	22990	25.70
2008	8.70	23325	28.10
2009	7.70	21139	21.40
2010	7.00	19625	16.50
2011	6.80	19444	16.50
2012	6.20	18672	17.00
2013	6.30	19008	19.90
2014	5.80	18198	19.70
2015	6.60	21248	22.50
2016	6.60	21904	24.80

数据来源：VSE: http://vse.cae.org。

（二）中国 B 大学校友捐赠现状

如表 5-6 的调查所示，约 1/5 的校友曾经向母校 B 大学捐赠，大部分校友未曾捐赠。就捐赠者的捐赠频率而言，每年捐赠的校友占 9.8%，每两年捐赠的校友占 3.8%，每 3 ~ 5 年捐赠的校友占 33%，每 5 年以上捐赠的校友占 53.4%。其中，一半以上的校友捐赠时隔长，或仅捐赠过一次。未曾捐赠的校友中，65% 有意愿或有计划未来向母校捐赠，也就是说 B 大学还有 2/3 的潜在捐赠者。

男性捐赠者占样本的 12.67%；20 ~ 39 岁的捐赠者占样本的 12.39%，40~59 岁的捐赠者占样本的 6.27%，60 岁以上的捐赠者占样本的 0.9%；家庭年收入少于 10 万元的捐赠者占样本的 3.24%，家庭年收入为 20 万 ~ 39 万元的捐赠者占样本的 11.25%，家庭年收入为 30 万 ~ 50 万元的捐赠者占样本的 2.08%，家庭年收入为 50 万元以上的捐赠者占样本的 2.31%。来自农村或乡镇的捐赠者占样本的 8.03%，来自城市的捐赠者占样本的 11.67%；获得学士学位的捐赠者占样本的 10.68%，获得硕士学位的捐赠者占样本的 6.28%，获得博士学位的捐赠者占样本的 2.8%。

表 5–6 中国 B 大学校友捐赠基本情况（n=679）

项目	捐赠详情	有效百分比（%）
是否捐赠	捐赠者	19.7
	非捐赠者	80.3
捐赠频率	每年	9.8
	每 2 年	3.8
	每 3 ~ 5 年	33.0
	每 5 年以上	53.4
捐赠意愿	有	65.0
	没有	35.0

B 大学的捐赠者和潜在捐赠者集中在哪些群体？如表 5–7 所示，捐赠者中三分之二是男性，中青年校友（20 ~ 59 岁）占了 95.4%；54.5% 捐赠者的家庭年收入在 10 万 ~ 29 万元，大部分捐赠者为中等收入家庭；捐赠者来自农村乡镇和城市的比例基本相当，说明捐赠者并不存在城乡差异；捐赠者为本科毕业生占多数，捐赠者中获得的最高学位为学士学位的占 54%，硕士学位为 31.7%，博士学位为 14.3%。

值得注意的是，三分之二被调查者为潜在捐赠者，其中，女性居多占 58.5%；20 ~ 39 岁的校友占了 88.5%；50.6% 的潜在捐赠者的家庭收入为 30 万 ~50 万元；33.3% 的潜在捐赠者的家庭年收入为 10 万 ~29 万元；潜在捐赠者中获得硕士、学士学位校友均占 39%，获得博士学位的校友占 22%。潜在捐赠者与捐赠者的特征差别主要体现在性别和收入方面。还需进一步通过差异分析来判断不同背景特征的校友捐赠是否存在显著性差异。

表 5-7　B 大学校友捐赠者和潜在捐赠者的背景特征（n=679）

背景特征		捐赠者（%）	潜在捐赠者（%）
性别	男	66.1	41.5
	女	33.9	58.5
年龄	20 ~ 39 岁	63.4	88.5
	40 ~ 59 岁	32.1	10.9
	60 岁及以上	4.6	0.6
家庭年收入	<10 万元	19.4	25.6
	10 万 ~ 29 万元	54.5	33.3
	30 万 ~ 50 万元	14.9	50.6
	50 万元	11.2	11.5
出生地	农村、乡镇	53.0	50.0
	城市	47.0	50.0
学位	学士学位	54.0	39.0
	硕士学位	31.7	39.0
	博士学位	14.3	22.0

二、校友的背景特征与校友捐赠

（一）美国 M 大学不同背景校友向母校捐赠的差异分析

就曾经是否向母校捐赠而言，不同年龄、学位、GPA、家庭年收入、宗教信仰、校友会会员身份的校友存在显著性的差异（见表 5-8）。首先，不同年龄段校友存在显著性差异，捐赠者中 40 岁以上校友显著多于 20~39 岁校友，说明年轻校友目前较多未曾捐赠过，这可能与年轻校友的经济实力有关，年轻校友有其他方面的经济负担，比如偿还助学贷款、家庭开支等。其次，捐赠者中获得学士学位的校友显著多于硕士学位校友，这种差异可能与学士学位的校友就读时间长从而融入大学环境更深入有关。再次，捐赠者中毕业时 GPA 低于 3.5 的校友显著多于 GPA3.5~4.0 的校友，这说明成绩拔尖的校友并非是最显著的捐赠者群体。另外，捐赠者中家庭年收入高于 15 万美元的校友显著多于10万美元以下的校友，经济能力强的校友具有更大的捐赠能力。最后，捐赠者中有宗教信仰的校友显著多于没有宗教信仰的校友，有宗教信仰的校友秉持宗教教义中帮助他人、回馈社会的信条，这可能造成了有无宗教信仰者向母校捐赠与否的差异。是校友会会员的校友比非校友会会员校友更多参与母校捐赠，这可能与校友会会员制度有关，校友受到会员制度的激励而向母校捐赠。

表 5–8　M 大学不同背景校友向母校捐赠的差异分析（n=1073）

自变量		是否捐赠			
		均值	标准差	F（t）	Sig.
性别	女	425	022	1.1314	0.129
	男	391	020		
年龄	20~39 岁	0.321	0.467	21.95***	0.000
	40~59 岁	0.477	0.500		
	60 岁以上	0.557	0.497		
种族	亚洲或太平洋岛民	0.336	0.474	2.34	0.060
	非西班牙裔黑人	0.500	0.502		
	西班牙裔	0.333	0.516		
	美洲原住民	0.419	0.493		
	白人，非西班牙裔	0.263	0.446		
学位	学士学位	0.441	497	5.69*	0.035
	硕士学位	0.320	0.467		
	博士学位	0.400	0.491		
GPA	<3.5	462	499	3.25**	0.001
	3.5~4.0	363	481		
家庭收入	<50000 美元	337	474	6.76***	0.000
	50000~99999 美元	358	480		
	100000~149999 美元	398	490		
	150000 美元以上	513	500		
奖学金	获得过	406	491	−0.109	0.456
	未曾获得	409	492		
宗教信仰	是	352	478	−2.387**	0.008
	否	430	495		

（续表）

自变量		是否捐赠			
		均值	标准差	*F*（*t*）	Sig.
校友会成员	是	328	469	−13.90***	0.000
	否	876	329		

注：（1）不同性别、GPA、宗教信仰、校友会会员身份校友的捐赠行为的差异分析采用均值比较（采用 *t* 值），其他背景变量采用方差分析（采用 *F* 值）。
（2）* 表示 $p<0.05$，** 表示 $p<0.01$，*** 表示 $p<0.001$。

（二）中国 B 大学不同背景校友向母校捐赠的差异分析

差异分析结果显示：性别、年龄、学位和 GPA 各不相同的校友向母校捐赠存在显著性差异（见表 5–9）。男性校友向母校捐赠的可能性显著高于女性校友，这与已有研究存在差异。已有研究认为女性更富有同情心，更热衷于慈善和帮助他人。可能的原因是向母校捐赠更能激发男性的骄傲感、自尊感和担当感。不同年龄的校友中，40 ~ 59 岁和 60 岁以上的校友向母校捐赠的可能性显著高于年轻校友。不同学位的校友向母校捐赠存在显著性差异，获得学士学位的捐赠校友显著多于硕士学位校友。从校友毕业时的学业成绩来看，获得突出成绩（GPA 为 3.5~4.0）的校友向母校捐赠的可能性显著多于其他校友。不同家庭年收入背景的校友在向母校捐赠方面没有显著性差异，这说明收入水平与校友是否捐赠没有相关关系。国外相关研究表明，收入水平与是否捐赠有很强的相关性，这与本研究结果存在差异。此结果可能与该调查中的校友捐赠普遍为小额、捐赠频次少有关，所以与收入水平直接关系程度不大，也同时说明还有其他因素影响了校友是否捐赠。综上所述，研究假设“不同背景校友向母校捐赠与否存在显著性差异”得到了验证。

表 5-9 B 大学不同背景的校友向母校捐赠的差异分析（n=679）

<table>
<tr><th colspan="2" rowspan="2">自变量</th><th colspan="4">是否捐赠</th></tr>
<tr><th>均值</th><th>标准差</th><th>F（t）</th><th>Sig.</th></tr>
<tr><td rowspan="2">性别</td><td>女</td><td>149</td><td>417</td><td rowspan="2">−2.392**</td><td rowspan="2">0.008</td></tr>
<tr><td>男</td><td>223</td><td>357</td></tr>
<tr><td rowspan="3">年龄</td><td>20~39 岁</td><td>15</td><td>355</td><td rowspan="3">29.54***</td><td rowspan="3">0.000</td></tr>
<tr><td>40~59 岁</td><td>44</td><td>499</td></tr>
<tr><td>60 岁以上</td><td>60</td><td>516</td></tr>
<tr><td rowspan="2">民族</td><td>汉族</td><td>223</td><td>419</td><td rowspan="2">0.574</td><td rowspan="2">0.283</td></tr>
<tr><td>少数民族</td><td>194</td><td>396</td></tr>
<tr><td rowspan="3">学位</td><td>学士学位</td><td>25</td><td>437</td><td rowspan="3">3.775*</td><td rowspan="3">0.023</td></tr>
<tr><td>硕士学位</td><td>17</td><td>377</td></tr>
<tr><td>博士学位</td><td>16</td><td>364</td></tr>
<tr><td rowspan="2">出生地</td><td>农村、乡镇</td><td>199</td><td>400</td><td rowspan="2">755</td><td rowspan="2">0.385</td></tr>
<tr><td>城市</td><td>195</td><td>397</td></tr>
<tr><td rowspan="2">GPA</td><td><3.5</td><td>164</td><td>371</td><td rowspan="2">−2.796**</td><td rowspan="2">0.002</td></tr>
<tr><td>3.5 ~ 4.0</td><td>254</td><td>436</td></tr>
<tr><td rowspan="4">家庭收入</td><td><10 万元</td><td>63</td><td>484</td><td rowspan="4">1.18</td><td rowspan="4">0.314</td></tr>
<tr><td>10 万 ~ 29 万元</td><td>65</td><td>477</td></tr>
<tr><td>30 万 ~ 50 万元</td><td>67</td><td>475</td></tr>
<tr><td>50 万元以上</td><td>67</td><td>473</td></tr>
<tr><td rowspan="2">奖学金</td><td>未曾获得</td><td>406</td><td>491</td><td rowspan="2">−0.109</td><td rowspan="2">0.456</td></tr>
<tr><td>获得过</td><td>409</td><td>492</td></tr>
<tr><td rowspan="2">宗教信仰</td><td>否</td><td>192</td><td>394</td><td rowspan="2">−0.783</td><td rowspan="2">0.216</td></tr>
<tr><td>是</td><td>226</td><td>420</td></tr>
</table>

注：（1）不同性别、GPA、出生地、奖学金、宗教信仰校友的捐赠行为的差异分析采用均值比较（采用 t 值），其他背景变量采用方差分析（采用 F 值）。
（2）* 表示 $p<0.05$，** 表示 $p<0.01$，*** 表示 $p<0.001$。

第三节　校友捐赠的影响因素分析——Logit 回归分析

一、美国 M 大学校友捐赠的影响因素分析

为了进一步验证理论模型，基于上述差异分析结果，进一步验证情感因素和沟通因素是否对校友捐赠产生显著性影响以及具体影响的程度，需要建立影响校友捐赠的因素分析模型：

$$(\text{Donor})_{\text{Logit}}=\beta_0+\sum\beta_{1i}X_i+u$$

变量说明：Donor 为是否捐赠（是 =1，从未 =0），X_i 为由校友背景特征、捐赠责任感、大学参与、大学满意度、捐赠信任感、被劝募的频率构成的一组虚拟变量，u 为随机扰动项，β_0 为截距项，β_{1i} 为各项的回归系数。

美国 M 大学校友捐赠的影响因素分析如表 5–10 所示。

表 5–10　美国 M 大学校友捐赠的影响因素回归分析

影响因素	模型一	模型二	模型三	模型四	模型五	模型六	模型七
年龄							
40~59 岁	0.385*	0.454*	0.396*	0.309	0.225	0.243	0.335
	(0.191)	(0.194)	(0.194)	(0.194)	(0.196)	(0.204)	(0.215)
60 以上	1.018***	1.215***	1.161***	0.980***	0.900***	1.060***	1.136***
	(0.217)	(0.228)	(0.224)	(0.219)	(0.223)	(0.238)	(0.257)
种族							
非西班牙裔黑人	0.992**	0.984**	0.953**	0.976**	0.935**	0.925*	0.717
	(0.346)	(0.351)	(0.354)	(0.351)	(0.353)	(0.360)	(0.383)
西班牙裔	0.108	0.154	0.102	0.130	0.124	0.137	0.172
	(0.461)	(0.465)	(0.467)	(0.463)	(0.464)	(0.467)	(0.478)
美洲原住民	–0.936	–0.810	–0.896	–0.833	–0.829	–0.816	–1.147
	(1.268)	(1.222)	(1.240)	(1.228)	(1.321)	(1.286)	(1.362)

（续表）

影响因素	模型一	模型二	模型三	模型四	模型五	模型六	模型七
白人，非西班牙裔	0.512	0.603*	0.512	0.524	0.654*	0.640*	0.546
	(0.266)	(0.274)	(0.274)	(0.271)	(0.271)	(0.279)	(0.288)
学位							
硕士学位	−0.620***	−0.559**	−0.413*	−0.643***	−0.620***	−0.445*	−0.477*
	(0.185)	(0.189)	(0.195)	(0.186)	(0.188)	(0.199)	(0.209)
博士学位	−0.453	−0.459	−0.325	−0.500*	−0.526*	−0.394*	−0.388
	(0.237)	(0.240)	(0.253)	(0.241)	(0.240)	(0.256)	(0.271)
获得奖学金	0.204	0.134	0.163	0.146	0.096	0.067	0.088
	(0.163)	(0.167)	(0.168)	(0.165)	(0.167)	(0.172)	(0.180)
收入							
50000~99999 美元	0.046	0.036	0.016	0.016	0.032	−0.012	−0.219
	(0.233)	(0.235)	(0.237)	(0.235)	(0.237)	(0.240)	(0.255)
100000~149999 美元	0.267	0.263	0.252	0.245	0.247	0.206	0.011
	(0.250)	(0.252)	(0.254)	(0.251)	(0.253)	(0.257)	(0.272)
150000 美元	0.582*	0.535*	0.578*	0.592*	0.522*	0.516*	0.344
	(0.244)	(0.246)	(0.249)	(0.245)	(0.248)	(0.253)	(0.267)
校友会会员	2.770***	2.606***	2.671***	2.746***	2.552***	2.475***	2.579***
	(0.295)	(0.299)	(0.298)	(0.296)	(0.299)	(0.306)	(0.332)
大学参与		0.434***				0.116**	0.180*
		(0.205)				(0.221)	(0.145)
归属感			0.477***			0.325**	0.286*
			(0.120)			(0.142)	(0.150)
大学满意度				0.310**		0.359***	0.239***
				(0.110)		(0.155)	(0.090)
捐赠责任感					0.379***	0.315***	0.226**
					(0.077)	(0.083)	(0.027)
捐赠信任感							0.273**
							(0.093)
被劝募的频率							0.392***
							(0.067)
常数项	−1.567***	−2.666***	−3.031***	−2.916***	−2.520***	−3.751***	−4.416***
	(0.315)	(0.511)	(0.557)	(0.570)	(0.379)	(0.716)	(0.748)
pseudo R2	0.176	0.185	0.195	0.183	0.196	0.209	0.252

（续表）

影响因素	模型一	模型二	模型三	模型四	模型五	模型六	模型七
AIC	1096.641	1084.913	1075.065	1085.587	1071.513	1061.412	971.881
BIC	1169.598	1167.526	1162.557	1163.358	1149.300	1168.255	1087.430

注：（1）括号内为标准误；
（2）* 表示 $p < 0.05$, ** 表示 $p < 0.01$, *** 表示 $p < 0.001$；
（3）种族中以 1= 亚洲或太平洋岛民为参照变量，年龄以 20 ~ 39 岁作为参照变量，学位以学士学位为参照变量，收入以小于 49999 美元为参照变量。

回归分析分别将背景变量、情感因素放入回归方程模型，得出 6 个回归模型，模型七中加入沟通因素，检验大学募捐过程因素——捐赠信任感、被劝募频率对校友捐赠的影响关系。模型一检验了背景变量对校友捐赠的影响关系，年龄、种族、学位、收入、是否为校友会会员对校友捐赠与否有着显著的影响。模型二控制背景变量后，大学参与对校友捐赠与否有着显著的积极影响。模型三检验了归属感对校友是否捐赠的影响作用，发现归属感对校友捐赠与否有着显著的积极影响。模型四发现校友对大学的满意程度对校友捐赠与否有着积极的影响作用。模型五发现校友的捐赠责任感也对校友捐赠与否有着很强的积极影响作用。在模型六中，背景变量（年龄、种族、收入、学位、校友会会员）、大学参与、归属感、捐赠责任感、大学满意度对校友是否捐赠有着不同程度的影响。在模型七中，背景变量、大学参与、归属感、捐赠责任感、大学满意度对校友是否捐赠具有显著的积极影响关系，但是影响程度减小，捐赠信任感和被劝募频率成为影响程度更显著的因素。可以说，以上是决定校友是否捐赠的影响因素。

模型一仅检验背景变量对校友捐赠的影响关系。在其他条件相同情况下，60 岁以上的校友向母校捐赠的可能性明显高于 20~39 岁校友，60 岁以上的校友向母校捐赠的机会比率是 20~39 岁校友的 2.89 倍，60 岁以上的校友向母校捐赠的可能性比 20 ~ 39 岁校友高出 1.89 倍。这与国外已有研究结论基本一致。年长的校友有更大的回馈余力和更强烈的回报情感，因此，年长的校友比年轻校友更可能向母校捐赠。就种族而言，种族属于非西班牙裔黑人和非西班牙裔白人的校友向母校捐赠的可能性显著高于属于亚洲或太平洋岛民的校友，种族为非西班牙裔黑人和非西班牙裔白人校友向母校捐赠的概率分别是亚洲或太平洋岛民校友的 2.52 倍和 1.89 倍。就学位而言，获得学士学位的校友比获得硕士学位、博士学位的校友更可能会向母校捐赠，学士学位的校友向母校捐赠的概率是硕士学位校友的 1.445 倍，是博士学位校友的 1.39 倍。这可能与获得不同学位在校时间长短有关。硕士学习时间短，硕士校友在校期间对学校各方面感知可能不足，情感黏度不强；相反，本科毕业学生在校时间长，对大学各方面感知更多，与大学的情感更强。同时，美国攻读博士学位的学生多数兼有工作，并非全身心投入大学，与大学的联结度也不如本科学生。在其他条件相同情况下，是校友会会员的校友向母校捐赠的可能性显著高于非校友会会员，校友会会员校友向母校捐赠的概率是非校友会会员的 11.88 倍。校友会会员可以享受母校提供的会员福利，更容易与其他校友、与母校保持着更紧密的联系，校友会会员投入校友会开展多种捐赠项目的可能性更大。同时，这也与国外校友会会员制度有关。根据校友会会员制度，不同捐赠额度获得不同校友会会员身份，比如年度会员、终身会员等。

情感因素中，大学参与对校友捐赠有着显著的积极影响，在校学习期间投入度越高的校友向母校捐赠的可能性越大（见表 5-11）。大学参与每增加一个单位，向母校捐赠的机会比增加 12%。归属感与校友捐赠也呈显著的积极关系。归属感对校友捐赠有着积极的影响，其中对大学的认同的影响系数为 0.325，达到非常显著水平，机会比为 1.08。这表明校友归属感越强，校友越有可能向母校捐赠，对大学归属感每增加一个单位，校友向母校捐赠的机会比增加 8%。这也印证了组织认同理论的基本观点：校友对母校的认同感越强，参与捐赠的可能性越大。模型六中，校友责任感因素的影响系数为

0.315，机会比为1.37。这表明校友责任感越强，越有可能向母校捐赠，校友责任感每增加一个单位，向母校捐赠的机会比增加37%。校友越是认为自己和社会有责任向母校捐赠，越把向母校捐赠当作一件正确的事，捐赠的可能性越大。校友责任感对校友捐赠有着显著的积极影响，校友的责任感越强，参与捐赠的可能性越大。校友的责任感体现了校友把回馈母校当作一种"规范"，认为这是一种"义务"和应该履行的责任。已有研究中对大学满意度的研究较为丰富，研究结果认为，校友对大学的满意程度越高，捐赠的可能性越大。本研究基本印证了已有结论，满意度与校友捐赠有着很强的显著关系。校友对母校的满意度每增加一个单位，向母校捐赠的机会比增加46%。不过，已有的实证研究中并没有对校友的大学参与、归属感、校友责任感进行研究，本研究发现责任感的影响程度大于满意度和归属感。当所有大学情感变量一一进入模型时都具有显著性，在模型六中，显著性程度发生变化，这说明校友责任感比其他情感变量对校友捐赠的影响更明显、程度更大，或者说，校友捐赠的情感因素取决于校友的责任感。

表5-11　回归分析结果——M大学校友捐赠的情感影响因素分析（回归模型六）

自变量		是否捐赠	
		回归系数 *B*	机会比 exp(*B*)
校友背景特征	年龄		
	40~59岁	—	—
	60岁以上	1.060**	2.89
	种族		
	非西班牙裔黑人	0.925*	2.52
	西班牙裔	—	—
	美洲原住民	—	—
	白人，非西班牙裔	0.640*	1.89

（续表）

自变量		是否捐赠	
		回归系数 *B*	机会比 exp(*B*)
校友背景特征	学位		
	硕士学位	–0.445*	641
	博士学位	–0.394*	674
	获得奖学金	—	—
	收入		
	50000~99999 美元	—	—
	100000~149999 美元	—	—
	>150000 美元	0.516*	1.68
	校友会会员	2.475***	11.88
大学参与		0.116**	1.12
归属感		0.325**	1.08
满意度		0.359***	1.46
捐赠责任感		0.315***	1.37
常数项		–3.188**	0.67
样本量		1073	
模型准确率		82.68%	

注：（1）Logistics 回归，* 表示 $p<0.05$，** 表示 $p<0.01$，*** 表示 $p<0.001$；
（2）"—" 表示该自变量未通过 $\alpha=0.1$ 显著性检验；
（3）种族中以 1= 亚洲或太平洋岛民为参照变量，年龄以 1=20 ~39 岁作为参照变量，学位以 1= 学士学位为参照变量，收入以 1=<49999 美元为参照变量。

模型七中，加入捐赠信任感和被劝募频率变量后，情感要素的相关变量的影响作用减弱，捐赠信任感和被劝募频率对校友捐赠有着积极影响。其中，捐赠信任感的影响系数为 0.273，机会比为 1.31。对母校使用捐赠资金的信任程度越高，越可能向母校捐赠。这印证了已有研究结果，捐赠信任感是校友捐赠的重要影响因素。[①] 其次，在其他条件相同情况下，被劝募频率高的校友比被劝募频率低的校友更可能向母校捐赠，被劝募频率每增加一个单

① Drezner N. D., Pizmony-Levy O., Anderson-Long M., "In 'Alma Mater' We Trust? Exploring Attitudes toward Institutions and Alumni Giving", *Teachers College Record,* Vol.122, No.9（2020）, pp.1–44.

位，校友向母校捐赠的可能性增加 48%。美国大学对校友进行劝募是一种专业工作，专业性强，有针对性，有战略性。该结论反映出大学筹资劝募的有效性。校友是否向母校捐赠，在很大程度上受制于信息的沟通及捐赠项目的推荐和宣传等；大学通过电话劝募的形式与校友进行沟通和互动，更有利于校友了解捐赠项目，了解母校的需求。

综上所述，决定校友是否捐赠的影响因素包括校友年龄、学位、是否为校友会会员、大学参与、校友责任感、大学满意度、归属感。因此，研究假设“校友的背景特征、对母校的满意度、归属感、捐赠责任感对向母校捐赠有着显著影响”“校友的背景特征、对母校使用捐赠资金的信任度、被劝募的频率对校友捐赠有着显著影响”均得到验证。

二、中国 B 大学校友捐赠的影响因素分析

基于上述差异分析结果，一些个人背景特征变量对校友捐赠相关。为了进一步验证理论模型，进一步了解情感要素是否对校友捐赠产生显著性影响以及具体影响的程度，需要建立影响校友捐赠的因素分析模型：

$$(\text{Donor})_{\text{Logit}}=\beta_0+\sum\beta_{1i}X_i+u$$

变量说明：Donor 为是否捐赠（是 =1，否 =0），Xi 为代表校友背景特征、大学参与、校友归属感、满意度、校友责任感、信任度、被劝募频率的一组虚拟变量，u 为随机扰动项，β_0 为截距项，β_{1i} 为各项的回归系数。

回归分析中分别将背景变量、情感因素放入回归方程模型，得出 5 个回归模型，模型六包含所有变量（见表 5-12）。模型一中，检验了背景变量对校友捐赠的影响关系，发现年龄、学位、曾经获得奖学金对校友捐赠有着显著的影响。模型二中，控制背景变量后，大学参与对校友捐赠有着显著的

积极影响。模型三中，检验了归属感对校友捐赠的影响作用，发现被教师认同、被同伴认同、对大学的认同三个指标变量均对校友捐赠有着显著的消极影响。模型四中，发现校友对大学的满意程度对校友捐赠意愿会产生消极影响。模型五中，发现校友的捐赠责任感也对校友捐赠有着积极影响作用。将所有情感要素放入模型六中，结果显示背景变量（年龄、学位）、大学参与、归属感、大学满意度对校友是否捐赠有着不同程度的影响，捐赠责任感对校友捐赠没有显著影响。模型七中，将所有背景变量、情感要素变量和沟通变量放入回归模型，结果发现，背景变量（年龄）、大学参与、归属感、大学满意度、被劝募频率、信任感对校友是否捐赠有着不同程度的影响，或者也可以说以上是决定校友捐赠的影响因素。

表 5–12　B 大学校友捐赠的影响因素回归分析

影响因素	模型一	模型二	模型三	模型四	模型五	模型六	模型七
女性	–0.459*	–0.250	–0.431	–0.464*	–0.384	–0.186	–0.168
	(0.221)	(0.233)	(0.225)	(0.222)	(0.226)	(0.238)	(0.246)
年龄							
40~59 岁	1.424***	1.049***	1.500***	1.415***	1.355***	1.114***	1.092***
	(0.281)	(0.303)	(0.292)	(0.282)	(0.287)	(0.315)	(0.325)
60 岁以上	2.571***	2.534**	2.519**	2.497**	2.430**	2.364**	2.333*
	(0.778)	(0.853)	(0.798)	(0.776)	(0.790)	(0.885)	(0.924)
学位							
硕士	0.034	–0.011	–0.015	–0.008	0.016	0.004	0.016
	(0.260)	(0.273)	(0.264)	(0.262)	(0.263)	(0.279)	(0.291)
博士	–0.483	–0.585	–0.527	–0.507	–0.556	–0.671**	–0.619
	(0.304)	(0.320)	(0.311)	(0.305)	(0.309)	(0.330)	(0.339)
获得奖学金	0.609*	0.559*	0.480	0.565*	0.622*	0.463	0.338
	(0.245)	(0.266)	(0.252)	(0.245)	(0.249)	(0.272)	(0.282)
收入							
10 万 ~29 万元	0.437	0.389	0.348	0.434	0.430	0.408	0.412
	(0.294)	(0.305)	(0.308)	(0.307)	(0.298)	(0.313)	(0.326)
30 万 ~50 万元	0.514	0.416	0.455	0.534	0.542	0.411	0.379
	(0.376)	(0.394)	(0.383)	(0.377)	(0.382)	(0.405)	(0.423)

（续表）

影响因素	模型一	模型二	模型三	模型四	模型五	模型六	模型七
>50 万元	0.178	0.251	0.155	0.199	0.164	0.211	0.342
	(0.412)	(0.427)	(0.416)	(0.416)	(0.422)	(0.432)	(0.443)
大学参与		1.250***				1.195***	0.900***
		(0.226)				(0.235)	(0.251)
归属感			0.573***			0.465***	0.496**
			(0.264)			(0.274)	(0.290)
大学满意度				−0.123**		0.229*	0.407*
				(0.130)		(0.161)	(0.173)
捐赠责任感					0.420**	0.345	0.217
					(0.115)	(0.133)	(0.140)
信任度							0.334**
							(0.128)
被劝募频率							0.765***
							(0.190)
常数项	−2.219***	−5.442***	−3.091***	−2.704***	−2.704***	−5.408***	−5.707***
	(0.369)	(0.697)	(0.907)	(0.688)	(0.688)	(1.084)	(1.135)
pseudo R2	0.091	0.183	0.186	0.193	0.163	0.343	0.418
AIC	593.235	545.463	582.255	589.373	589.373	537.352	513.323
BIC	637.803	598.735	640.049	638.188	638.188	612.547	597.179

注：（1）括号内为标准误差；
（2）* 表示 $p < 0.05$，** 表示 $p < 0.01$，*** 表示 $p < 0.001$；
（3）年龄以 20 ~ 39 岁作为参照变量，学位以学士学位为参照变量，收入以 <10 万元为参照变量。

背景变量中，在其他条件相同情况下，60 岁以上的校友向母校捐赠的可能性明显高于 20~39 岁校友，60 岁以上的校友向母校捐赠的机会比率是 20 ~ 39 岁校友的 10.63 倍，说明 60 岁以上的校友向母校捐赠的可能性比 20 ~ 39 岁校友高出 9.63 倍。40 ~ 59 岁的校友向母校捐赠的机会比率是 20 ~ 39 岁校友的 3.05 倍。这与国外已有研究结论基本一致，年轻校友的实际捐赠比例占校友捐赠的少数，年龄也意味着毕业时间的长短，毕业时间较长的校友的回馈心力更强，随着时间的推移，对母校的回馈感情更浓烈。就学位而言，获得博士学位的校友向母校捐赠的机会比率是学士学位校友的 0.51 倍，获得学士学位的校友比获得博士学位校友更可能向母校捐赠。模型一中，获得过奖学金的校友的捐赠可能性显著高于未曾获得奖学金的校友，但在模型六中并不显著（见表 5-13）。这说明，获得奖学金的校友具有回馈之心，但是在其他情感要素的交互影响下，并不是起决定性的影响因素。

模型六中，大学参与对校友捐赠有着显著的积极影响，在校期间投入各种活动越多的校友，向母校捐赠的可能性越大。大学参与这个变量增加一个单位，向母校捐赠的机会比增加 18%。归属感与校友捐赠与否也呈显著的积极关系。归属感的影响系数为 0.465，达到非常显著水平，机会比为 1.41。这表明校友归属感越强，越有可能向母校捐赠，对大学归属感每增加一个单位，校友向母校捐赠的机会比增加 41%。回归模型中，大学满意度因素的影响系数为 0.229，机会比为 1.01，说明大学满意度与校友捐赠呈弱正相关关系。这可能与校友捐赠的动机相关，校友捐赠的目的是帮助大学提供高质量的教学和支持服务，因此是出于扶持不足而捐赠。捐赠的态度基于对母校回馈和扶持，而不是对大学感到非常满意而产生捐赠意愿。模型六中，校友捐赠责任感对校友捐赠的影响不显著（$p>0.05$）。所有情感要素变量在模型中均与向母校捐赠呈显著性相关，但模型六中显著程度发生变化，发现校友归属感比其他情感变量对校友捐赠的影响更明显、程度更大，或者说，归属感是校友捐赠的更为重要影响因素。在已有研究中并没有考虑校友归属感变量。社会交换理论中“关系凝聚”理论揭示的情感机制，认为校友的情感凝聚会产生“额外的付出”。在中国案例中，这种情感凝聚是归属感，是校友与母校的心理距离，是学校和老师的认同，是校友对母校的自豪等凝聚起来的情感。

表 5-13　回归分析结果——校友捐赠的影响因素分析（模型六）

<table>
<tr><th colspan="2" rowspan="2">自变量</th><th colspan="2">是否捐赠</th></tr>
<tr><th>回归系数 B</th><th>机会比 Exp(B)</th></tr>
<tr><td rowspan="12">校友背景特征</td><td>女性</td><td>—</td><td>—</td></tr>
<tr><td>年龄</td><td>—</td><td>—</td></tr>
<tr><td>40~59 岁</td><td>1.114***</td><td>3.05</td></tr>
<tr><td>60 岁以上</td><td>2.364**</td><td>10.63</td></tr>
<tr><td>学位</td><td></td><td></td></tr>
<tr><td>硕士</td><td>—</td><td>—</td></tr>
<tr><td>博士</td><td>-0.671*</td><td>0.51</td></tr>
<tr><td>奖学金</td><td>—</td><td>—</td></tr>
<tr><td>收入</td><td></td><td></td></tr>
<tr><td>10 万 ~ 29 万元</td><td>—</td><td>—</td></tr>
<tr><td>30 万 ~ 50 万元</td><td>—</td><td>—</td></tr>
<tr><td>50 万元</td><td>—</td><td>—</td></tr>
<tr><td colspan="2">大学参与</td><td>1.195***</td><td>1.18</td></tr>
<tr><td colspan="2">归属感</td><td>0.465***</td><td>1.41</td></tr>
<tr><td colspan="2">大学满意度</td><td>0.229*</td><td>1.01</td></tr>
<tr><td colspan="2">捐赠责任感</td><td>—</td><td>—</td></tr>
<tr><td colspan="2">常数项</td><td colspan="2">-5.408***</td></tr>
<tr><td colspan="2">样本量</td><td colspan="2">679</td></tr>
<tr><td colspan="2">模型准确率</td><td colspan="2">77.45%</td></tr>
</table>

注：（1）Logistics 回归，* 表示 $p<0.05$，** 表示 $p<0.01$，*** 表示 $p<0.001$；
（2）“—”表示该自变量未通过 $\alpha=0.1$ 显著性检验；
（3）年龄以 1=20 ~ 39 岁作为参照变量，学位以 1= 学士学位为参照变量，收入以 1 ≤ 10 万元为参照变量。

回归模型七中，加入信任感和被劝募频率变量后，情感要素的相关变量的影响作用减弱，信任感和被劝募频率对校友捐赠有着积极影响。回归模型七中，信任感的影响系数为 0.334，机会比为 1.39。对母校使用捐赠资金的信任程度越高，越可能向母校捐赠。这印证了已有研究结果，信任感是校友捐赠的重要影响因素。① 另外，在其他条件相同情况下，被劝募频

① Drezner N. D., O. Pizmony–Levy, Anderson–Long M., “In ‘Alma Mater’ We Trust? Exploring Attitudes toward Institutions and Alumni Giving”, *Teachers College Record,* Vol.122, No.9（2020）, pp.1–44.

率高的校友比被劝募频率低的校友更可能向母校捐赠，被劝募频率每增加一个单位，校友向母校捐赠的可能性增加114%。回归模型七中，检验了所有变量与校友捐赠的影响关系，决定校友是否捐赠的影响因素包括校友年龄、获得最高学位、是否为校友会会员、大学参与、归属感、大学满意度、被劝募频率、信任度。研究假设“校友的背景特征、对母校的满意度、归属感、捐赠责任感对向母校捐赠有着显著影响”“校友的背景特征、对母校使用捐赠资金的信任度、被劝募的频率对校友捐赠有着显著影响”均得到验证。

第四节 情感动因影响路径分析——多群组分析

鉴于回归分析结果中（模型六），中美高校校友在情感动因维度存在差异，这种差异反映了情感动因对校友捐赠的影响在不同文化背景下可能存在不同的机制。因此，本节进一步深入分析校友捐赠的情感动因路径，并且通过多群组分析检验“关系凝聚理论”在中美校友捐赠中的适用性。多群组分析结论也将呈现中美高校校友情感动因影响机制是否存在差异。

一、模型假设

尽管高等教育中“学生参与”的定义随着时间的推移而变化，但学生参与理论从根本上解释了大学如何影响学生的成就和他们对大学的态度。[①] 阿斯廷将高度参与的学生定义为那些投入大量精力学习、积极参与学生组织并经常与教职员工和其他学生互动的学生。[②] 已有研究认为，这些经历与未来的捐赠动机有关。[③] 如果校友在学生时期有积极的经历，他们更有可能认识到学习经历的价值，因此更有可能向大学捐款。[④] 作为社会交换理论的分支，关系凝聚理论进一步探究大学参与，为校友捐赠影响机制提供了基础。

校友与大学之间的关系是一种互惠、协商的社会交流形式。[⑤] 社会交换的情感理论将情感凝聚力作为社会交换过程中的一个明确的核心特征。[⑥] 它认为，当个体从群体内的互动中体验到积极情绪时，他们更有可能为群体做额外的事情（例如，做出单方面的赠予）。[⑦] 因此我们认为，校友曾经在校园体验中产生了一定的情感凝聚进而影响校友的捐赠行为。归属感、大学满意度和捐赠责任感可能是"情感凝聚"的要素，已有文献可以对此提供支撑。

首先，德雷兹内等人进一步证实，作为学生与大学的良好互动结果，归

---

① Douglas J. A., Douglas A., McClelland R. J., Davies J., "Understanding Student Satisfaction and Dissatisfaction: An Interpretive Study in the UK Higher Education Context", *Studies in Higher Education,* Vol.40, No.2（2015）, pp.329–349.

② Astin A. W., "Student Involvement: A Developmental Theory for Higher Education", *Journal of College Student Development,* Vol.40, No.5（1999）, pp.518–529.

③ Weerts D. J., Ronca J. M., "Characteristics of Alumni Donors Who Volunteer at Their Alma Mater", *Research In Higher Education,* Vol.49, No.3（2008）, pp.274–292.

④ Rau N. E., Erwin T. D., "Using Student Engagement to Predict Alumni Donors: An Analytical Model", *The Journal of Nonprofit Education and Leadership,* Vol.5, No.2（2015）, pp.101–111.

⑤ Rau N. E., Erwin T. D., "Using Student Engagement to Predict Alumni Donors: An Analytical Model", *The Journal of Nonprofit Education and Leadership,* Vol.5, No.2（2015）, pp.101–111.

⑥ Lawler E. J., Yoon J., "Commitment In Exchange Relations: Test of a Theory of Relational Cohesion", *American Sociological Review,* Vol.61（1996）, pp.89–108.

⑦ Lawler E., "An Affect Theory of Social Exchange", *American Journal of Sociology,* 2001, 107（2）, pp.321–352.

属感对校友捐赠意愿具有积极影响。因此，我们假设归属感与捐赠行为直接相关。[①] 阿斯廷的研究进一步揭示了学生在大学的参与度可以导致对大学的更大的依恋感。[②] 因此，大学参与被认为是归属感的前因。综上所述，归属感可能对大学参与和校友捐赠行为具有中介效应。

其次，研究证明，学生的学术投入和社会整合经验与对大学的满意度评价呈正相关关系，[③] 因为高度融入大学学术和课外生活中，更容易获得积极的人际互动和学术收获。另外，已有研究发现，校友捐赠与校友对其大学经历的整体满意度高度正相关。[④] 有研究发现，校友对社会和学术环境的满意度是校友与母校之间承诺关系维持的决定因素。因此，满意度可能对大学参与和校友捐赠行为具有中介效应。[⑤]

最后，计划行为理论被广泛用于解释捐赠行为，该理论的基本前提是，特定的行为与个人信念有关。[⑥] 行为是由一个人的意图驱动的，这种意图源于对行为结果的良好评价和对执行行为的社会压力的感知。[⑦] 研究人员证明，

① Drezner N. D., Pizmony-Levy O., "I Belong, Therefore, I Give? The Impact of Sense of Belonging on Graduate Student Alumni Engagement", *Nonprofit and Voluntary Sector Quarterly,* Vol.50, No.4 (2020), pp.753-777.

② Astin A. W., "Student Involvement: A Developmental Theory for Higher Education", *Journal of College Student Development,* Vol.40, No.5 (1999), pp.518-529.

③ Kuh G. D., "The National Survey of Student Engagement: Conceptual and Empirical Foundations", *New directions for institutional research,* Vol.141 (2009), pp.5-20.

④ Gaier S., "Alumni Satisfaction With Their Undergraduate Academic Experience and the Impact on Alumni Giving and Participation", *International Journal of Educational Advancement,* Vol.5, No.4 (2005), pp.279-288.

⑤ Pedro I. M., Pereira L. N., Carrasqueira H. B., "Determinants for the Commitment Relationship Maintenance Between the Alumni and the Alma Mater", *Journal of Marketing for Higher Education,* Vol.2, No. 1 (2018), pp.128-152.

⑥ Fishbein M., Ajzen I., *Predicting and Changing Behavior: The Reasoned Action Approach,* Psychology Press, 2010, pp.43-122.

⑦ Ajzen I., "The Theory of Planned Behavior", *Organizational Behavior and Human Decision Processes,* Vol.50, No.2 (1991), pp.179-211.

当人们对慈善事业持积极态度时，他们越有可能真正去做。[①] 捐赠责任感，即个人对向母校捐赠是积极的还是消极的。这种积极的情感来自组织的规范或文化传统，这些都来自大学体验经历。基于此得出，捐赠责任感可能对大学参与和校友捐赠行为具有中介效应。

图 5–1 显示了校友捐赠行为的情感动因影响路径。具体而言，归属感、捐赠责任感和满意度对大学参与捐赠行为具有中介作用。由于社会文化背景的差异，不同国家的结构模型可能存在差异。

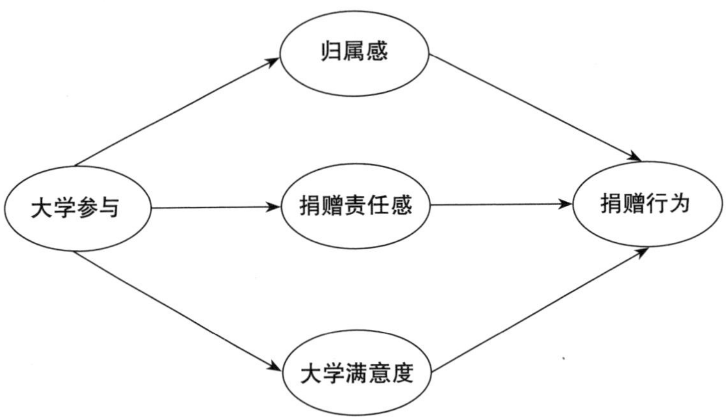

图 5–1　情感动因影响路径模型

二、多群组不变性检验

在不同情景下，特别是在跨文化背景中，检验模型的恒定性是在结构模型层面进行比较的先决条件。如果结构模型在统计上跨组不变，那么潜在变

① Smith J., McSweeney A., "Charitable Giving: The Effectiveness of a Revised Theory of Planned Behavior Model in Predicting Donating Intentions and Behavior", *Journal of Community and Applied Social Psychology,* Vol.17, No.5 (2007), pp.363–386.

量之间关系的差异才可以归因于组别的特征，而不是模型的不足。按照群组不变性的检验步骤，首先，需要检验两个组有无相通的模型结构，即因子数相同和因子条目对应关系相同，也称形态不变性；其次，要满足完全或部分单位不变性，即检验各组因子载荷是否跨组不变。[①] 当有检验参数限制的模型和无参数限制的模型之间无差异时，形态不变性得到满足。经检验，基本模型拟合指标达到较为理想的标准（$\chi^2 = 627.014$; $df = 202$; $p < 0.001$; $\chi^2/df = 3$; TLI = 0.93, CFI = 0.94; RMSEA = 0.06 ），这表明形态不变性得到了验证。检验单位不变性时，当前模型与前一步模型的卡方差异量$\triangle\chi^2$未达到显著（$\triangle\chi^2 = 6$, $\triangle df = 5$，$p > 0.05$）, 且度量模型拟合指数理想（CFI= 0.96; RMSEA= 0.06）, 表明两组之间的单位不变性得到了验证。综上所述，该模型支持多群组的等同性，具有不变性，可进一步进行中美差异比较。

三、群组间差异分析

对中国和美国两组的中介模型各个路径系数分别进行差异检验。在非限制模型的基础上，对存在显著差异的路径自由估计，不存在显著差异的路径限定系数相等。结果拟合良好，$\chi^2(8) = 9.58$，CFI =0. 98，TLI = 0. 97，RMSEA = 0. 01，SRMR = 0. 02。其中中国和美国中介模型详见图 5-2。

① Hu L. T., Bentler P. M., "Cutoff Criteria For Fit Indexes In Covariance Structure Analysis: Conventional Criteria Versus New Alternatives", *Structural Equation Modeling A Multidisciplinary Journal,* Vol.3, No.4（1998）, pp.55–61.

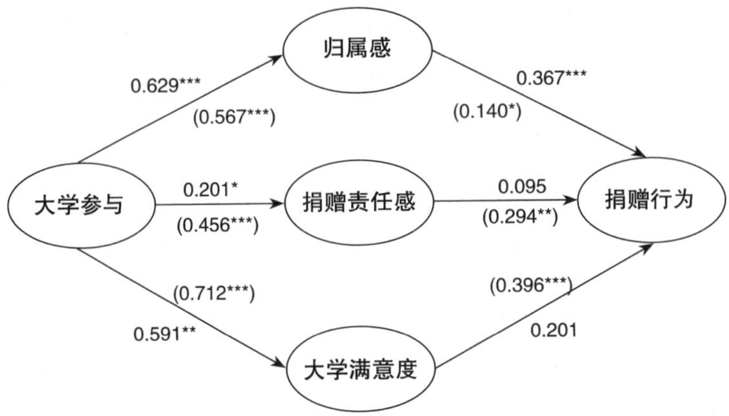

图 5-2　中美高校校友情感动因的中介效应检验结果（括号内为美国高校的标准化路径系数）

表 5-14 呈现了中美高校在每条路径上的差异比较结果。大学参与对归属感的积极影响显著（美国 β=0.567，p<0.001；中国 β=0.629，p<0.001），但是 Wald 检验显示大学参与对归属感的预测作用在中美高校之间并不存在显著差异（p>0.05）。除此路径之外，其他路径都存在显著性差异。大学参与和捐赠责任感关系中，美国校友的大学参与对捐赠责任感的预测作用（β=0.456，p<0.001），显著大于中国校友（β=0.201，p<0.05）。大学参与和大学满意度的关系中，美国校友的大学参与对大学满意度的预测作用（β=0.712，p<0.001），显著大于中国校友（β=0.591，p<0.01）。归属感和捐赠行为的关系中，美国校友的归属感对捐赠行为的预测作用（β=0.140，p<0.05），显著小于中国校友（β=0.367，p<0.001）。捐赠责任感和捐赠行为的关系中，美国校友的捐赠责任感对捐赠行为的预测作用显著（β=0.294，p<0.01），并且显著高于中国校友（β=0.067，p<0.05）。最后，大学满意度和捐赠行为的关系中，美国校友的大学满意度对捐赠行为的预测作用（β=0.396，p<0.01）显著高于中国校友（β=0.201，p<0.05）。

表 5-14 中美高校在结构方程模型上标准化路径系数及 Wald 检验

自变量	总样本（*n*=1752）	美国高校（*n*=1073）	中国高校（*n*=679）	Wald 检验
大学参与归属感	0.607***	0.567***	0.629***	*p*>0.05
大学参与捐赠责任感	0.433***	0.456***	0.201*	*p*<0.001***
大学参与大学满意度	0.705***	0.712***	0.591**	*p*<0.01**
归属感捐赠行为	0.248**	0.140*	0.367***	*p*<0.001***
捐赠责任感捐赠行为	0.259**	0.294**	0.067*	*p*<0.01**
大学满意度捐赠行为	0.378***	0.396***	0.201*	*p*<0.001***

采用 Bootstrap 法抽样 1000 次分别对中美模型存在的中介效应进行估计。在中国模型中，归属感的中介效应值为 0.07，95% 置信区间为［0.035,0.247］，归属感的部分中介效应均显著。在美国模型中，归属感的中介效应值为 0.12，95% 置信区间为［0.016，0.326］；捐赠责任感的中介效应值是 0.02，95% 置信区间为［0.032，0.067］；大学满意度的中介效应值为 0.05，95% 置信区间为［0.045，0.165］。所以归属感、捐赠责任感和大学满意度的部分中介效应均显著。

综上所述，中美高校校友情感动因的路径分析中，首先，论证了社会交换的情感理论中情感凝聚力是校友捐赠过程动因，理论模型在中美高校都得到了验证。就校友过去的大学参与经历对捐赠的影响而言，“归属感”“捐赠责任感”“大学满意度”3 个自变量存在部分中介效应，因此，揭示了校园经历（大学参与）与校友捐赠关系中这三个情感因素存在积极促进作用。

其次，通过中美高校差异分析发现，三个因素对校友捐赠的影响路径系数大小有明显差异。归属感和捐赠行为的关系中，美国校友的归属感对捐赠行为的预测作用（β=0.140，$p<0.05$）显著小于中国校友（β=0.367，$p<0.001$），说明归属感更容易促使中国校友的大学参与转化为捐赠行为。美国校友的捐赠责任感对捐赠行为的预测作用（β=0.294，$p<0.01$）显著高于中国校友（β=0.067，$p<0.05$），说明捐赠责任感这一情感因素对转化美国校友

的校园参与经历为捐赠行为更容易。在大学满意度和捐赠行为的关系中，美国校友的大学满意度对捐赠行为的预测作用（β=0.396，p<0.01）显著高于中国校友（β=0.201，p<0.05），说明美国高校校友对母校越满意，越容易把大学参与体验转化为捐赠行为。

第五节　中美校友捐赠效用偏好——潜在类别分析

上述实证部分检验了情感要素和沟通要素对校友捐赠的影响，本节聚焦校友的捐赠效用偏好对校友捐赠行为的影响。通过辨别中美大学校友捐赠效用偏好的特征并探究不同偏好对校友捐赠行为的影响，我们试图对中美校友捐赠动机进行更深入的刻画。通过以上分析，我们可以从社会交换的“互惠”角度来理解校友捐赠行为并提出具有针对性的建议。

一、中国高校校友捐赠效用的潜在类别分析

（一）分析框架

根据已有相关潜在分析模型文献，我们构建了如图 5-3 所示的捐赠动机潜在类别分析框架。根据已有研究结论以及相关文献，选择了校友的捐赠目的、内在动机、外在动机作为可观测变量探索校友捐赠效用偏好的潜在类别。对校友背景和校友捐赠行为做关联性分析。首先，校友背景变量包括年龄、性别、学位、是否获得奖学金、GPA、收入、宗教信仰和民族，对不同背景校友的捐赠效用偏好类型的差异进行分析。其次，对不同捐赠效用偏好类型的校

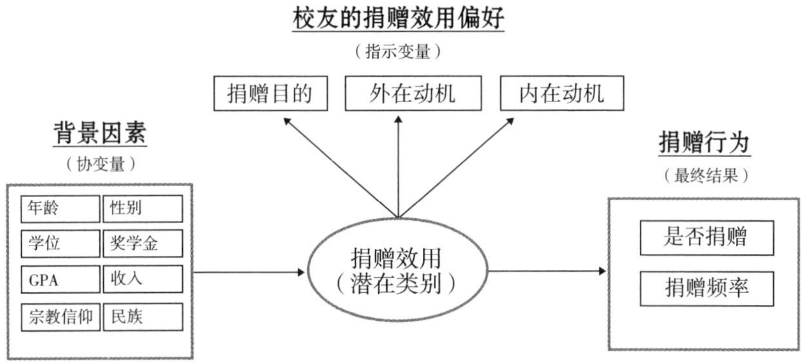

图 5–3 中国高校校友捐赠效用偏好分析框架

友是否捐赠和捐赠频率的差异性分析。具体而言，该部分结合多元逻辑（multi logistic）回归检验哪些协变量（年龄、学位、获得奖学金、宗教信仰、民族）可以预测校友属于哪种动机类型。最后，潜在类别分析结合卡方检验，测试不同的动机类型是否产生不同的捐赠行为（是否捐赠、捐赠频率）。

（二）探索性潜在类别分析

表 5–15 列出了 7 个模型的适配估计指标。模型适配检验方法以 AIC 准则（Akaike information criterion，赤池信息量准则）和 BIC 准则（Bayesian information criterion，贝叶斯信息准则）为主，它们均建立于似然比卡方检验基础之上，可用于比较对参数进行不同限制的模型，两者越小，适配度越好。[①] 林（Lin T. H.）与代顿（Dayton C. M.）指出，当样本量数以千计时，BIC 指标更可靠，否则 AIC 更佳。[②] 据此，模型 4 的 BIC 和 AIC 值相对较低。同时，美国教授鲍尔（Bower）认为，在模型显著性检验中，首个不显著的模型是最

① 曾宪华、肖琳、张岩波:《潜在类别分析原理及实例分析》,《中国卫生统计》2013 年第 6 期。

② Lin T. H., Dayton C. M., "Model Selection Information Criteria For Non-Nested Latent Class Models", *Journal of Education and Behavioral Statistics,* Vol.22, No.3（1997）, pp.249–264.

佳模型。在本研究中，模型 4 是首个显著性检验不显著的模型。综合以上判断标准，选择模型 4 为理想模型。也就是说，以潜在类别数量 4 作为最优模型，意味着存在 4 类不同捐赠动机，研究假设得到验证。

表 5–15 不同潜在类别模型的适配指标

模型	AIC	BIC	Log likelihood	LMR	p	Entropy
2	8332.699	8472.884	–4754.475	1226.498	0.0004	0.942
3	7985.723	8198.259	–4135.349	375.381	0.0082	0.899
4	7835.275	8220.166	–3945.869	81.663	0.1941	0.831
5	7881.764	8239.009	–3904.637	84.699	0.0408	0.803
6	7860.023	8289.622	–3861.882	53.230	0.2766	0.800
7	7847.596	8349.549	–3838.849	51.607	0.4545	0.808
8	7841.191	8415.497	–3821.816	55.904	0.1883	0.827

（三）校友捐赠效用的潜在类别命名

从 B 大学校友捐赠效用各题项的条件概率（见表 5–16）来看，共分为四种捐赠效用。第一类校友捐赠的效用主要是帮助学生，支持自己所在的专业，改善大学设施，向他人传递爱，获得他人的认可，其他题目的条件概率均低于 0.4。该类捐赠效用表现出帮助他人，也同时想获得自我价值的认同，增加个人的成就感，因此第一类捐赠效用可命名为“亲社会效用”，约 2/5 的被调查者偏好这种捐赠效用（占样本比例为 42.5%）。

表 5–16 中国高校校友捐赠效用各题项的条件概率

捐赠动因	亲社会效用偏好（42.5%）	情感效用偏好（13.24%）	强互惠效用偏好（7.5%）	支持母校发展效用偏好（36.76%）
帮助学生	0.931	0.167	0.938	0.619
支持教师科研	0.399	0.075	0.776	0.503
支持自己所在的专业	0.430	0.246	0.751	0.626
改善大学设施	0.440	0.231	0.674	0.446

（续表）

捐赠动因	亲社会效用偏好（42.5%）	情感效用偏好（13.24%）	强互惠效用偏好（7.5%）	支持母校发展效用偏好（36.76%）
向他人传递爱	0.566	0.012	0.403	0.535
因为这是一件正确的事情	0.361	0.492	0.811	0.026
向母校捐赠可获得好的声誉	0.486	0.023	0.832	0.004
获得他人的认可	0.646	0.084	0.463	0.068
可以减免税务	0.117	0.162	0.765	0.006
捐赠可以享受大学提供的一些优惠福利	0.074	0.077	0.240	0.033
向母校捐赠有利于增加社交	0.396	0.280	0.796	0.003
母校对我的成功有帮助，捐赠以表示感激	0.277	0.699	0.768	0.002
向母校捐赠，我感到开心	0.151	0.458	0.607	0.016
为了纪念或致敬某位重要的人	0.179	0.550	0.734	0.017
为了庆祝校庆或同学会等	0.466	0.072	0.335	0.035

第二类校友在“因为这是一件正确的事”“捐赠以表示感激”“感到开心”“纪念或致敬重要的人”方面表现出很高的倾向，这些题项均属于外在动机。这说明这一类捐赠效用是为了增加心理收益，感受到积极的心理能量，获得积极的情感。因此，这一类捐赠效用可命名为“情感效用”，偏好于该类捐赠效用的校友占样本比例为13.24%。

第三类校友在大部分题目上的条件概率都较高，说明这类校友对大部分题目都表示赞同，母校支持、学生支持、个人的声誉、获得免税福利、增加社交等都是他们捐赠的原因。对这一类校友来说，向母校捐赠是一种具有多种利益的行为。校友的捐赠行为也带有多种回馈期望，可谓有意图将自己的捐赠效用尽量增加，因此对这一类捐赠效用命名为“强互惠效用”，7.5% 的校友偏好这类捐赠效用。

第四类校友的捐赠动因在于帮助学生、支持教师科研、支持自己所在的专业、改善大学设施、向他人传递爱，他们在题目上的条件概率均超过 0.4，而其他题项的条件概率几乎为 0。这类校友的捐赠动机集中在支持母校发展、传递爱，利他主义动机明显。这类捐赠效用被命名为“支持母校发展效用”，超过三分之一的被调查者属于这一类动机（占样本数的 36.76%）。

总体上，B 大学校友的捐赠动机主要偏向于利他，亲社会类、支持母校发展。在捐赠可以享受大学提供的一些优惠政策方面偏好最低，这可能是因为大学为捐赠者提供的优惠没有足够吸引力。对 B 大学校友会工作人员的访谈印证了这一点，工作人员介绍到向 B 大学捐赠并没有额外的优惠或服务，且目前只有少数校友制定了校友卡。捐赠税费方面的优惠，无论是小额捐赠或大额捐赠，优惠力度都不大且办理手续烦琐，对捐赠的吸引力确实不足。

（四）不同背景校友的捐赠效用偏好类型的差异分析

差异分析（见表 5–17）表明：校友持“情感效用”偏好相对于持“亲社会效用”偏好的发生比，在控制了其他背景变量的影响后，博士学位的校友将使这一发生比变化 1.57 倍，说明博士学位校友相比硕士学位校友对“情感效用”的偏好高了 57%（$p<0.05$）。校友持“强互惠型”偏好相对于持“亲社会效用”偏好的发生比，在控制了其他背景变量的影响后，年龄为 60 ~ 90 岁的校友将使这一发生比变化 6.67 倍，说明年长校友相比年轻校友（20 ~ 39 岁）对“强互惠效用”的偏好高了 5.67 倍（$p<0.05$）。校友持“支持母校发展”偏好相对于持“亲社会效用”偏好的发生比，在控制了其他背景变量的影响后，女性校友将使这一发生比变化 1.88 倍，说明女性校友相比男性校友对“支持母校发展”的偏好高了 88%（$p=0.001$）。校友捐赠效用偏好类型在

其他背景特征中不存在显著性差异。由此，“不同背景校友的捐赠效用偏好存在显著性差异”的假设得到了验证。

表 5-17 协变量的平均值和相对风险比（以“亲社会效用”为参照组）

协变量	亲社会型（42.5%）			情感效用型（13.2%）			强互惠型（7.5%）			支持母校发展型（36.8%）		
	均值	rrr	*p*	均值	rrr	*p*	均值	rrr	*p*	均值	rrr	*p*
女性	0.39	—	—	0.53		0.17	0.41		0.25	0.42	1.88**	0.001
GPA>3.5	0.23	—	—	0.24		0.23	0.21		0.22	0.24		0.35
宗教信仰	0.17	—	—	0.16		0.16	0.12		0.12	0.12		
家庭收入 10 万 ~ 29 万元 30 万 ~ 50 万元 >50 万元	2.53	—	—	2.29		0.33 0.30 0.51	2.42		0.31 0.16 0.25	2.43		0.87 0.39 0.19
学位 硕士 博士	1.75	—	—	4.12 4.26	1.57*	0.75 0.04	1.89		0.76 0.11	1.80		0.47 0.59
年龄 40~59 岁 60~90 岁	1.18	—	—	1.17		0.32 0.14	1.18	6.76*	0.13 0.03	1.15		0.15 0.86
奖学金	0.69	—	—	0.70		0.95	0.65		0.31	0.68		0.75
民族	0.89	—	—	0.89		0.17	0.94		0.42	0.91		0.81

注：*rrr* * 表示 <0.05，*rrr*** 表示 <0.01。

（五）不同捐赠效用偏好类型与捐赠行为

是否不同的动机类型产生不同的捐赠行为？差异结果显示，亲社会效用偏好和情感效用偏好的校友向母校捐赠的可能性显著高于强互惠效用偏好、支持母校发展效用偏好（$p<0.05$）。就捐赠频率而言，不同捐赠效用偏好类型的校友之间不存在显著性差异（见表 5-18）。由此可知，研究假设“不同捐赠效用偏好的校友向母校捐赠与否及捐赠频率存在显著性差异”得到了部分验证。

表 5–18　不同捐赠效用类型的捐赠行为结果平均值

变量	亲社会型	情感效用型	强互惠型	支持母校发展型	F	Sig.
是否捐赠	0.59 (0.023)	0.32 (0.042)	0.20 (0.056)	0.20 (0.025)	0.015*	0.026
捐赠频率	3.51 (0.132)	3.50 (0.202)	3.40 (0.339)	3.54 (0.137)	0.601	0.981

注：括号中为标准误，显著性检验使用，* 表示 $p<0.05$，**$p<0.01$，*** 表示 $p<0.001$。

二、美国高校校友捐赠效用的潜在类别分析

（一）分析框架

根据已有相关潜在分析模型文献，我们构建了捐赠动机潜在类别分析框架（见图 5–4）。根据已有研究结论以及相关文献，选择了多项可能的捐赠动机（捐赠目的、内在动机、外在动机）作为可观测变量，探索校友捐赠动机存在的潜在类别。校友背景、校友捐赠行为与校友捐赠效用偏好类型的关联性分析包括：不同背景校友的捐赠效用偏好类型的差异分析，以及不同捐赠效用偏好类型的校友的捐赠行为的差异性分析。具体而言，该部分结合多元逻辑回归检验哪些协变量（年龄、学位、获得奖学金、宗教信仰、校友

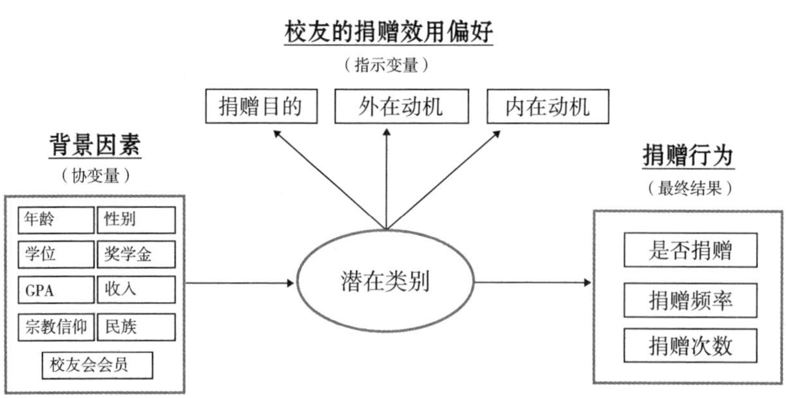

图 5–4　美国 M 大学校友捐赠效用偏好的潜在类别分析框架

会会员身份）可以预测校友属于哪种动机类型。最后，潜在类别分析结合卡方检验，测试是否不同的动机类型产生不同的捐赠行为（是否捐赠、捐赠次数、捐赠频率）。

（二）M 大学校友捐赠效用偏好潜在类别分析

1. 探索性潜在类别分析

表 5-19 列出了 7 个模型的适配估计指标。潜在类别分析模型的适配检验方法主要有 Pearson 检验、似然比卡方检验及信号评价指标；其中，AIC 准则和 BIC 准则是潜在类别分析选择中使用最为广泛的信号评价指标，均建立于似然比卡方检验基础之上，可用于比较那些对参数有不同限制的模型，两者越小表明适配度越好。模型 5 的 AIC 值和 BIC 值相对其他模型都低，综合考虑各指标以潜在类别数量 5 作为最优模型。这表明本研究中校友捐赠存在 5 类捐赠效用偏好。

表 5-19　不同潜在类别模型的适配指标

模型	AIC	BIC	Log likelihood	LMR	p	Entropy
2	8706.449	8845.567	4556.993	465.056	0.042	0.774
3	8659.32	8870.241	4322.224	78.374	0.073	0.646
4	8772.637	9073.312	4282.660	62.177	0.7715	0.642
5	8620.521	8675.048	4319.318	43.776	0.1823	0.654
6	8664.544	9040.874	4235.965	46.934	0.2257	0.667
7	8677.985	9116.118	4214.769	33.233	0.4781	0.718
8	8640.137	9210.073	4201.679	17.055	0.7742	0.667

2. M 大学校友捐赠效用偏好的潜在类别命名

从条件概率（见表 5-20）可以看出，第一类校友除 11 题外，其他题项的条件概率都高于其他类校友，也就是说，第一类校友在大部分动机上都表示了“是”。从内容来看，这类捐赠者的捐赠目的中偏向于“帮助学生”“支

表 5-20 美国 M 大学校友捐赠效用各题项的条件概率

捐赠动因	强互惠效用偏好（18%）	亲社会效用偏好（36%）	形象提升效用偏好（17%）	经济 + 情感效用偏好（22%）	弱自利效用偏好（7%）
支持科研	0.53	0.42	0.16	0.13	0.05
支持自己的专业	0.78	0.81	0.16	0.24	0.05
对提高母校名声和排名有必要	0.69	0.72	0.09	0.37	0.07
帮助学生	0.95	0.62	0.59	0.53	0.22
向他人传递爱	0.59	0.13	0.14	0.16	0.01
这是一件正确的事	0.37	0.22	0.10	0.03	0.05
会得到社会和他人的认同	0.49	0.07	0.65	0.05	0.03
向母校捐赠可获得好的声誉	0.91	0.35	0.89	0.53	0.36
可以减免税务	0.86	0.26	0.38	0.86	0.38
可享受校友会员福利	0.82	0.05	0.25	0.00	0.04
有机会参与社交活动	0.02	0.00	0.00	0.00	0.02
向母校捐赠，我感到开心	0.90	0.35	0.45	0.74	0.15
母校对我的成功有帮助，捐赠以表示感激	0.40	0.35	0.20	0.14	0.17
为了纪念对我有重大影响的人	0.76	0.35	0.27	0.63	0.21
我对一些研究项目十分感兴趣	0.21	0.08	0.03	0.03	0.00

持自己的专业”，捐赠原因在“获得声誉”“获得减税优惠”“享受校友优惠”“感到开心”“纪念重要的人”方面表现出很高的倾向，且与其他类型校友相比，他们在其余原因上也都表现出了较高倾向。第一类校友的捐赠效用命名为“强互惠效用”（占样本的 18%），因为这类校友的捐赠效用偏好表现出明显的“既愿意付出也希望获得相应的回馈”的互惠心理。

第二类校友的捐赠目的较高倾向于“支持科研”“支持自己的专业”“提升母校名声和排名”“帮助学生”，主要目的为支持母校发展和帮助学生，对学生的生活产生积极的意义，充满了利他心理；同时“获得好的声誉”“纪念重要的人”“捐赠感到开心”的条件概率也达到0.35。这说明这类校友捐赠动机兼具了个人利益并非纯粹的利他，因此命名为“亲社会型”捐赠效用偏好（占样本的36%）。

第三类校友的捐赠动机，明显倾向于“向母校捐赠可以获得好的声誉”和“可以得到社会和他人的认同”，条件概率达到了0.85和0.52，其他动机的发生概率均偏低。通过捐赠获得良好的声誉和他人的认同进而实现个人形象的提升，因此命名为“形象提升”效用偏好（占样本的17%）。

第四类校友捐赠动机主要倾向于“可以减免税费”“感到开心”“纪念、致敬对我有重大影响的人”“帮助学生”。其中，“可以减免税费”的条件概率达到0.85，可见校友在捐赠时考虑了捐赠的经济成本。根据美国税费政策，教育捐赠者享受减税优惠，这是捐赠的重要原因之一。获得经济成本的同时，校友还获得了其他“情感收益”，比如开心、纪念重要的人。该类校友捐赠动机既考虑捐赠成本也想获得情感收益，因此命名为“经济+情感”效用偏好（占样本的22%）。

第五类校友的捐赠动机更倾向于“向母校捐赠可以获得好的声誉”“可以减免税务”，更多权衡个人的利益，外在动机更强，但二者的条件概率都偏低，分别为0.36和0.38，表明持有的这种动机均偏弱，因此将此类捐赠效用命名为“弱自利”效用偏好（占样本的7%）。

（三）不同背景校友的捐赠效用偏好类型的差异分析

差异分析（见表5-21）表明：校友持“强互惠型”偏好相对于是持“亲社会效用”偏好的发生比，在控制了其他背景变量的影响后，有宗教信仰的校友持“强互惠型”偏好的概率降低了72%，即无宗教信仰的校友更有可能持“强互惠型效用”偏好（$p<0.05$）；家庭年收入高于15万美元的校友相比

表 5-21　协变量的平均值和相对风险比（以“亲社会效用偏好类”为参照组）

协变量	强互惠型			亲社会型			形象提升型			经济 + 情感型			弱自利型		
	均值	rrr	*p*	均值	rrr	*p*	均值	rrr	*p*	均值	rrr	*p*	均值	rrr	*p*
奖学金	0.47		0.724	0.42	—	—	0.45		0.978	0.43		0.710	0.24	43**	0.002
GPA	0.38		0.158	0.46	—	—	0.55		0.980	0.66		0.228	0.52		0.723
宗教信仰	0.59	0.18*	0.017	0.72	—	—	0.68		0.983	0.61		0.553	0.77		0.207
收入 50000~99999 美元 100000~149999 美元 >150000 美元	2.31	26*	0.082 0.349 0.033	2.78	—	—	2.63	1.28**	0.633 0.713 0.010	2.93		0.094 0.091 0.992	2.78		0.261 0.833 0.505
学位 硕士 博士	1.43	2.8*	0.035	1.38	—	—	1.43		0.441 0.371	1.6		0.190 0.603	1.48		0.318 0.604
年龄 40~59 岁 60~90 岁	1.36		0.111 0.310	1.67	—	—	1.48	42*	0.531 0.048	1.62		0.985 0.487	1.87		0.162 0.232
女性	0.63		0.406	0.53	—	—	0.63		0.498	0.32	380**	0.008	0.54		0.575
种族 非西裔黑人 西班牙裔 美洲原住民 白人非西裔	3.21	26*	0.231 0.227 1.000 0.014	4.22			4.05		0.598 0.672 0.992 0.515	3.76	31*	0.310 0.775 1.000 0.028	4.42		0.291 0.345 0.993 0.750

注：rrr 为相对风险比，显著性检验为多元 logistic 回归，* 表示 p<0.05，** 表示 p<0.01，*** 表示 p<0.001，种族中以 1= 亚洲人或太平洋岛民为参照变量，年龄以 20～39 岁作为参照组，学位以学士学位为参照组，收入以小于 49999 美元为参照组。

于收入低于 5 万美元的校友，受“互惠效用”驱动的发生比降低了 74%，说明年收入低于 5 万美元的校友的捐赠效用更有可能是“强互惠型”（$p<0.05$）；获得硕士学位的校友相比学士学位校友，捐赠动机为“互惠型”发生比增加 180%，硕士校友更有可能属于互惠类动机（$p<0.05$）；“白人，非西班牙裔”的校友比亚洲校友偏好强互惠捐赠效用的发生比少了 74%，说明亚洲校友的捐赠效用更有可能是互惠型（$p<0.01$）。

校友的捐赠效用为“经济 + 情感”类型的发生比相比于受亲社会动机影响的发生比，在控制了其他背景变量的影响后，女性校友将使这一发生比变化 0.38，也就是说，男性受“经济 + 情感”因素影响更大（$p<0.01$）。

校友捐赠效用为“形象提升”相对于属于亲社会型的发生比上，在控制了其他背景变量的影响后，60~90 岁校友相比于 20~39 岁校友受到“形象提升”因素驱动的发生比减少了 58%，这说明年轻校友的捐赠动机更有可能属于“形象提升”类（$p<0.05$）；校友会会员比非校友会会员受形象提升因素驱动的发生比减少了 57%，非校友会会员的动机更有可能是声形象提升类（$p<0.01$）。家庭年收入高于 15 万美元的校友比家庭年收入低于 5 万美元的校友捐赠效用偏好于形象提升的发生比增加了 28%，这说明“形象提升”效用更加符合收入较高的校友的捐赠期望。

校友的捐赠效用为弱自利型相对于属于亲社会型的发生比上，在控制了其他背景变量的影响后，校友会员偏好于弱自利效用的发生概率降低了 48%，非校友会会员更有可能属于弱自利型；曾经获得奖学金的校友属于弱自利效用偏好的发生概率比从未获得奖学金的校友降低了 57%，说明曾经受他人资助的校友的捐赠动机更小可能考虑自利因素（$p<0.01$）。由此，“不同背景校友的捐赠效用偏好存在显著性差异”的假设得到了验证。

（四）不同捐赠效用偏好类型与捐赠行为

是否不同的捐赠效用偏好类型产生不同的捐赠行为？不同捐赠效用偏好类型的校友捐赠行为结果均有显著性差异（见表 5-22）。通过方差分析，捐赠效用为亲社会类型的校友向母校捐赠的可能性显著高于持强互惠型、形象提升型、经济 + 情感型的校友。就捐赠频率而言，亲社会动机类校友的捐赠频率显著高于弱自利型校友。最后，亲社会效用偏好的校友的捐赠次数显著高于形象提升效用偏好校友，显著高于弱自利动机的校友。由此可见，研究假设“不同捐赠效用偏好的校友向母校捐赠与否及捐赠频率存在显著性差异”得到验证。

表 5-22　不同捐赠效用偏好的捐赠行为差异分析

变量	捐赠效用类型					F 值	Sig.
	强互惠型	亲社会型	形象提升型	经济 + 情感型	弱自利型		
是否捐赠	0.56 (0.08)	0.85 (0.02)	0.56 (0.04)	0.57 (0.06)	0.72 (0.04)	12.64	0.000
捐赠频率	2.67 (1.19)	2.8 (1.16)	2.31 (1.17)	2.46 (1.17)	2.14 (1.16)	1.73	0.003
捐赠次数	4.96 （6.75）	8.06 （12.00）	4.07 （4.61）	6.84 （7.79）	4.77 （6.12）	3.54	0.007

注：括号中为标准误差。

Chapter 06 | 第六章

比较分析

第一节　中美高校校友捐赠的背景特征标识比较与分析

一、校友捐赠的背景标识共性：年龄与最高学历

（一）年长的校友向母校捐赠的可能性越大

奥格尔斯比（Oglesby）的研究发现，年龄是区别校友捐赠意愿的重要背景信息。[①] 本研究与他的发现一致，校友的年龄均是中美高校校友捐赠的重要识别标签，年龄越大的校友向母校捐赠的可能性越大。

就中国案例高校而言，在控制最终模型中其他变量均为均值的情况下，年轻校友（20 ~ 39 岁）的捐赠可能性为 11.6%，40 ~ 59 岁的校友向母校捐赠的可能性为 34.0%，60 岁以上的校友向母校捐赠的可能性为 62.0%（见图 6–1）。

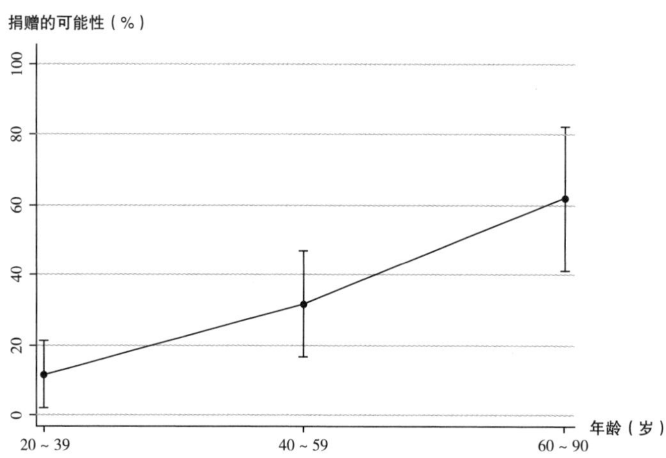

图 6–1　校友年龄与校友捐赠的可能性（中国）

① Oglesby R. A., *"Age, Student Involvement, and Other Characteristics of Alumni Donors and Alumni Non-Donors of Southwest Baptist University"*, Doctoral Dissertation, University of Missouri,1991.

而就美国案例高校来说，在控制最终模型中其他变量均为均值的情况下，年轻校友（20 ~ 39 岁）的捐赠可能性为 37.8%，40 ~ 59 岁的校友向母校捐赠的可能性为 42.8%, 60 岁以上的校友向母校捐赠的可能性为 57.3%（见图 6–2）。

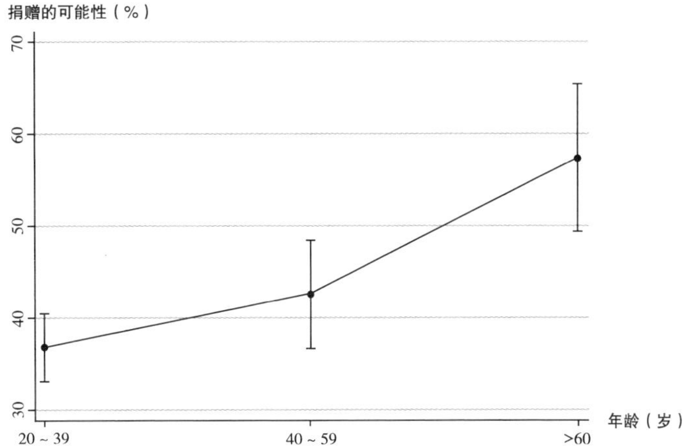

图 6–2 校友年龄与校友捐赠的可能性（美国）

总体上，捐赠者中 60 岁以上和 40~59 岁的校友显著多于 20~39 岁校友，说明年轻校友目前较多未曾捐赠过，这与已有研究结论基本一致。年龄越大的校友越有可能向母校捐赠，这是校友情感蓄积的结果，随着年龄的增长，老校友的回馈心情更浓烈。这与国内学者罗公利等人关于我国高校社会捐赠影响因素研究的结论“年龄越小，捐赠的可能性越大”[①] 并不一致。在他们的研究中，捐赠决策实际指捐赠意愿而非实际捐赠，因而产生了截然不同的结论，说明个人实际捐赠和捐赠意愿的影响因素可能存在差异。也有研究发现随着年龄的增加，毕业年限越长校友捐赠的意愿越低，因为与母校的联结关系减少。[②] 在本研究访谈中，中美两国年龄大的校友都不认为因为毕业久远

① 罗公利、刘惠明:《我国高校社会捐赠影响捐赠者决策的因素研究》,《哈尔滨工业大学学报（社会科学版）》2005 年第 3 期。

② Meer J., Rosen H. S., “Family Bonding with Universities”, *Research in Higher Education,* Vol.51, No.7（2010）, pp.641–658.

而与母校的身份关系变少，反而是更有愿望参与校友捐赠。

> 我毕业很多年了，但是还是很愿意参与母校的活动。对于一些事情，我一直在关注，毕竟这（M 大学是我的母校）是不会改变的。（焦点小组，谢尔登，2017 年 8 月 30 日）

> 我毕业后回新疆工作，离北京很远，不容易返校，但是一有机会我就会回来看看，就像今天这样……在工作岗位上越久，越觉得可以为母校做点事，想做点什么，希望有机会多参与。（XJ，2017 年 11 月 13 日）

（二）本科毕业生是校友捐赠的主力军

对美国 M 大学的调查结果显示：在控制最终模型中其他变量为均值的情况下，获得学士学位的校友的捐赠可能性为 44.2%，获得硕士学位的校友的捐赠可能性为 36.2%，获得博士学位的校友捐赠的可能性为 37.7%（见图 6–3）。获得学士学位的校友向母校捐赠的可能性显著高于硕士学位的校友，

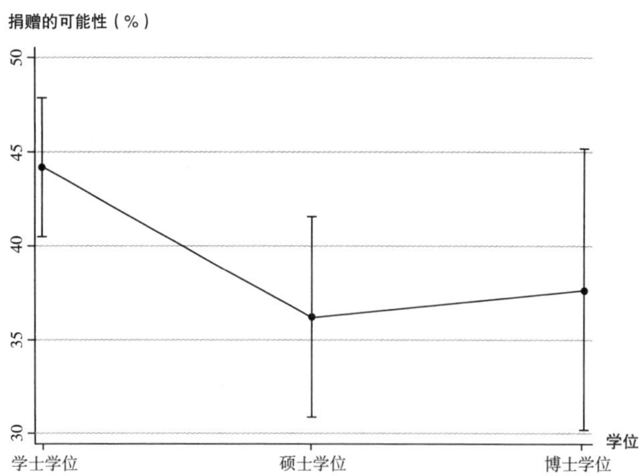

图 6–3　校友学位与校友捐赠的可能性（美国）

这表明校友中本科毕业生是捐赠主力军。

对中国B大学的调查结果显示，获得学士学位、硕士学位的校友向母校捐赠的可能性明显高于获得博士学位的校友。获得学士学位和硕士学位的校友的捐赠可能性为21.5%，获得博士学位的校友捐赠的可能性为14.6%（见图6-4）。据统计，在捐赠者校友中，本科毕业生占54%，硕士毕业生占31.7%，博士毕业生占14.3%。

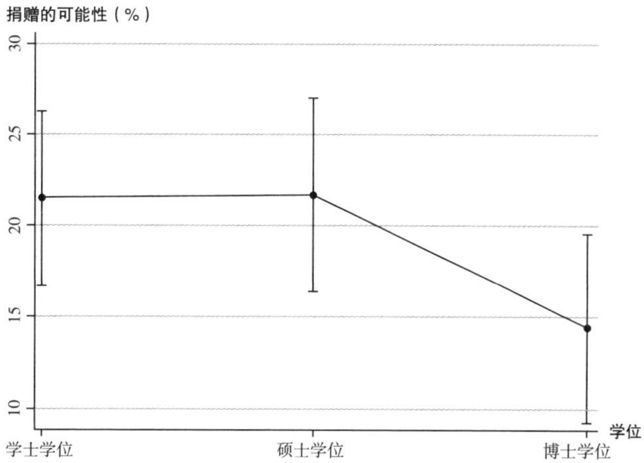

图6-4 校友学位与校友捐赠的可能性（中国）

在美国高校中，捐赠者中获得学士学位的校友显著多于获得硕士学位校友，这种差异可能来自获得学士学位的校友在校经历时间更长，因而获得的情感联结更强有关。有硕士毕业的校友认为，硕士的学制为1～2年，没有足够的时间参与大学团体活动，导致与大学的联结程度基本为零，与本科就读期间的体验差距甚大。

> 作为仅在M大学学习两年的硕士生，我没有足够的时间充分参与各种校园活动。这与本科生的经历非常不同。我喜欢本科大学，不喜欢M大学，我对M大学评价只是一般水平。（问卷中的开放式问答，帕特里克，2017年8月19日）

> 我在 M 大学获得硕士学位。这是一个为期一年的项目，我们很少待在校园里，参与活动更是寥寥无几。我觉得整体而言与 M 大学的联结为零。（问卷中的开放式问答，艾玛，2017 年 8 月 5 日）

除了因参与时间不足而难以建立与母校的紧密关系以外，这可能与美国高校极为重视本科学院的校友关系和筹资工作有关。“基于历史传统及心理学的考量，在美国高校花费很多精力推动高等教育大众化的进程中，研究生的就读经历日趋复杂，他们对母校的感情面临更大的不确定性，更容易受到年龄、经历、专业、导师以及其他各种因素的影响。”[①] 获得博士学位的校友捐赠的可能性明显较低，或许与博士毕业生大多就读过多个大学，对各个母校的情感联结存在差异有关，也说明获得博士学位的校友对 M 大学的忠诚度低。

二、校友捐赠的背景标识差异：校友会会员与家庭年收入

（一）美国高校校友捐赠的标识一：校友会会员

校友会会员是美国 M 大学校友捐赠的最显著的标签。样本中 14.35% 为校友会会员，捐赠者中 30.9% 为校友会会员，每年捐赠的校友中 64% 为校友会会员，捐赠次数超过 10 ~ 19 次的校友中近一半为校友会会员。通过均值比较 t 检验（见表 6–1），校友会会员与非校友会会员的校友之间在是否向母校捐赠、是否愿意向母校捐赠、捐赠频率、捐赠次数方面都存在显著性差异。显然，身为校友会会员的校友参与母校捐赠的意愿更强、频率更高、次

---

① 程星：《世界一流大学的管理之道：大学管理决策与高等教育研究》，北京大学出版社 2011 年版，第 244 页。

数更多。

表 6–1 美国校友会会员捐赠行为差异比较（*n*=1073）

变量		Mean	SD	t	df	p
是否捐赠	校友会会员	328	469	−13.9049	1071	<0.001
	非校友会会员	876	329			
捐赠意愿	校友会会员	382	486	−1.9983	652	<0.05
	非校友会会员	576	503			
捐赠频率	校友会会员	382	486	−1.9983	652	<0.05
	非校友会会员	576	503			
捐赠次数	校友会会员	2.11	1.01	−5.8123	435	<0.001
	非校友会会员	2.77	1.27			

在控制最终模型中其他变量均为均值的情况下，是校友会会员的校友向母校捐赠的可能性为 82.5%，比非校友会会员捐赠的可能性增加了 46.8%（见图 6–5）。

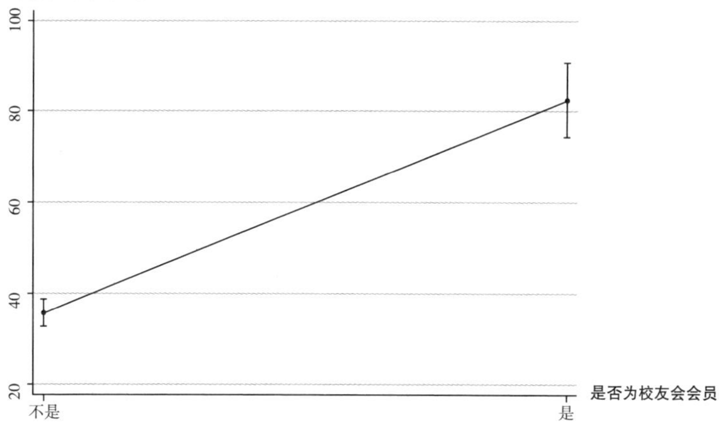

图 6–5 校友会会员与校友捐赠的可能性（美国）

校友会会员平均捐赠额度和捐赠次数都显著高于非校友会成员。这与 M 大学校友会会员制度有关。校友会会员制度包含多种激励机制，给予校友诸多会员福利，可吸引校友向母校定期、不定额地捐赠。校友会会员制度明确规定：会员费用于学生奖学金项目和校友职业发展项目。校友会员捐赠金额不同获得不同校友身份，包括年度会员、三年期会员、终身会员等 7 种身份。不同会员身份享受不同福利，福利范围满足了校友的多种需求，包括使用图书馆、就业指导、保险服务、职业能力提升、旅游、车辆牌照折扣、艺术展览票务优惠等。校友会会员之所以成为最显著的捐赠与否标识，是因为校友捐赠能够享受校友会会员福利，而且实用性越强的福利越受校友的青睐。

> 迄今为止，每年我都以缴纳校友会会员费的形式向 M 大学捐款，这是校友会会员应该要做的事情。（问卷中的开放式问答，2017 年 8 月 9 日）

> 我并不清楚作为校友会会员的福利优惠，我感觉那些福利的实用性不强，有些福利难以获得。例如，作为校友获得体育赛事门票非常困难。此外，没有直接的方法兑现我有权享受的折扣。除了偶尔的邮件杂志之外，我觉得自己的成员身份并没有获得太多回馈。（问卷中的开放式问答，科琳，2017 年 8 月 4 日）

（二）美国高校校友捐赠的标识二：高家庭年收入

M 大学的调查结果显示，家庭年收入高于 15 万美元的校友向母校捐赠的可能性显著大于年收入在 10 万美元以下的校友。在控制最终模型中其他变量均为均值的情况下，校友向母校捐赠的可能性随着家庭年收入从低到高分别为 37.4 %、37.3%、42.0%、47.0%（见图 6–6）。家庭年收入超过 15 万美元的校友捐赠的可能性为 47%。高家庭收入是美国校友捐赠的重要标识。

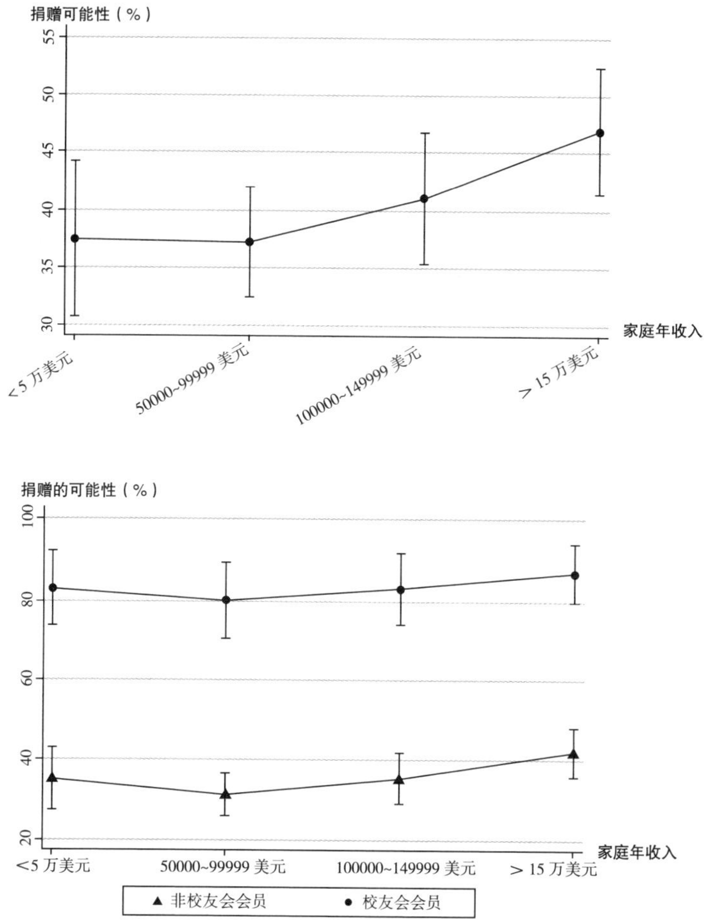

图 6-6　家庭年收入、是否为校友会会员与美国高校校友捐赠的可能性

校友会会员是校友捐赠的重要身份标识，由于家庭经济收入可能会影响校友是否加入校友会，接下来考察如果增加家庭收入影响效应是否会影响校友会会员捐赠的可能性。同样，在保持其他变量为均值时，统计结果表明，如图 6-6 所示，校友会会员的家庭年收入层次对校友捐赠的可能性影响非常小，不同家庭年收入的校友捐赠的可能性为 82.5% ~ 86.5%；非校友会会员，如果家庭年收入介于 5 万到 10 万美元，其捐赠的可能性降低到了 31.1%；而其他家庭年收入水平对非校友捐赠可能性的影响甚微。校友会成员与校友家

庭年收入水平的交互效应对校友捐赠可能性的影响非常微弱。总体上说，校友会成员或非校友会成员不会因为家庭年收入而影响对母校的捐赠。

（三）中国高校校友捐赠：经济实力不决定捐赠意愿

中国B大学和美国M大学校友捐赠的背景特征差异中，美国校友捐赠与否会受到经济收入以及校友会会员制度的影响，但这二者对中国校友的捐赠意愿并没有显著影响。

由于年龄是中国校友捐赠的重要因素，人的财富随着年龄的增加而积累，有必要考察校友年龄和家庭年收入可能存在的交互效应。如果在其他变量保持均值的情况下，整体上，经济收入处于中间（10万～29万元和30万～49万元）的校友的捐赠可能性略微偏高，但从各年龄段来看，校友捐赠的可能性几乎没有太大变化（见图6-7）。也就是说，校友的家庭年收入和年龄的交互效应对校友的捐赠没有显著影响。由此可见，如果仅以经济收入来寻找潜在的捐赠校友，就会出现偏差。

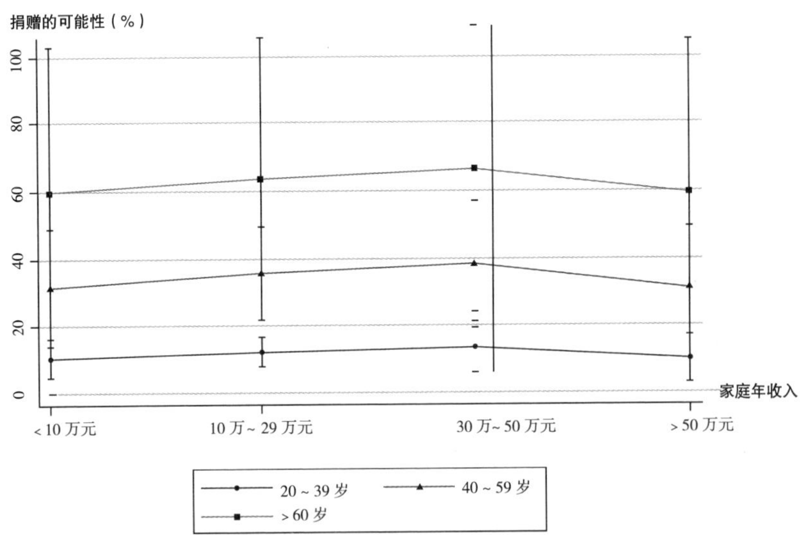

图6-7　年龄、家庭年收入与校友捐赠的可能性（中国）

依据大学校友捐赠排行榜数据的一项国内调研发现："大学的'造富能力'和校友的'创富能力'是影响校友捐赠的关键因素。"[①] 该研究强调校友的经济能力决定校友捐赠。经济收入能力与大额捐赠相关无可厚非，但是从更普遍的意义来说，校友的经济收入对其是否捐赠没有显著影响，校友的经济收入更可能影响的是校友捐赠的额度大小而非捐赠意愿。

三、中美高校潜在校友捐赠者识别策略比较

（一）以捐赠历史和校友身份信息作为分割标准

分割是筹资工作中的专业术语，指基于一定标准将所有潜在的捐赠者分割成不同层次，结合捐赠历史和个人信息分析对所有校友进行定位识别。目前，美国高校最常用的分割方法是基于捐赠历史数据和个人背景信息区分潜在捐赠者，从而开展不同策略的劝募，采用"因人而异"的劝募手段以达到劝募效果。具体的历史数据包括捐赠次数、每次的捐赠额度、捐赠年份、捐赠的项目名称等。除了捐赠历史以外，个人背景信息也是识别潜在捐赠者的重要支撑，主要信息包括性别、年龄、专业、学位获得情况、职业信息等。捐赠人的捐赠次数、额度及职业信息通常被视为"捐赠者能力"的代表性衡量指标，这些信息间接暴露捐赠人的经济能力情况，这也是大多数高校普遍采用的分割指标。

通过对中国 B 大学基金会管理人员的访谈，我们发现，目前该校主要以捐赠历史和校友职业作为识别标准。由于 B 大学缺少校友信息数据库，已捐赠人的信息或知名校友信息是识别捐赠人的主要依赖标准。因此，劝募目标

① 赵德国、冯用军、蔡言厚等:《"中国校友网 2011 中国大学排行榜"引发的思考——兼析"校友捐赠"与大学的"造富能力"》,《中国高等教育评估》2011 年第 1 期。

非常集中且类型单一，主要聚焦一些企业家校友，以求增加大额捐赠，对更广泛的校友劝募和分割策略仅以校庆为主要募捐节点。

美国 M 大学拥有强大的校友信息数据库，详细记录了捐赠历史信息和校友个人背景信息。据该大学基金会管理人员介绍，目前采用的分割标准主要是通过捐赠历史和经济状况来评估捐赠能力。表 6–2 所示为美国 M 大学根据校友捐赠的捐赠历史进行分割的情况。根据研究调查结果，可以发现年龄和获得学位状况可以作为校友潜在捐赠者识别的标签，分割潜在捐赠者时参考年龄和学历可以提高识别准确率，大大提升募捐效果。

表 6–2　美国 M 大学潜在捐赠者分割案例

代号	分割结果	分割依据
1	A 项目 当前捐赠人	FY16
2	A 项目 终止	FY15、FY14、FY13、FY12 捐赠 A 项目
3	A 项目 潜在捐赠者	FY11、FY10、FY09、FY08、FY07 捐赠 A 项目
4	A 项目 潜在捐赠者	250 美元捐赠 + 过去 5 年连续捐赠，非首次捐赠，FY16、FY15、FY14、FY13、FY12
5	A 项目 潜在捐赠者	过去五年捐赠 100 ~ 249 美元，评估捐赠能力为 1000 美元，非首次捐赠，FY16、FY15、FY14、FY13、FY12
6	A 项目 潜在捐赠者	非捐赠者活动参与者，FY16 评估捐赠能力为 1 万美元 +

资料来源：美国 M 大学基金会人员关于 M 大学基金会运营情况的介绍。

根据美国 M 大学基金会管理人员的访谈得知，以“捐赠历史”作为捐赠人识别和开展募捐工作的主要依据，是一种普遍使用的劝募手段。图 6–8 为筹资管理中捐赠人金字塔模型，该金字塔模型体现了筹资工作者“发展”捐赠人的管理思维，即“阶梯式发展”，将单次捐赠者发展为重复捐赠者，将长期稳定的捐赠者发展为大额捐赠者等。以个人背景信息、捐赠历史作为识别捐赠者在筹资工作初创期是首选策略，其优势在于可实施性强。在操作过程中，这种方式也存在一定的缺陷：管理者锁定目标常常集中在已经捐赠过、捐赠数额较大的人，往往忽略了未曾捐赠过、捐赠次数少、捐赠额度小的捐赠者。

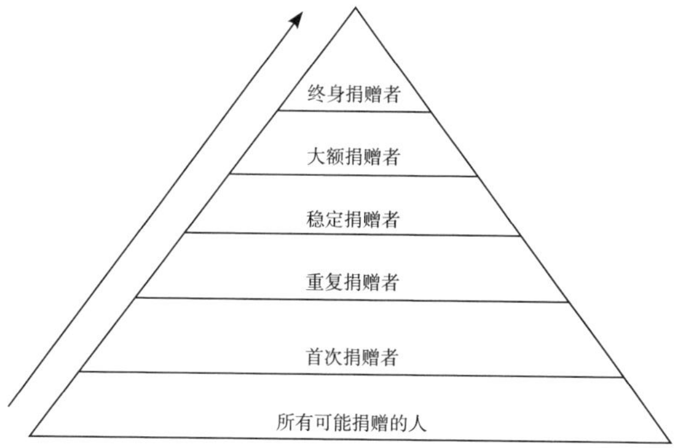

图 6–8 捐赠人金字塔模型

（二）建立信息库以校友的终身价值为分割基准

分析捐赠历史和个人捐赠信息，是易操作的识别潜在捐赠人的方式。但这种方式具有指标单一的局限性，因此以捐赠历史、捐赠额度、捐赠次数为识别标准可能会忽略大量潜在捐赠者。实际上，在中国 B 大学，2/3 被调查者为潜在捐赠者，其中 20 ~ 39 岁的校友占了 88.5%，1/3 的潜在捐赠者的家庭年收入为 10 万 ~29 万元，潜在捐赠者中获得博士学位的校友占 22%。他们都是大有潜力的潜在捐赠人。对比本研究中校友捐赠者的背景特征标识，中国 B 大学缺少校友信息数据库，大多数募捐工作仅将已有捐赠经历的校友或知名企业家校友作为重点挖掘对象，因而很可能流失大量潜在捐赠者。美国 M 大学拥有强大的校友信息数据库，详细记录了捐赠历史信息和校友个人背景信息。据该大学基金会管理人员介绍，目前采用的分割标准主要是捐赠历史及个人背景信息中的年龄和捐赠额度。美国 M 大学有意愿捐赠且从未捐赠的校友主要集中在年收入为 5 万 ~ 9.9 万美元（占 37.6%）及 15 万美元以上（占 24.5%）。如果按照目前的分割标准，美国 M 大学也会忽视大量潜在捐赠者。

如何弥补这种分割方式的缺陷呢？利用终身价值的概念，可以提升对潜在捐赠校友的识别成功率，也可以培养捐赠人。终身价值（lifetime value）的含义是“个人在一生中产生的净余贡献”[①]，其作用在于测量一位捐赠者对捐赠组织在关系存续时期内产生的价值。要计算校友的终身价值，首先要评估筹资过程中的沟通联络成本，比如信件、感谢信、电话沟通费用、活动组织费用等。将这些成本扣除，基于捐赠历史估计校友长期乃至终身的贡献价值。通常，校友会或大学基金会的筹资数据库有大量小额度捐赠者（捐赠人金字塔中的底层），也有少数大额捐赠者（捐赠人金字塔的顶层）。大部分的捐赠者位于金字塔的底部，在以捐赠历史作为分割方式时，容易陷入主观判断陷阱，忽视小额捐赠人或从未捐赠过的校友。终身价值理念认为，校友捐赠的劝募过程需要一定时间和成本，因此考虑到筹资的经济成本和捐赠关系期限之后对校友的终身捐赠能力进行分割。计算筹资经济成本后，基于捐赠历史和其他信息评估校友的终身捐赠额度，假如校友终身捐赠额度为50万元以上，那么该校友将升级为重要潜在捐赠人（见图6–9）。在捐赠历

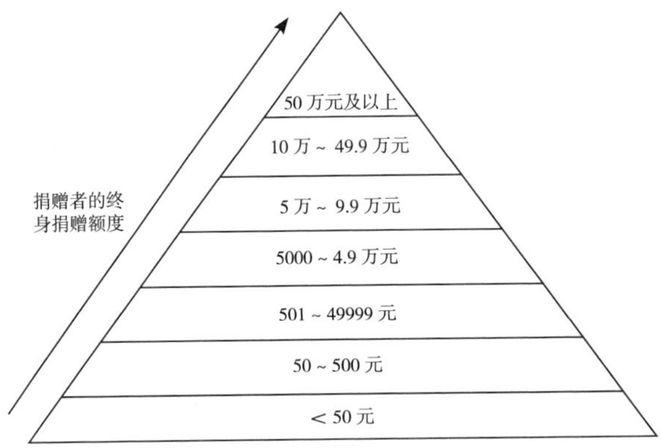

资料来源：Sargeant A., Shang J., *Fundraising Principles and Practice*, Jossey Bass, 2010, p337.

图6–9 捐赠者终身价值金字塔

① Bitran G., Mondschein S., “A Comparative Analysis of Decision Making Procedures in the Catalog Sales Industry”, *European Management Journal*, Vol.15, No.2（1997）, pp. 105–116.

史和个人身份信息以外考虑校友终身为母校捐赠的价值并以此进行分割，可以改善寻找潜在捐赠者的成功率。校友终身价值的评估需要相当完善的校友信息库作为支撑，以之作为高校开展筹资工作的前期投入十分必要。

第二节　中美大学校友捐赠的情感影响因素比较与分析

“关系凝聚”是校友对母校情感影响机制的核心，是激发校友捐赠行为发生的一个重要环节。根据社会交换理论，“关系凝聚”的产生影响了捐赠行为结果，积极的情感激发校友回馈之心。在此简单的因果链关系中，本研究还发现不同情感因素对校友捐赠意愿的作用程度存在差异。大学满意度、归属感、校友捐赠责任感对校友捐赠意愿有了不同程度的影响，且在不同文化背景下这些情感要素对校友捐赠意愿的影响程度存在差异。

一、大学参与对校友捐赠影响机制中“关系凝聚”的中介效应

大学参与是校友在读期间及毕业后与母校产生联结的方式，实证研究结果发现，大学参与对校友捐赠行为有积极影响，既包含直接影响也包含间接影响。这与国外研究结论一致：在校期间参与学术活动、课堂外活动、与教师或其他教职工接触较多的学生比参与度低的学生捐赠的可能性大。[①] 中国 B 大学校友在“大学参与”维度平均值为 2.11，校友普遍参与大学各类活

① Monks J., “Patterns of Giving to One’s Alma Mater Among Young Graduates From Selective Institutions”. *Economics of Education Review,* Vol.22, No.2 (2003), pp.121–130.

动的频率介于“很少”与“有时”之间。其中，“参加学校组织的心理咨询、就业指导等活动”的参与频率极低，70%的校友在校期间很少参与大学提供的支持服务活动。另外，B大学“校友参与”的平均值为2.24，大部分校友参与频率介于“很少”与“有时”之间，校友参与校友活动、参与母校活动频度低。B大学校友“关注母校的新闻和信息”“保持与其他校友联系”频率很高，而“参与校友会活动”“参与有利于母校学生的活动”“参加院系组织的活动”“做母校志愿者”的参与频率很低。美国M大学“大学参与”维度平均值为2.12，校友普遍参与大学各类活动的频率介于“很少”与“有时”之间。其中，“参加学校组织的心理咨询、就业指导等活动”的频率最低。“校友参与”维度的平均值为3.57，介于“有时”和“常常”之间。相较而言，美国大学校友在“参与校友会活动”“保持与其他校友联系”“关注母校的新闻和信息”方面的参与频率较高。总体上，两所案例高校校友在校期间参与学校支持性服务如就业指导、心理咨询服务较少；毕业后与母校建立联系的主要方式是关注母校新闻和信息、参与校友会活动及保持与其他校友联系。

在校友捐赠的情感影响机制中，校友在读期间的学术参与、社会交往及毕业后参与母校校友活动是情感影响机制的发端。校友与母校的关系建立，在很大程度上取决于他们参与学校的活动。学校为校友提供的人文环境，使得学生和学校之间实现“学术融合”“社交融合”，进而凝聚校友。“学生与学校的融合，在很大程度取决于他们参与学校的活动，投入学校和这种参与不仅是学生学业成就、人格发展的前提，也是未来进入社会的提前预演。”[①]

本研究以“大学参与→校友捐赠”模型为基础，以学生参与理论中“大学环境”概念为支点，以校友的大学参与过程对校友捐赠的影响为研究

① 程星：《世界一流大学的管理之道：大学管理决策与高等教育研究》，北京大学出版社2011年版，第92页。

思路，确定中美校友捐赠情感影响机制的模型假设，即“在大学参与环境中产生积极的情感从而产生额外的付出”。结合文献综述和相关理论，在实证研究中将大学满意度、归属感、校友捐赠责任感作为校友捐赠的情感因素，进一步探寻校友捐赠的情感机制。中美两所案例高校开展的实证研究结果基本验证了上述校友捐赠的情感影响机制：“大学参与→关系凝聚→捐赠”。“关系凝聚”的情感要素作为大学参与作用与校友捐赠的中介变量，通过大学参与产生“关系凝聚”，激发校友“捐赠”。情感动因对校友捐赠具有十分显著的积极作用，印证了“参与越多，关系凝聚越强，产生额外付出”的研究假设。

二、归属感对中美校友捐赠的影响效应分析

（一）归属感对中国大学校友捐赠的影响效应最强

研究者把归属感定义为“在某个系统或环境中个人投入的体验以至个体感到自己成为这个系统或环境中不可缺少的一部分”。归属感包含两个定义特征：一种被其他人、群体或环境所重视和需要，并被认为是重要的心理感受；通过分享或相互补充的个性与其他人、群体或环境感到适应或和谐。①

本研究发现大学参与对校友捐赠与否有间接影响，以归属感作为中介变量，间接作用于校友捐赠行为。积极的大学参与有利于对母校产生归属感。回归分析显示，归属感与校友捐赠意愿也呈显著的积极相关关系。相比对大学的满意度和大学参与的直接作用，归属感是影响中国 B 大学校友捐赠的重

① Hagerty B. M. K., Lynch-Sauer J., Patusky K. L., Bouwsema M., Collier P., “Sense of Belonging: A Vital Mental Health Concept”, *Archives of Psychiatric Nursing,* Vol.6, No.3 (1992), pp.172-177.

要情感因素。计量模型中，校友归属感越强，校友越有可能向母校捐赠，对大学的认同程度每增加一个单位，校友向母校捐赠的机会比增加 38%。归属感与校友捐赠行为的直接效应为 0.833，表明当归属感提升，校友向母校捐赠的可能性增加。

中国案例高校中，校友捐赠的情感影响因素以归属感的影响作用最明显，基于校友的归属感预测校友捐赠可能性，归属感越强的校友向母校捐赠的可能性越大（见图 6–10）。具体而言，对母校归属感较低的校友的捐赠可能性为 4.1%，拥有强烈归属感的校友的捐赠可能性为 22.4%。在其他因素保持均值时，校友归属感从弱到强可以提高校友捐赠 18% 的可能性。本研究结论对已有研究进行了补充，首次从实证角度讨论校友归属感对校友捐赠的影响作用。

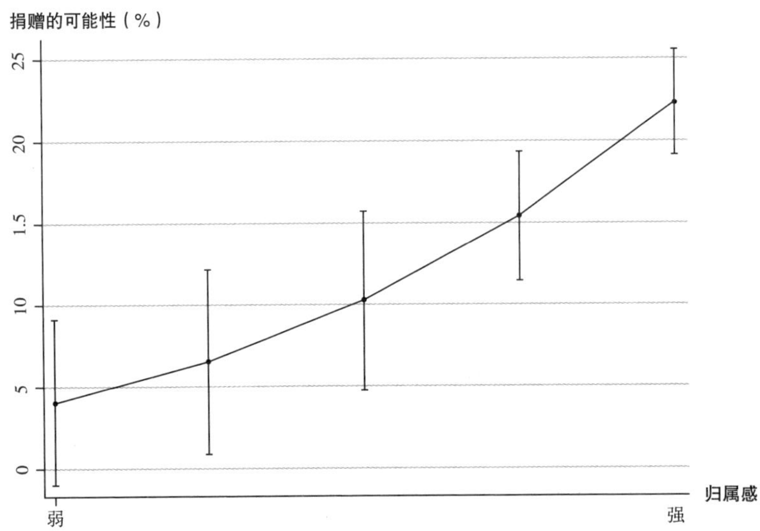

图 6–10　归属感与校友捐赠的可能性（中国）

就 B 大学校友归属感而言，52.3% 的校友高于归属感的平均值，属于强归属感；47.72% 的校友低于归属感的平均值，属于弱归属感。这说明 B 大学校友整体归属感并不高。题项里，26% 的校友在“在 B 大学，我参与了很多活动”

题目上表示不赞成；21% 校友在“当我遇到问题时，至少可以向一位老师或工作人员倾诉或寻求帮助”题目上表示不赞成；19% 的校友在“在 B 大学，当我获得成就时，会被关注”题目上表示不赞成。说明近五分之一的被调查校友在就读期间活动参与度低；当面临挑战时缺少学校的支持和帮助；就读期间未获得关注和认同。整体上，对大学认同程度题目的赞成比例较高。

> 对大家来讲就是一种情感，就是在 B 大学这个四年大学学习来讲，不仅仅是在这儿学习知识，更多的是学习做人的道理。特别是学术环境，学生除了课堂以外，有很多讲座活动，文化活动也非常丰富、非常有益。（XJ，2017 年 11 月 13 日）

> 给我很多影响或者说很多回忆和意义的是我参加了各种活动吧。我记得在体育馆的很多决赛，我也会去看，包括游泳、各种社团活动及交谊舞培训，我还去参加了很多这样的活动，我觉得体验还是蛮丰富的……我认为好的大学就应该是这个样子的。（CJL，2018 年 1 月 29 日）

归属感是学生对学校的依附和认同，产生于大学体验的学术融合和社会融合。无论是在校还是已经毕业了，通过参与大学的教学活动、社会交往体验或校友活动体验都可以促使校友产生积极的情感——归属感。参与学校的学术活动、社会交往活动或校友活动的频率越高，校友获得的归属感越强。尊重和认同学生及良好的师生关系等诸多身心发展体验也有助于校友产生对母校的认同感和依附。早期形成的这种关系凝聚产生的“关系持续”和“额外付出”，是校友向母校回馈的情感机制。本研究结论与先前研究结论一致，低参与度的学生对学校的归属感降低程度最大，[①] 校园生活经历会积极影响校友对大学的情感依恋 [②]。综上所述，我们证实了学生的参与同归属感显著相关。这一结果表明，广泛参与大学活动的学生对母校的归属感更强。因此，本研究也填补了关于校友归属感前因的研究空白。

相比之下，中国校友在大学期间的学术和社会活动参与度明显更高。此外，中国样本学生对归属感的参与程度的参数估计比美国样本更强。这可能是由集体主义和个人主义的文化差异造成的。中国高度的集体主义文化强调群体的整合，人际关系占主导地位，社交关系是信息的主要来源；具有集体主义倾向的社会注重集体内部关系，关心大家庭和牢固的集体关系。因此，人人都渴望融入“集体”，忠诚于集体利益和价值观。相比之下，在个人主义社会中，人与人之间的联系是松散的，只参与他们感兴趣的和对自己有益的事情。因此，中国的校友可能会努力适应大学的集体生活，并倾向于投入更多的精力和时间在校园人际互动（如与教师、工作人员及同龄人）和课外活动中。这可以解释为什么在集体主义文化中，学生的参与对归属感有更大的影响。

（二）中美高校校友归属感下移的表现和影响

梅勒提出个人是多种身份的集合，在大学组织中拥有多种次级校友身份。本研究中，发现校友归属感对校友捐赠具有积极影响，更重要的是在焦点小组讨论和个人访谈中，发现了校友归属感下移现象，这也恰恰符合了梅勒提出的次级校友身份的概念。归属感下移的具体表现为，校

① DeNeui D. L. C., “An Investigation of First-Year College Students’ Psychological Sense of Community on Campus”, *College Student Journal,* Vol.37, No.2（2003）, pp.224–234.

② Strayhorn T. L., *College Students' Sense of Belonging: A Key to Educational Success for All Students,* New York: Routledge, 2018, pp.218–345.

友认为他们与自己所学专业或所在社团的关系更紧密，对自己所属院系和社团的忠诚度更高。归属感下移对校友捐赠的直接影响在于，他们更愿意向自己所在的院系和参加过的社团捐赠。在样本访谈中，中美校友均表露出这种意愿。

在对美国高校的调查中，校友归属感下移现象非常普遍，校友向二级院系和各种社团捐赠也属常见。校友对二级院系的归属感更强、忠诚度更高，主要原因是学校规模较大、学生就读身份为半工半读以及与自己所在院系的联系更加紧密。校友因为对自己所在的专业院系的忠诚度更高，所以更频繁地支持院系。

> 作为一个兼职的 MBA 学生，我通过网络上课，与我的院系联系更加密切。（焦点小组 3，马修，2017 年 8 月 31 日）

> 我在 M 大学攻读博士学位，非常满意我的研究生助理的经历，对我在所在院系的学习生涯非常满意。我对他们非常忠诚。我会常常向我所在院系捐赠，他们更需要我的捐赠。（焦点小组 1，琳达，2017 年 8 月 29 日）

美国大学大多数二级院系和学生社团都成立了基金会，为校友提供了捐赠平台。美国 M 大学 12 个院系成立了基金会，成立了 23 个学生社团基金会。在大学捐赠日，每个机构都会自主开展各种劝募活动，校友有更多选择向自己的院系和社团捐赠。表 6–3 中截取了 2018 年 3 月 7 日 M 大学捐赠日排行榜前五名的社团和院系。可见，美国 M 大学为校友提供了归属感下移的情感抒发渠道，成立了院系基金会和学生社团基金会，也提升了捐赠收入。

表 6–3　2018 年 M 大学捐赠日捐赠排行榜（前五名）

排名	学生组织（捐赠数）	院系（捐赠总额，美元）
1	马术社团（195）	行为与社会科学学院（299433）
2	女子极限飞盘俱乐部基金（147）	计算机、数学和自然科学学（132567）
3	女子橄榄球俱乐部基金（132）	体育学院（62855）
4	俱乐部运行基金（87）	工程学院（60291）
5	宿舍管理助理奖学金（70）	教育学院（59010）

在对中国 B 大学基金会和校友会工作人员的访谈中，我们发现，B 大学校友在捐赠时普遍优先选择联系自己所在院系，通过院系商讨好如何捐赠再与学校基金会衔接。据校友会工作人员介绍，校友返校、班级聚会通常与对口院系联系，校友总会提供支持服务。然而，B 大学目前仅少数学院设立了校友接待办公室，校友总会于 2016 年设立校友接待室。B 大学 68% 的校友的捐赠目的是"支持自己所在院系"。我们在访谈中发现，校友向院系捐赠，导师在这一过程中起到重要作用。一位校友向自己院系捐赠 400 万元奖学金，她尤其强调自己捐赠决策过程中受到导师"磁场"吸引，是导师给了她做捐赠的"机缘"。导师对学生爱护和支持等特殊情感以及导师的治学精神与个人魅力是吸引校友反哺母校的"磁场"。

我问张老师是否有合作空间，他听到后很开心，立即商量。我说一定要是从贫困、立志成才这个角度切入。张老师也非常开心，我们可以着手一起去做一件有意义的事情。就是这个缘由，然后就有了我们这个励志奖学金，所以要非常感谢张老师。因为张老师跟我分享过他的经历，很触动我的心，他也是从困苦环境中成长起来的，他从事扶贫研究也是有这个原因的。因为他自己亲身经历，所以他也想用他的方式来帮助这些需要帮助的人。联想到我的家庭和成长，我们一拍即合……每个人心里都有这种善心，但是真的要有一个东西把它点亮。除了自己的能力以外，我觉得还需要机缘，所以我常说“磁场”很重要，我从张老师这里获得了启发。（XJH，2017 年 11 月 30 日）

在中国 B 大学，校友归属感下移的现象并未得到学校的重视，二级院系及学生组织没有开放捐赠渠道。造成这种现象的原因有两点。一是劝募或是处理捐赠相关工作没有得到院系的重视，工作人手不足。B 大学校友会总会在编 3 人，共 5 位工作人员，二级院系将校友接待事宜均作为院办联络工作，没有专门人员团队。二是捐赠资金管理权限集中在大学基金会，二级院系没有独立接受捐赠基金的权力。

中美高校校友归属感下移现象非常突出，应采取积极的应对措施建立二级院系和学生组织团体校友沟通联系，为校友提供归属情感抒发渠道。开通二级院系和学生组织团体的捐赠渠道，是应对校友归属感下移现象的一大途径。

（三）增强校友归属感的切入点：师生关系和大学体验

综上所述，增强校友归属感的切入点有二。一是要改善师生关系，给予学生鼓励、指导和认同，关注学生，尊重学生。校友归属感的强弱程度受到师生关系的影响，被教师认同和接纳是校友产生归属感的一个重要特征。具体而言，“被教师认同”一方面体现在“获得教师的关注”，另一方面体现在“被教师尊重”。在调查中，师生关系影响归属感主要表现在四个方面。其一，由于班级规模大，师生互动和交流机会少，因此很难获得教师的关注。

其他同学、一些教授和工作人员让我常常感到自己是一个“局外人”，我想这是我感觉从来不属于这个大学的主要原因，而且这

种感受一直没有改变过。（问卷中的开放式问答，帕特里卡，2017年8月3日）

其二，与教授关系不融洽，教授对学生的研究成果轻蔑不屑，不尊重学生。

M大学是一所规模庞大的大学，校园面积大，班级规模也大。在头两年，我感到要获得老师的关注非常困难。（问卷中的开放式问答，兰斯，2017年8月23日）

其三，在大学期间被同学和老师认为是“外来者”，毕业后依然没有改变这种排斥感。

当我在专业学习中遇到问题的时候，我与我的教授之间存在令人不愉快的交流，我感觉他都不愿理睬我，我总是被忽视。要是我曾经被倾听过、被重视过，我对向M大学捐赠的看法会有所改变。很遗憾，因为这种经历，我感觉与M大学并没有关联，也没有兴趣向M大学捐赠。（问卷中的开放式问答，乔尼，2017年8月9日）

我接触的教授叫我“外来者”，说我的研究是毫无价值的东西。我上课的班级规模常常都很大，教授们没有机会了解每个学生，除非你在教授接待学生的特定时间段单独去找他们。（问卷中的开放式问答，维多利亚，2017年8月9日）

其四，教师在一些较为敏感、易冒犯个人宗教信仰或是政治信仰的问题上进行课堂公开讨论，让学生产生抵触和不被尊重的感受。

> 上课教师的性观点开放，让学生感到不被尊重，因而向其他大学捐赠。个别教师会在课堂上发表公开的性话题言论。我为此感到很不舒服。我在另一所大学获得MBA，在那儿的经历非常不一样，我感觉受到了尊重，因此我会向这所大学捐赠更多。（问卷中的开放式问答，杰西卡，2017年8月17日）

增强校友归属感的第二个切入点，是由于通勤生、地理距离、大学校园面积大会影响校友参与大学活动、校友活动，进而影响他们对大学的归属感。通勤生参与学校活动少，难以融入校园生活。美国高校通勤生比例大，由于时间和空间限制，通勤学生难以参与大学活动。

> 我忙于工作，住在家里，所以很难成为学生活动组织的活跃分子。作为一个非住校生，想融入校园并参与大学活动非常困难。（问卷中的开放式问答，2017年8月26日）

地理距离也会影响校友归属感的形成。校友居住地点离校区距离远，影响校友参加大学活动。

> 我生活的地方让我不得不放弃参加许多校友活动。我受到纽约市的校友活动邀请，我需要花费6个小时从布法罗市赶过去，这令人非常沮丧。（问卷中的开放式问答，菲利普，2017年8月23日）

校区面积太大、人际互动少，在其他城市没有校友联络组织，因此校友没有归属感。

在M大学，通常我感到迷失，因为学校规模大，没有私人交流联系。在华盛顿特区以外的城市很少有校友间的联系，M大学也不像其他一些公立大学有名。（问卷中的开放式问答，尼拉吉，2017年8月3日）

此外，在美国M大学，对学校的管理决策和大学宣扬的政治立场是校友“对大学的认同”具体内容的体现。有校友因M大学校长提出放弃“少数运动项目”（比如游泳、网球运动）而拒绝继续支持母校。学校过于强调政治活动，甚至在教学中宣扬政治立场，而将学生和教学放在第二位，引发校友对母校的不认同、不支持。

M大学校长提出放弃“少数运动项目”，比如游泳、网球运动。当董事会辞退校长时，并且M大学将游泳恢复为第一梯队的运动（学校重点运动项目名单）时，我会考虑再次支持M大学。在此之前，M大学将不在我支持的高等教育机构之列。（问卷中的开放式问答，罗伯特，2017年8月26日）

作为M大学毕业生，我感到骄傲，但是政治诉求不应该存在于学术之地。我不想左派和右派的政治观点充斥整个写作、生物等课堂里。大学是教授学生而不是在向学生传道。（问卷中的开放式问答，维森特，2017年8月10日）

M大学给我的印象是，该校学生的成功和教育是第二位的。教师的科研和政治活动高于为学生提供深入学习的目标（焦点小组2，罗纳德，2017年8月30日）

在路径分析中，大学参与对归属感会产生积极的影响关系。毋庸置疑，大学的校园文化基于厚重的发展历史以及鲜活的校园活动。营造良好的“融合经验”“参与经验”是大学校园文化外显的形式。在美国，有学者认为美国大学刻意营造的“经验”能够经得住时间的考验，这甚至关系到学校的存亡。“向母校回馈是他们就学经历沉淀后化为美好记忆的一种自然表达方式。”[①] 只有充满深厚文化底蕴、富有独特校园传统的大学，才能对其校友产生向心力，这一观念在以校友为衣食父母的美国私立大学更是深入人心。校友对母校的记忆不仅是在学期间无数细碎经验的汇总，而且这些经验还要经受时间的冲刷。信息时代，学生在学校所学的知识变得越来越不重要，知识更新速度使得大学的所学所得很快就会陈旧过时。但是，这个学习的“过程”则会成为他们大学经历中最为宝贵的财富。基于校友捐赠的情感影响机制解构大学校园文化，即用心营造“大学参与”并在过程中凝聚情感。在美国，州立大学和私立大学的区别在于为学生营造大学经验方面下的功夫多少。私立大学为“校园文化”做出的投资是州立大学难以效仿的，这也是私立大学在校友捐赠方面获得巨大成绩的一个关键因素。

三、捐赠责任感对中美校友捐赠影响效应的差异

（一）捐赠责任感对美国大学校友捐赠的影响效应最强

“责任感”从词义上讲是指做分内应做的事，履行义务。心理学上，责任感是个体内化的行为规范或自我规定性。“责任感是一种重要的社会性品质，是自觉地把分内的事做好的重要人格特质，即个体对自我应负责任的自

① 程星：《细读美国大学》，商务印书馆 2015 年版，第 145 页。

觉意识与积极履行的行为倾向”。[①] 从心理学角度来看，捐赠责任感是个体积极参与捐赠或帮助他人的一种比较稳定的心理品质。校友将回馈母校作为“分内应做的事”是校友与母校之间的依存关系存在的一个方面，是母校得以发展的基础。

回归分析结果显示，美国 M 大学校友责任感对校友捐赠与否影响作用大于校友满意度和归属感。校友责任感越强，越有可能向母校捐赠，校友责任感每增加一个单位，向母校捐赠的机会比增加 37%。校友越是认为自己及整个社会有责任向母校捐赠，把向母校捐赠当作一件正确的事，他们捐赠的可能性越大。“校友责任感”的测量题项主要调查校友对回馈母校的看法。在控制最终模型中其他变量均为均值的情况下，低责任感的校友成为捐赠者的可能性为 28.9%，高责任感的校友成为捐赠者的可能性为 59.5%（见图 6-11）。

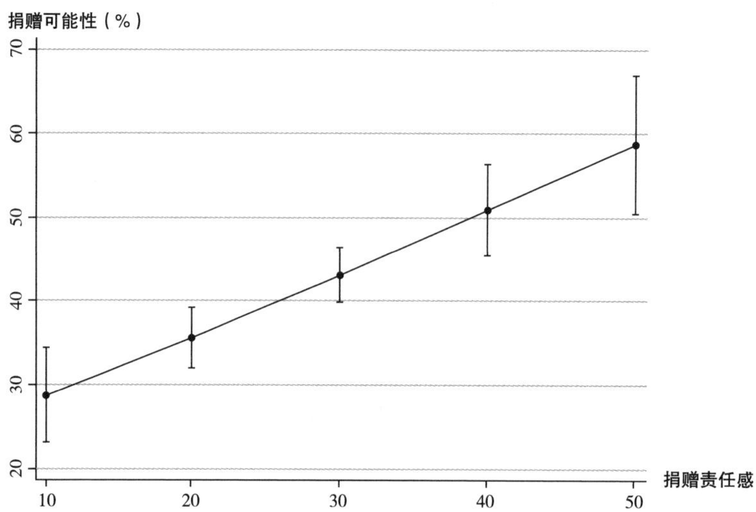

图 6-11 捐赠责任感与校友捐赠的可能性（美国）

美国高校校友捐赠责任感源于“收获感”和“非正式规范”。焦点小组

① 谭小宏、秦启文:《责任心的心理学研究与展望》,《心理科学》2005 年第 4 期。

讨论中，M 大学校友将向母校捐赠视为一种责任，是出于回馈母校的给予，因为“收获感”而产生捐赠义务。这种捐赠责任感也产生利他行为，校友捐赠的目的是希望其他校友（在校生）也可以同样享受这份收获。

> 我觉得向 M 大学捐赠是出于一种责任感吧，因为我非常喜欢在 M 大学度过的那么多时间……这只是一种感觉，因为我喜欢从 M 大学收获的很多东西，我也希望其他人也可以在 M 大学有所收获。所以我相信，当我在将来赚更多的钱时，我会捐赠。（焦点小组 3，杰西卡，2017 年 8 月 31 日）

校友向母校回馈的责任感来自“社会规范”和“角色期待”。这里所说的社会规范属于非正式规范，源于社会环境和社会文化。具体来说，向母校捐赠的责任感源于大学文化和校友捐赠文化。个人属于社会性动物，大学校友作为一种社会身份，在美国存在独特的社会角色期待，即回馈母校。在美国，校友捐赠传统深深地融入大学文化中，以不同形式呈现出来。M 大学的捐赠氛围来自历史遗迹——以大学校友名字命名的教学楼、餐厅、图书馆、活动室等充满了整个校园，以及每年每个季度开展的捐赠活动，特别是每年轰动全校、热闹非凡的 M 大学捐赠日活动。捐赠活动的横幅、广告遍布整个校园，从管理人员到在校生都会参与各种免费聚会活动，校友们也可以参与线上活动。纷繁的捐赠传统活动、饱含历史底蕴的捐赠雕塑或建筑、充满号召力的线上线下活动都是大学捐赠文化的显性内容，也彰显了母校对校友的角色期待——反哺母校。这些捐赠文化就像一种信号，宣扬的是感恩慷慨校友，同时传递了向母校捐赠是一件正确的事情的社会信息。在美国校友文化中，向母校捐赠是遵从一种符合校友身份的普遍行为，这种普遍行为是一种基于历史或传统意识的期望行为，受到文化等方面的影响。

从情感动因的影响机制结果来看，美国高校校友的捐赠责任感相对于满意度和归属感更容易被转化为捐赠行为。也就是说，如果在大学体验中形成了一种捐赠承诺或意识，那么这种情感更能激发校友的实际捐赠行动。正如一位校友在访谈中谈到的，这种捐赠责任感更容易受到其他校友行动的感染，感知到了校友捐赠的价值或对其他捐赠者行为的继承等，这些都是非正式的社会规范的影响。

> 作为一个 TERP（M 大学吉祥物）我非常自豪，作为校友我觉得有责任回报母校。我们的大学接受过很多慷慨之士的帮助，学生也受惠颇多，这种传承也该延续下去。我们有很多活动，比如为母校捐赠一块砖，这虽然捐赠额度不大，但是延续了前人的传统，延续了爱。回馈母校也非常值得，而且我的父亲也是这样做的，我们都是 M 大学的毕业生。（焦点小组 2，罗纳德，2017 年 8 月 30 日）

总之，校友捐赠虽然是一种自愿行为，不存在义务性，然而在感恩之心、母校对校友的角色期待、传统捐赠活动等方面形成了非正式的社会规范，大学文化塑造了校友捐赠责任感。也就是说，校友捐赠受到非正式的社会规范影响，这种非正式的社会规范影响来自捐赠历史、传统捐赠活动、回馈机制和宣传效应等。美国大学校友捐赠责任感的影响效力显著，也能体现出大学校园中营造的激发校友捐赠非正式社会规范发挥着很大的作用。而这种校园氛围并非短时间内可以形成的，需要历史沉淀和经验积累。

另外，校友捐赠责任感受到非正式的社会规范影响，但这种非正式的社会规范非常脆弱。捐赠责任感的影响力强，但并不能理解为美国校友是“普遍性地”拥有强烈的校友捐赠责任感。尤其是，近年来美国大学就读成本激增，政府经费的削减迫使大学使用市场经济手段进行日常运行，将大学成本分担主体转嫁到学生及家庭，学生和家庭面临巨大的学费负担。美国高校学生为完成学业承担了巨大的学费贷款压力。在众多校友看来，大学的私人属性增强，而公共属性减弱，自然地，他们向母校捐赠的意愿受到影响。统计上也可以看出，M 大学校友对是否有责任向母校捐赠存在差异：M 大学校友责任感的平均值为 3.69，被调查者对各个题目的认同程度介于“有点同意”和“同意”之间；部分校友不认为自己或他人有责任向母校捐赠；也有 29% 的校友非常不同意“我有责任向 M 大学捐赠”。

（二）中国校友捐赠责任感对校友捐赠的影响较弱

调查结果显示，中国 B 大学校友责任感维度的平均值为 2.1，各题项介于“不同意”和“比较不同意”之间。整体而言，B 大学校友对向母校回馈的责任感较弱，88.1% 的校友并不认同“我付了学费，所以我没有责任向 B 大学回报更多”，69.5% 的校友不认同“我有责任向 B 大学捐赠”，49.9% 的校友不认同“我认为其他人有责任向 B 大学捐赠”。大部分校友对向母校捐赠的责任持不支持态度，相比其他情感因素，校友捐赠责任感对校友捐赠的影响作用也较弱。回归分析显示，校友捐赠责任感是影响校友捐赠行为的重要情感因素；进一步分析表明，相比于美国高校，中国大学校友的捐赠责任感促使校友的参与转变为捐赠行为的作用较弱。

访谈中，校友认为这种捐赠责任感产生于“回馈母校给予”，因为通过母校获得了事业发展而产生回馈的责任感，但并不把责任作为决定性的捐赠原因。

> 我觉得有责任向母校捐赠，这一回到母校，包括老师、学长都非常支持我的工作。我是做教育的，我享受这些好处，那我应该有责任，需要做一点事情，比如把母校建设得更好，让母校在国际上

> 排名更高。母校给了我这些好处，所以我也愿意去承担这个责任，也有义务去做一些事情。但是我在决定捐赠时还是因为一种感情更多，不是因为想到这是我的责任。（ZXD，2018 年 3 月 6 日）

校友认为捐赠的原因并不是出于责任感，认为捐赠如果是出于一种义务，就会产生压力。

> 我捐赠，我不认为是因为出于义务。因为这个责任一旦有了的话，那就到了义务层面了，压力会比较大。（ZWJ,2018 年 3 月 7 日）

总体上，当校友对向母校捐赠具有责任感时，体现了向母校捐赠的积极态度，他们更有可能向母校捐赠。这个结果支持了先前的论断："捐赠行为源于个人意图。[①]"与美国校友相比，中国校友的捐赠责任感转化为实际捐赠行为更难。中国校友对"捐赠责任"的认同并不强。霍夫斯泰德的"权力距离"文化维度可以帮助解释为什么中国对大学捐赠的积极态度很少转化为实际捐赠。这种差异可能与中国在霍夫斯泰德的文化维度"权力距离"这一项上的得分高有关。权力距离较高，意味着中国文化背景下，正式权威占主导地位，在教育领域中体现为教育的财政经费由政府主导。高校的运行经费在很大程度上依赖于政府，导致高校抗拒承担筹资风险和额外的工作压力。这种文化差异本质上影响了社会大众对向高校捐赠的态度。访谈中，校友认为在中国教育财政制度下，大学的运转依靠的是政府拨款，私人资金的支持力量有限，大学并不需要校友捐赠，因此向母校捐赠并非出于一种责任感。

---

① Fishbein M., Ajzen I., *Predicting And Changing Behavior: The Reasoned Action Approach.* Psychology Press, 2010, pp.113–187.

> 因为我们国家的这种内部体制，我觉得在我们国家像这样一所大学的运转，主要还是靠政府，靠你个人的力量去维持这个大学的正常运转，其实是挺弱的，影响很小。几乎就不需要你，不需要你这几百块钱。（CNX，2018 年 1 月 14 日）

这种文化同时也影响了高校内部对筹资管理的态度。现实中，相比于美国高校对筹资的重视，中国高校的举措缺乏系统统筹和专业支撑。在中国高校里，筹资和校友管理工作在管理层面并不受重视，在人力和物力方面获得的支撑少。实践中，很少有成规模、成体系的筹款活动，这就是最直观的反映。

（三）塑造校友捐赠责任感的立足点：捐赠传统和收获感

在本研究中，美国高校校友捐赠责任感对校友捐赠的影响效应超过了归属感和满意度。也就是说，美国大学校友责任感对校友捐赠意愿的影响作用尤其突出。统计分析结果显示，相比于归属感和满意度，责任感对校友捐赠的影响效应最大。以往的研究中很少探讨捐赠责任感与校友捐赠的关系。捐赠责任感是校友把向母校捐赠的意识内化为一种行为的心理品质，具有自我规定性，认为校友捐赠是“分内应做的事”。

非正式的社会规范受到社会影响。美国高校环境中充满了激发校友捐赠责任感的社会影响。不少美国大学的成立就是依靠社会捐赠，历史文化奠定了向母校回馈之心是大学传统文化的基调。这种传统历史悠久，每一代学生在传递这种精神传统中强化了这种影响。它传递了一种信息——向母校捐赠是一件正确的事情。美国大学把回馈母校作为一种文化来培育，非常注重对学生进行慈善捐赠的文化熏陶，把主动向校友募捐看作一件很平常的事情。美国高校管理者认为，校友捐赠不是天生的，而是教育、培养起来的。尤其是美国私立大学保持的“代际平等”的安身立命原则，更是把校友捐赠培育作为筹资战略的一部分，因为这关系到大学的持续发展。在丰富多样的校友返校活动、沉淀已久的捐赠传统和回馈母校的校园文化氛围中，美国高校形成了一套共享的捐赠价值观念及使命。在校期间，学生就开始参与母校志愿活动与校友联谊活动，接受捐赠传统的熏陶、捐赠意识的渗透。在大学参与体验中形成校友之间、校友与母校之间充满感情的关系网络，这一彼此强化互动的关系也强化了校友捐赠的责任。校友捐赠文化的外在表现形式尤其突出，包括校友杂志、校友捐赠纪念建筑物、捐赠实时信息、第三方机构的捐赠排名、大学排名等，这些都是激发校友捐赠责任感的社会影响来源。从人是社会性动物这一属性出发，引入社会信息、社会规范、社会身份等社会性因素，常常能触发人们做出更符合社会福祉的捐赠决策，比如利用捐赠排名和其他人的捐赠意愿等社会信息动员人们做出捐赠决策。所以，向母校捐赠是遵从一种符合校友身份的普遍行为，这种“传统的期望”也成了一种非正式的规范。当校友感知到这种期望、校友身份的期待时，向母校回馈的责任感开始形成。“校友对母校的感恩、回馈以及大学对校友这种忠诚感的精心培育”这种独特的传统，被学者认为是美国大学成功的诸多要素中最不容易复制的一点。

塑造校友的捐赠责任感可以提高校友向母校捐赠的可能性。通过对美国 M 大学的分析，我们发现：校友捐赠责任感来自非正式的社会规范和在大学获得的收获感。为了塑造校友的捐赠责任感，高校可以立足于大学捐赠传统增加校友在大学期间的收获感。首先，非正式的社会规范产生于悠久的大学捐赠传统，通过各种捐赠活动营造回馈文化，强化校友身份背后的角色期待。通过建设人文环境（建筑、雕塑等）、举办传统的捐赠活动（美国大学的传统捐赠日活动等）等营造捐赠氛围，提高校友的捐赠意识，不断将捐赠意识转化为个人的行为规范。其次，捐赠传统的形成除了依赖大学已有的传统历史文化或传统捐赠活动以外，还依赖广泛的信息传播和对校友慷慨行为的积极宣扬。美国 M 大学教育基金会和校友会均在多个主流社交平台（如 Facebook、Ins、部门网站等）上实时更新捐赠信息。通过多样化的形式讲述捐赠故事，在 M 大学捐赠主页上有捐赠人采访视频、受捐助者感言文稿。校友认为大学所获得的名誉、成就都是建立在前辈的慷慨付出之上的。捐赠者认为个人和其他校友对母校所做的贡献一样，自己只是加入“施惠人”这一传统的行列中，对母校表示感谢的同时也将惠及以后的学子。最后，捐赠责任感也是因回馈感激而形成的义务感。校友因为在母校生活学习中有所收获而产生回馈之心，认为这是一种应该做的事情。校友在访谈中提及的收获感包括“找到很好的工作”“接受过学校心理咨询服务”“收获了朋友”“参与了自己喜欢的体育项目”等。校友的收获感不仅源于学习成果，也源于在大学期间获得的丰富社交体验。由此，为了培养未来的捐赠人，有必要树立“今天的在校生，明天的捐赠人”的理念，积极改善学校整体质量，提高教学质量和就业服务质量，立足于提升校友的收获感，丰富个体多元化需求的社会性活动。

四、大学满意度对中美校友捐赠的影响效应差异

（一）大学满意度对中国高校校友捐赠的影响较弱

中国 B 大学的调查结果显示，大学满意度与校友捐赠呈弱的积极影响关系。该样本中，被调查者对大学的满意度总体均值为 4.6，介于“比较满意”和“满意”之间。相比而言，校友对“学生资助服务”、“学生心理健康咨询服务”和“就业指导服务”的满意度最低，6.1% 的校友对母校的“就业指导服务”非常不满意，15.69% 的校友对母校的“校友服务”感到不满意。将满意度变量转换为二分变量，高于平均值的为“高满意度”，低于平均值的为

"低满意度"，53.9% 的校友属于高满意度，46.1% 的校友属于低满意度。总体上，被调查者对母校的支持服务满意度偏低，对教学服务满意度较高。实证研究发现，校友在对大学的满意度与校友捐赠有显著较弱的正面影响，也就是说，校友在对大学的满意度不高的情况下更可能会向母校捐赠。这与国外研究结论不太一致，蒙克斯（Monks J.）研究结果发现，大学满意度是影响校友捐赠的最有决定性作用的因素。① 这可能与西方大学教育奉行的消费主义观念有关，美国大学校友认为只有大学提供的教育"物超所值"才会激发校友捐赠。而中国大学教育观念中消费主义观念较弱：一方面，中国大学的运营成本以政府拨款为主，就读大学的费用普遍并不高；另一方面，中国家庭对大学的关注更集中在制度层面，比如高考制度等方面。上大学对普通家庭来说属于一种基本需求，"能上大学，能上名牌大学比经济成本更重要"。目前，国内关于校友捐赠的影响因素实证研究②③④中，对满意度的定义包括教育满意度、捐赠相关制度和政策的满意度。研究发现，以上满意程度越高，校友捐赠可能性越大。产生研究结果差异的原因可能与大学满意度变量定义有关。本研究中除了考量教育满意度，还包括了学校的支持服务满意度、校友服务满意度等。访谈中，校友认为 B 大学宿舍条件较为一般、校园拥挤等，但这不影响未来向母校捐赠。这可能也解释了中国校友情感要素之间是相互割裂的，对大学不满意但因为其他情感也会向大学捐赠。

---

① Monks J., "Patterns of Giving to One's Alma Mater Among Young Graduates From Selective Institutions". *Economics of Education Review,* Vol.22, No.2（2003）, pp.121–130.

② 陆根书等:《美国研究型大学开展社会捐赠的实践及其启示》,《高等教育研究》2006 年第 12 期。

③ 钟玮、黄文辉、郭樑:《高校校友捐赠影响因素实证研究——基于对清华大学校友的调研》,《高教探索》2013 年第 4 期。

④ 罗公利、刘惠明:《我国高校社会捐赠影响捐赠者决策的因素研究》,《哈尔滨工业大学学报（社会科学版）》2005 年第 3 期。

> 我感觉上学的时候还是有不满意的地方，比如我们的宿舍条件，但毕业了有一种回忆在，我还是愿意参与母校捐赠活动。而且，希望学校可以考虑资源分配合理，多考虑学校学生生活环境的改善。（CNX，2018 年 1 月 14 日）

> 我捐赠过 1000 元，对母校整体来说还是满意的。如果说 1 到 5 分去打分的话，我打 4 分，剩下的 1 分不影响我向不向母校捐赠。没有太多影响，这已经不是影响因素了。跟影响我们学校捐款的其他因素比起来，这个已经不重要了。（CJL，2018 年 1 月 29 日）

上述基于访谈对“大学满意度与校友捐赠是弱正相关关系”进行了解释，从统计分析来看，也可能是因为大学满意度与校友捐赠存在一定的适应性。也就是说，在一定范围内，校友对大学满意度越低，校友越可能向母校捐赠。但是，校友对大学满意度低到一定程度就会造成校友不捐赠，这种可能性有其合理的一面，但有待进一步的验证。

（二）“消费者剩余”激发美国高校校友捐赠

“消费者剩余”的概念源自新古典经济学派创始人马歇尔（Marshall A.）的《经济学原理》，指消费者的支付意愿减去消费者的实际支付量。消费者剩余衡量的是消费者自己感觉到所获得的额外收益。[①] 消费者剩余的计算公式为：消费者剩余＝消费者的评价－消费者的实际支付。因此，在消费者支付费用一定的情况下，消费者的评价越高，消费者剩余越大。

高等教育是一个知识产业，校友是客户，校友对大学满意度越高，产生

① ［英］马歇尔：《经济学原理》，朱志泰、陈良璧译，商务印书馆 1964 年版，第 5 页。

的消费者剩余越大。在教育产业化大潮的影响下，美国大学的消费主义倾向尤为盛行。受有限资源的影响，长达一个世纪以来，美国政府对高等教育的公共资助放慢，这导致了一个明显后果——几乎一流公立大学在财政与管理方面越来越像私立大学。美国公立大学学费上涨速度超过了同期消费者价格指数增长速度，急切地开始成本控制和加强公众投资导致公立大学走向商业化管理。[①] 另外，大学课程的设置也以市场发展为风向标，注重市场需求和个人需求的紧密结合，把营销学位作为高等教育运营导向。

满意度与校友捐赠有着积极影响关系，这与美国已有研究结论一致。在控制最终模型中其他变量均为均值的情况下，大学满意度从低到高，捐赠的可能性从 51.2% 提高到 71.7%（见图 6–12）。大学满意度对校友向母校捐赠的作用较强。本研究中，校友从支持服务、教学、校友服务等各方面对母校进行了评价。校友对母校的评价越满意，校友捐赠的可能性越大。也就是说，校友对母校感到高满意度，即产生“消费者剩余”，认为个人收获超过

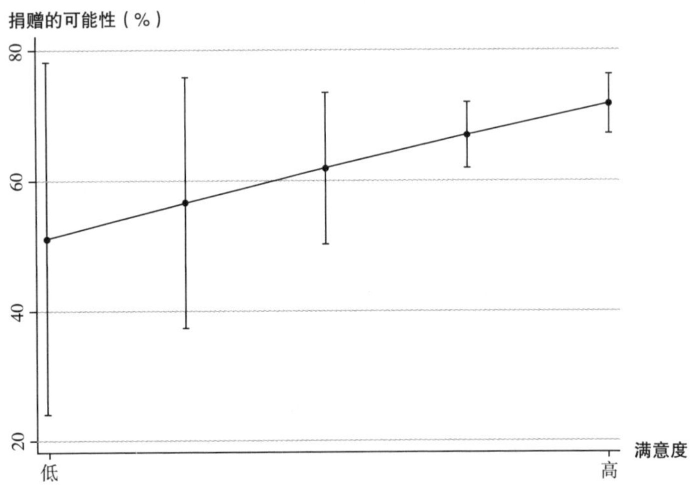

图 6–12　捐赠责任感与校友捐赠的可能性（美国）

① ［美］詹姆斯 · 杜德斯达、弗瑞斯 · 沃马克:《美国公立大学的未来》，刘济良译，北京大学出版社 2006 年版，第 87—106 页。

了实际支付购买的服务，继而激发校友捐赠。

（三）提高校友满意度的着力点：支持性服务和校友服务

“消费者剩余”是消费者的一种心理体验。在调查中发现，中美两所高校的支持性服务和校友服务的消费者剩余效应最大。图 6–13、图 6–14 中呈现了两所大学的校友满意度调查情况，整体上，就业指导服务、心理咨询服务、学生资助服务和校友服务的满意度较低，而教学服务方面的满意度相对较高。两所案例高校校友对就业服务的满意度均为最低，中国 B 大学 35% 的校友、美国 M 大学 30% 的校友对母校就业指导服务感到不满。

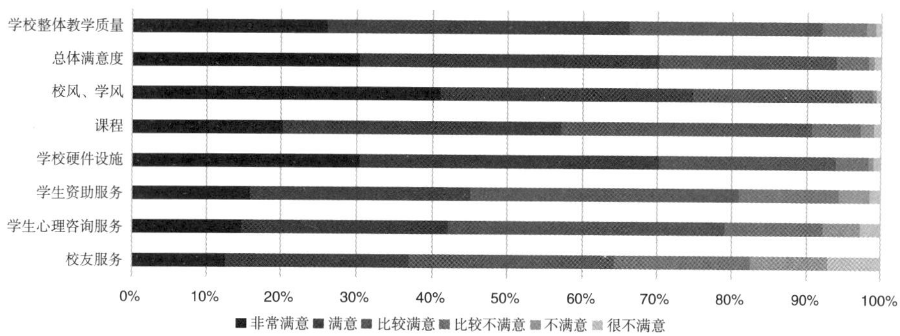

图 6–13　中国 B 大学校友满意度调查结果

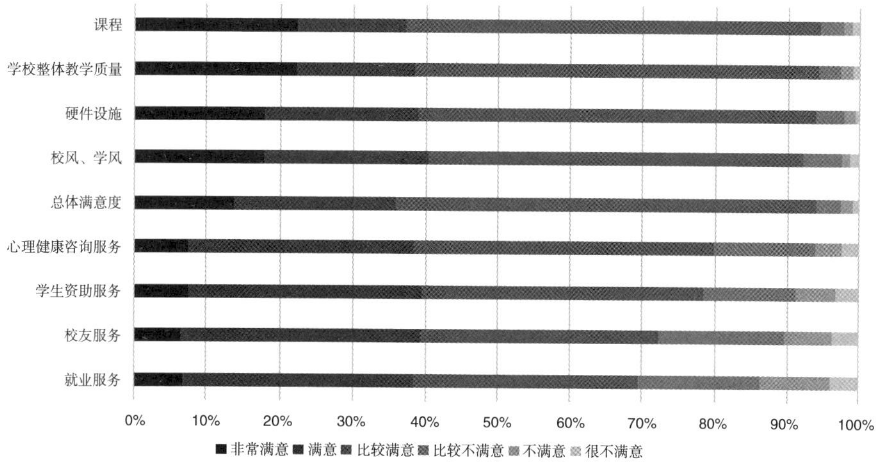

图 6–14　美国 M 大学校友满意度调查结果

校友对支持性服务和校友服务的感知满意度关系到“消费者剩余”的效应。支持性服务和校友服务在传统大学的教学职能以外，属于延展性服务。本研究发现，中美高校校友均对这些延展性服务的评价较低，这应该引起高校的重视。就业指导、心理咨询、学生资助服务应扩大受益群体，校友服务意识还有待增强，服务内容也有待丰富。

在访谈中，校友对学术体验的不满意度主要集中在与教师的关系，如对学术体验不满意、教授们对学生关心不够。

> 我对我在M大学的学术经历非常不满意，这里的课程没有挑战性，很少教授对我感兴趣，很少教授让我觉得这里的学习经历是值得的。总的来说，我觉得我在浪费时间。（焦点小组1，阿利森，2017年8月29日）

教授们只关心自己的职称评定，对学生不够关心。

> 我不会向M大学捐赠，因为大部分教师都不会在乎学生，他们在乎的是自己的终身教职。我真希望自己没有上过M大学。（问卷中的开放式问答，叶夫根尼娅，2017年8月9日）

由于班级大，所以与教师的互动很少。

> 在M大学，我的许多课程，上课人数非常多，很难、很少跟教师有交流互动。（焦点小组1，阿尼卡，2017年8月29日）

关于支持性服务，校友提及最多的是毕业生的就业服务和经济支持，在需要经济资助时母校未提供经济资助，让校友抵触向母校捐赠。

> M 大学向学生劝募，我觉得这非常滑稽。问到我的时候，我感到愤怒，因为我在大学期间需要经济资助的时候没有获得过帮助。（问卷中的开放式问答，亚历克西斯，2017 年 8 月 9 日）

一位校友在访谈中谈到捐赠的原因是，自己受益于校友捐赠而提供的心理咨询和职业咨询。

> 无论是心理健康咨询还是就业咨询，我都曾经获得过 M 大学的免费咨询服务。我认为这些资源非常重要。我非常感激为我提供了这些免费服务，而这些服务背后的经费来自一些人的捐赠。（焦点小组 3，谢尔顿，2017 年 8 月 31 日）

经费有限是影响这些延展性服务数量的主要原因，美国高校提供的就业指导或是心理咨询服务的经费并不来自财政拨款。在 M 大学，校友捐赠基金部分会用于向学生提供支持性服务。这些延展性服务均是有限服务，并不一定人人可以享受到，提供这些服务需要大学增加成本投入或倾斜资源以满足实际需求。

支持性服务的专业性是影响这些延展性服务质量的主要因素。就业指导和心理咨询服务皆需要由专业人员提供，才能给予咨询者准确、有效的建议和指导。

校友服务是校友对母校更直接关注的内容，提升校友服务满意度应注重服务的实效性和丰富性。在访谈中，有校友提出校友会会员服务的实用性偏低的问题。为了提供丰富的、实用性更强的校友服务，大学应该不断进行资源整合，挖掘校外资源，为校友、校友家庭、校友子女提供更多的服务，如校园赛事活动优惠票、校友就业指导、终身学习服务等。

第三节　中美高校校友捐赠的沟通影响因素比较与分析

一、信任感建立的共同基础：公信力

基于社会交换理论，平衡交换双方的权力的途径之一是建立相互信任关系。母校有使用、管理捐赠资金的权力，校友有捐赠决定权和监督使用权，校友与母校的捐赠关系离不开对彼此的信任。本研究发现，沟通动因中校友信任感和被劝募频率对校友捐赠具有十分显著的影响作用。已有诸多研究在非营利组织捐赠背景下论证了信任感对个人捐赠行为的积极影响[①②③④]。与已有研究结论一致，校友对母校使用捐赠资金的信任度越高，成为捐赠者的可能性越大。校友对母校的信任度是影响大学筹资沟通的重要因素。在控制最终模型中其他变量均为均值的情况下，中国 B 大学校友对母校的信任感由低到高，校友向母校捐赠的可能性从 8.9% 提升到 28.9%（见图 6-15）。美国 M 大学校友对母校的信任度低时向母校捐赠的可能性为 28.0%，信任度高的

① Burnett K., *Relationship Fundraising,* London: White Lion Press, 1992，pp.89–108.

② Saxton J., “A Strong Charity Brand Comes From Strong Beliefs And Values” *Journal of Brand Management,* Vol.2, No.4（1995）, pp. 211–220.

③ Sargeant A., “Charity Giving: Towards a Model of Donor Behavior”, *Journal of Marketing Management,* Vol.15（1999）, pp.215–238.

④ 侯俊东：《非营利组织感知特性对个人捐赠行为影响研究》，博士论文，华中科技大学，2009 年。

校友向母校捐赠的可能性为 50.1%（见图 6–16）。

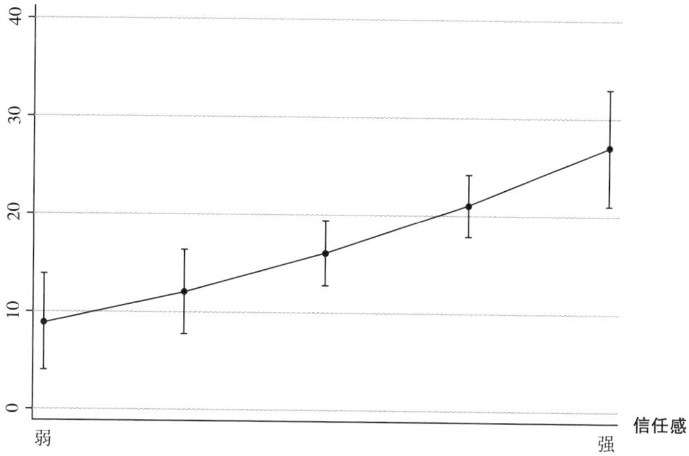

图 6–15 信任感与中国 B 大学校友捐赠的可能性

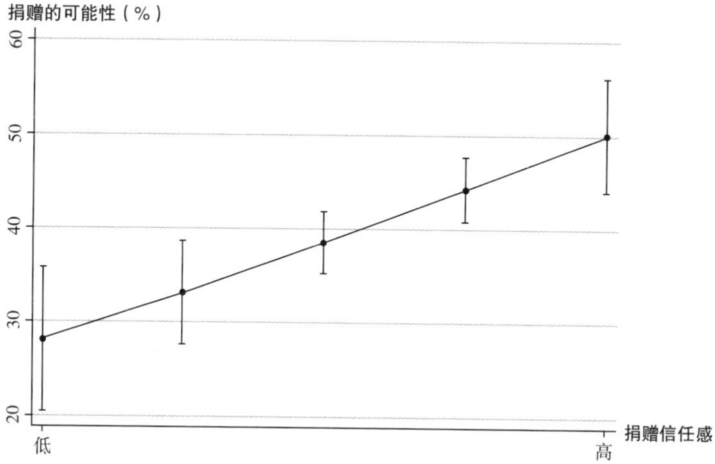

图 6–16 信任感与美国 M 大学校友捐赠的可能性

关于在“多大程度上，校友信任母校使用捐赠资金”，M 大学校友对母校的信任度平均值为 3.43，介于“比较信任”和“信任”之间，31% 的校友表示“比较信任”，16% 表示“比较不信任”或“不信任”；B 大学 33.9% 的校友“比较信任”，12.5% 的校友表示“比较不信任”或“不信任”。大学基金会的公信力是大众对大学使用捐赠资金信任感的来源。[①] 在访谈中发现，校友对母校的不信任感主要基于捐赠信息的披露，具体包括两个方面：捐款用途信息不明确，捐赠收入和支出信息缺乏透明度。

在访谈中发现，在劝募过程中，大学以邮件、网络信息或校友杂志传递大学筹款信息，但是信息中捐款用途表述不清或直接被忽略，如未提及捐款是否用于奖学金、为学生提供专业咨询服务等。如果在劝募中提及具体的用途，并且符合校友预期，那么校友更乐意捐赠。

> 我不知道捐赠会被用在哪里。如果 B 大学说有这个捐赠计划的话，它应该会告诉你这个钱会用在哪里。是吧？用在改善学校住宿条件，还是改善学校的校园环境，我都会愿意去捐。因为毕竟我在 B 大学里工作生活学习这么久。其实每个人都值得被留下一点点什么。（CNX，2018 年 1 月 14 日）

> 当我读到这封邮件时，我在想：是的，我的钱。我捐赠 50 美元、500 美元，这些钱会去哪儿？是奖学金吗？还是资助困难学生？还是用于向学生提供咨询？……我上过的其他学校（比如我的高中），它们的邮件会非常不一样。我非常清楚，可能是因为学校比较小，我非常理解这些捐款会用于什么地方。我知道他们会用于给学生提供助学金，所以我非常乐意地捐赠了。（焦点小组 1，阿利森，2017 年 8 月 29 日）

M 大学规模大，学校管理分散，因为捐赠资金使用透明度不够，校友拒

① 高鉴国：《中国慈善捐赠机制研究》，社会科学文献出版社 2015 年版，第 127—130 页。

绝捐赠或是向其他慈善机构捐赠。

> 对于我来说，最重要的事情是因为我的大学非常大，也有很多钱。我最大的担心是资金的透明度……我担心 M 大学缺失资金透明，可能我的钱被用于运动项目。我认为这并不需要捐赠，我不会把钱捐向运动的。所以我现在宁愿向我信任的慈善机构捐赠。（焦点小组 2，罗纳德，2017 年 8 月 30 日）

> 作为 M 大学学生，你面对的不是一个小型大学，在那里你可以知道每个人，了解行政管理人员。在 M 大学不可能，这里没有太多透明公开的东西，大学交流的东西也少。（焦点小组 2，琳达，2017 年 8 月 30 日）

相比捐赠给大学基金会，一位校友选择捐赠给自己曾经参加过的学生活动组织，她强调因为她知道捐款用途，所以选择捐赠。因为校友与二级院系或学生组织的关系更紧密，对组织的管理运行更清楚，所以二级院系或学生组织筹资具有一定优势。

> 我提到的 M 大学的 Alpha Phi Omega 俱乐部，我之前向他们捐助过。因为我非常清楚这个俱乐部，也非常欣赏这个俱乐部，所以我知道我捐赠的钱会如何用。我感到非常满意，我知道我的钱会用于我理解和尊重的地方。我在这个俱乐部收获很多，我也希望其他学生可以同样受益，这就是我持续向该俱乐部捐赠的原因。（焦点小组 3，肯尼思，2017 年 8 月 31 日）

二、“以募促捐”的沟通效力差异

从实证结果来看，被劝募频率对校友捐赠的影响效应超过其他因素。在其他条件相同的情况下，M 大学被劝募频率高的校友比被劝募频率低的校友更可能向母校捐赠，被劝募频率每增加一个单位，校友向母校捐赠的可能性增加 48%。在控制最终模型中其他变量均为均值的情况下，M 大学校友被劝募的频率从低到高，捐赠的可能性从 31.1% 提高到 64.2%（见图 6–17）；而中国 B 大学从未被劝募的校友与经常被劝募的校友捐赠的可能性提升了 66%（见图 6–18）。由此可见，提升劝募频率对校友捐赠的作用非常明显。

大学劝募方式主要包括电话、邮件、个人会面、活动等。从各种方式的频率来看，中美两所高校校友被劝募的主要方式是电话、邮件和网络平台。M 大学校友接到电话劝募频率的均值为 2.3，介于“几年一次”和“每年一次”之间；邮件劝募的频率均值为 3.1，介于“每年一次”和“几个月一次”之间。很明显，中国 B 大学校友整体上被劝募的频率非常低，B 大学校友被劝募的频率平均值为 1.3，介于“从未”和“几年一次”之间。91.6% 的

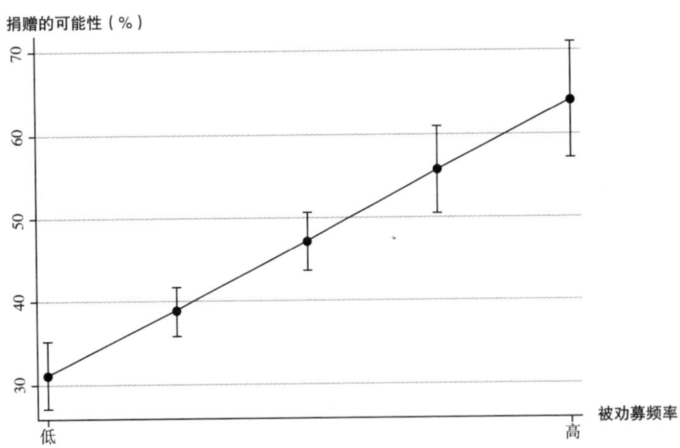

图 6–17　被劝募频率与校友捐赠的可能性（M 大学）

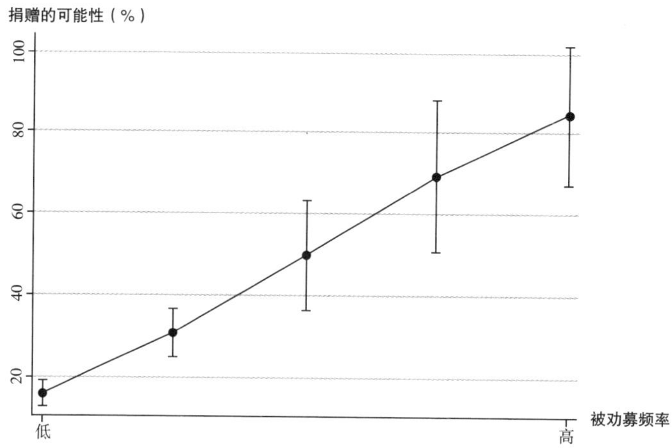

图 6–18　被劝募频率与校友捐赠的可能性（B 大学）

校友从未接到电话劝募或是通过私人见面劝募；约 80% 的校友从未通过邮件或网络平台及某个活动接受过募捐信息（见图 6–19）。美国 M 大学校友通过邮件或是网络平台被劝募更为普遍，40% 的校友每隔几个月就会收到劝募邮件或是网络平台劝募信息（见图 6–20）。每年一次和每几个月接到电话劝募的校友分别占 23%、20%。电话和邮件劝募具有经济成本低、覆盖面广的优势。总体上，校友接受劝募的频率偏低，可能与大学主要采用邮件劝募方式有关，校友邮箱地址容易更改或不常用，因而就会失去劝募机会；也可能

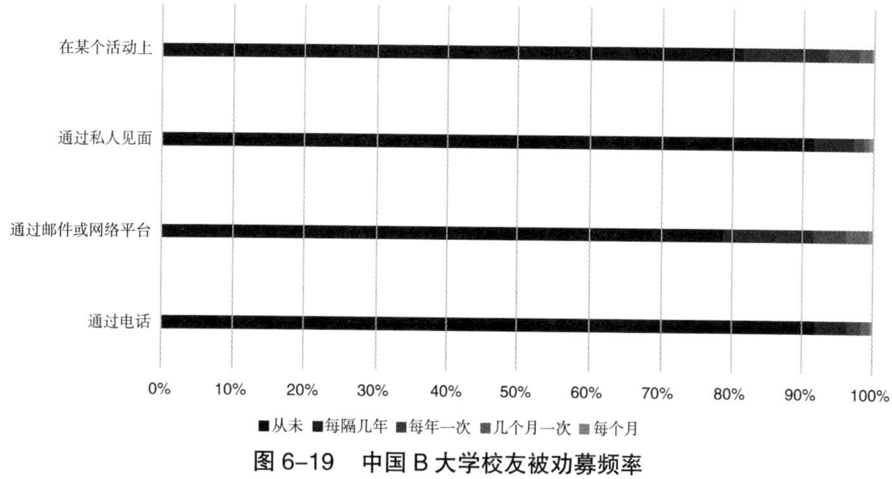

图 6–19　中国 B 大学校友被劝募频率

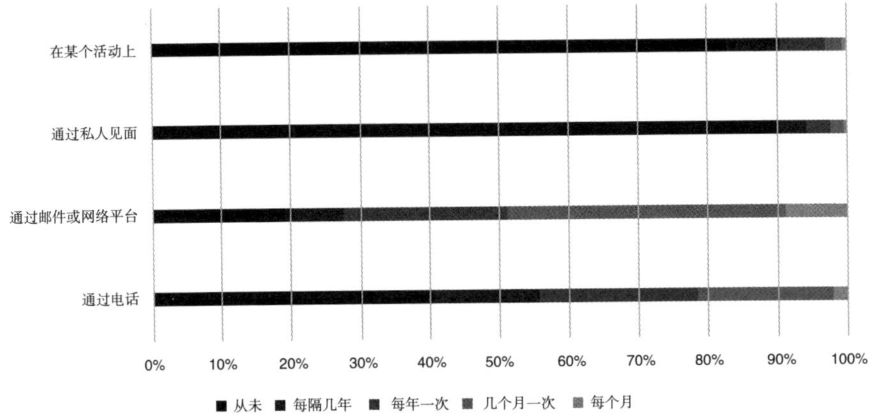

图 6-20 美国 M 大学校友被劝募频率

与电话劝募的对象覆盖面小有关，通常大学电话劝募对象仅依靠校友工作或名气来锁定。

本研究结合实证和访谈结果发现，校友捐赠行为受到大学参与和互惠动机的影响，“沟通”是捐赠人和母校交换关系实现的必要过程。这种沟通机制以对母校使用捐赠资金的信任为基础，被劝募频率是直接的刺激形式。在研究中，沟通动因的影响程度远远大于情感动因，这反映出校友捐赠行为背后沟通机制的重要地位，体现了以“募”促“捐”的沟通机制。

中国 B 大学的劝募工作明显滞后，沟通效力不足，究其原因有两个。一方面，筹资理念落后，劝募主动性不足。B 大学校友总会工作人员认为“向校友开口”是不合时宜的，还认为具有师范背景的 B 大学校友经济能力较弱，捐赠能力不足。因此，劝募重心仅倾向于“成功校友”或“主动上门捐赠的校友”。但是，实际上校友没有被邀请向母校捐赠会产生负面影响。B 大学某校友认为：大学筹资是一项集体活动，没有被邀请是因为自己的捐赠不重要，也不被需要。这种沟通误解来自传统募捐思想里“有钱人是重要的邀请对象”的偏见。

> 其实每个人值得被留下一点点什么……我感觉它（母校）只会邀请有一定身份地位的人去参与这种捐赠活动。因为他们可能觉得你这种普通校友没有多少钱，因而也就没有必要邀请你参与，这让人觉得被人看不起。人人都是这样吧，当被劝募的时候，并不会直接反感，而是一种感觉被尊重，因为自己被重视。（CNX，2018 年 1 月 14 日）

另一方面，校友联系网络缺失。社会网络是社会影响的重要部分，是指个体成员之间因互动而形成的相对稳定的关系体系，是个人与组织之间的一组独特联系，个人或组织构成社会网络的节点。大学开展筹资运作需要一定平台，以校友为主体的社会关系网络是大学劝募工作的基础。B 大学不仅缺少校友信息数据库，而且其校友组织架构不完善，少数校友分会以发达省份为单位成立了校友会，海外校友会、区域性校友会、行业性校友会还未成立。

三、提升沟通质量的基础：多元劝募方式和公信力

在实证研究中，除了校友情感动因外，被劝募频率也是决定校友捐赠意愿的重要因素。被劝募频率是一种外部刺激手段，这种手段产生的积极效果驱动了校友捐赠。这种积极效果是通过劝募让校友感知母校的捐赠需求，了解捐赠项目内容和意义，同时在增进联络过程中加强联结。校友捐赠是一种“被动的自愿”行为，在未获得捐赠请求信息时，校友捐赠的意愿还未被激活。试想，主动走进捐赠办公室向母校提供捐赠的情况极少，通过表达需要，让校友感知捐赠需求、了解捐赠项目、提供捐赠渠道才是沟通的正向过程。在已有研究中，感知捐赠需求是捐赠行

为的重要因素，个人被劝募的频率反映了感知捐赠需求的程度。调查显示，大部分校友获得的劝募方式以邮件为主，在中国案例高校中，被劝募的频率均值相对较低，反映了目前国内高校主动劝募积极性弱的普遍情况。

有效的沟通方式是募捐成功的基础。不同的劝募方式的适用对象、适用项目达成效果不同，遵循有目标、多元化的劝募方式才能提高沟通的效果。对校友捐赠来说，涵盖范围可以从大撒网式向一对一沟通进阶（见图6–21）。虽然有效性呈阶梯式递增，但是对校友募捐来说，每一种沟通方式都有特定适用对象。大众传媒的劝募优势在于信息更新频率迅速；社交平台的劝募更接近校友信息接收范围；通过活动或典礼仪式劝募，可以获得特定群体的捐赠；电话交谈和一对一交谈，更加适用于已捐赠者或大额捐赠潜在对象。大学筹资沟通过程中，为了避免向社会和校友传递“校友捐赠是那些有身份地位、经济实力的人才会被劝募”“大额捐赠更重要”等错误理念，有必要结合无差别募捐和差别化募捐方式。无差别募捐针对所有校

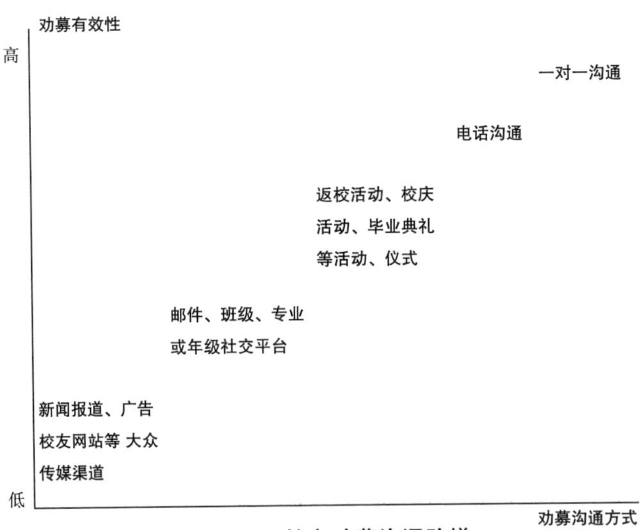

图 6–21　校友劝募沟通阶梯

友，通过邮件、网络平台、社交平台发布筹款项目信息；差别化募捐源于营销思想，根据捐赠者行为特征、背景特征、终身价值评估等制订针对性的募捐计划。

捐赠信息公开透明、捐赠用途明确是提升校友捐赠信任感的基础。需要公开的信息内容主要包括：捐赠项目的规划、捐赠办法、捐款使用计划、捐赠对象情况；开展募捐活动的情况，募捐活动形式、募捐方案、后续的募捐活动；财务信息，例如捐赠资金来源和流向、捐赠资金接受发放票据以及年度会计报告；受益人的反馈，不同阶段的公开捐赠资金使用效果。作为劝募对象，校友需要的是好的劝募理由、确凿的证据和真实完整的信息，以保障自己的捐赠的确有需要且被合理使用。大学应该充分利用网络和基金会年度报告等方式及时传达相关信息，接受社会监督，也做好宣传推广，提高大学基金会的公信力。

第四节　中美高校校友捐赠的互惠影响因素比较与分析

一、中美高校校友捐赠效用共同倾向：利他主义偏好

（一）中国高校校友捐赠偏好：支持母校发展和亲社会效用

通过潜在类别模型分析，中国B大学校友捐赠效用呈现4种类型，分别为亲社会效用偏好（占42.5%）、情感效用偏好（占13.2%）、强互惠效用偏好（占7.5%）、支持母校发展效用偏好（占36.8%）（见图6–22）。从实证结果来看，校友捐赠效用偏好类型主要是亲社会和支持母校发展，总体上校友

捐赠受到内在动机的诱发作用远远超过外在动机。校友捐赠的效用主要偏好于支持母校、帮助学生发展和情感获得，比如表达个人的感激、纪念某人、获得内心愉悦。亲社会效用偏好对母校的捐赠基于如下认知：这是一件善事，对他人有益，同时自己还能获得精神上的或实用性的回馈。但是，个人利益的获得并非是向母校捐赠的必要条件。

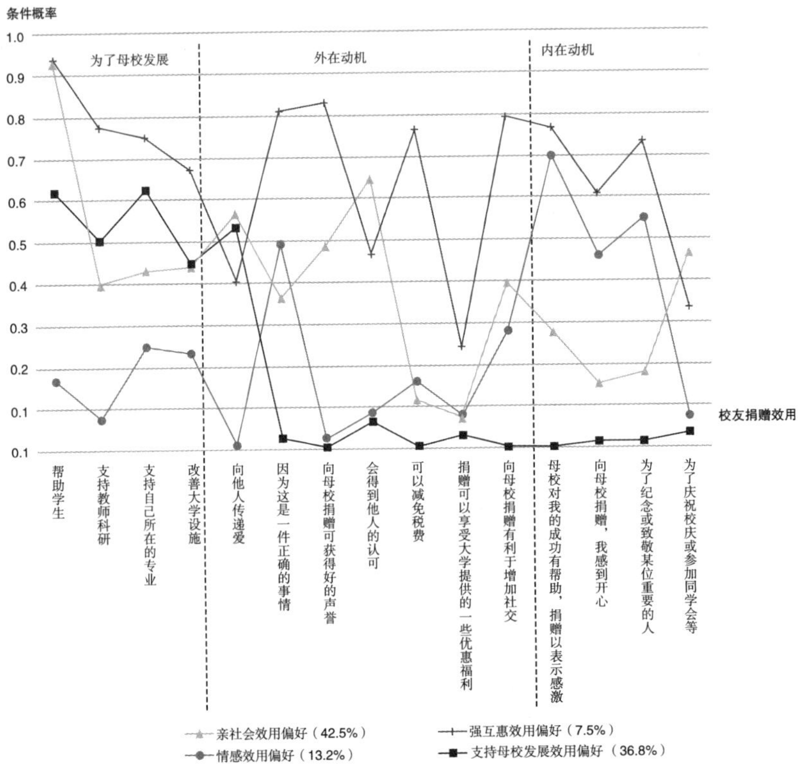

图 6-22　B 大学校友捐赠效用偏好潜在类型

谈到回馈，校友享受大学提供的一些优惠福利，我觉得挺好的。我们可以去校园走走，可以用学校的图书馆，可以在食堂吃饭。这个也算福利吧，也跟学校有更好的交流和沟通。向母校捐赠可以增加一些社交，这个挺好。我从事的是专业性很强的工作，我可以跟其他校友交流一下，比如在无人机和生命科学方面。我想多了解增进一些关系。可能就是这个捐赠机会或者说学校的活动，给我提供了这个交流的平台……除了帮助学生，增加跟同学的交往，跟学校交流、这个也是最重要的。（FDX，2018 年 3 月 6 日）

在 B 大学校友向母校捐赠原因中，“向母校捐赠有利于增加社交”和“为了庆祝校庆或参加同学会等”所占比例之和为 20%。在强互惠捐赠效用中，校友偏好于以上两个题项的条件概率均超过 0.8，也说明校友在捐赠活动对“社交性”的重视。有校友认为，向母校捐赠，可以与学校建立良好的沟通关系，增加社交性，参加母校志愿活动是个不错的人际交往平台。通过参与校友活动和捐赠活动，建立新的社会关系、校友间关系及校友与母校工作人员、其他相关人员的关系等，校友可在社交性活动中进行信息置换。

校友参与母校捐赠活动出于一种“参与感”，他们认为这是一项集体活动，并没有明确的特定意图。通过捐赠，校友可以获得某些个人利益，比如增加社交机会、提供名誉等。

捐赠了几次……我觉得就是因为是 B 大学毕业的，没有别的吧，所以参与了这些活动。觉得学校组织的活动挺好，捐赠没有额度限制，对大家都没有压力，很多人都去参与，参与其中也是增加了跟母校的交流。（FDX，2018 年 3 月 6 日）

偏好强互惠效用和支持母校发展效用的校友向母校捐赠的可能性，显著低于亲社会效用和情感效用偏好的校友。在对一位捐赠 3400 万元奖学金的校友（XJH）的访谈中，她提及了多种捐赠原因和目的，倾向于亲社会效用偏好。该校友为了纪念过世的父母，以父母的名字命名基金。她同时为品学兼优、贫困励志的学生提供了奖学金，以弘扬父母艰苦奋斗的精神。不仅如此，她还希望扩大个人和基金影响力，将爱传递下去。

> 我不喜欢捐赠给一个团体，那将由他们决定捐给谁，因为我不知道最后的受益效果到底怎么样，毕竟他们还有一些行政上的费用。所以我不喜欢做那些，我想做很直接的捐赠，就是把奖学金直接发给学生。可能我们就是要讲究方法，要照顾到捐赠人的利益。我们想把这种爱传递下去，或者说把这种影响力扩大才能够提升筹资能力。（XJH，2017 年 11 月 30 日）

另一位捐赠校友（CJL）直接表达了自己希望这种捐赠可以转变为互惠形式，希望母校可以在其事业发展初创期提供一些帮助。

> 我现在事业正在初创期，或者说正在一个发展期，我或许还需要大学对我的事业发展给予一定的回馈，这个回馈就是能给我提供一定的帮助。当然这不是交易，我是希望这是一种互惠吧。（CJL，2018 年 1 月 29 日）

（二）美国高校校友捐赠偏好：亲社会效用和经济 + 情感效用

美国 M 大学校友的捐赠效用偏好存在五种类型（见图 6–23），每种效用类型反映了不同的捐赠态度及利益关注点。

持强互惠型效用的校友（占样本的 18%）认为向母校捐赠是一种互惠行为，是一种“交换”。他们希望通过捐赠为母校发展提供经济支持的同时，获得个人心理的满足（感到开心、纪念重要的人等）、个人形象（获得他人

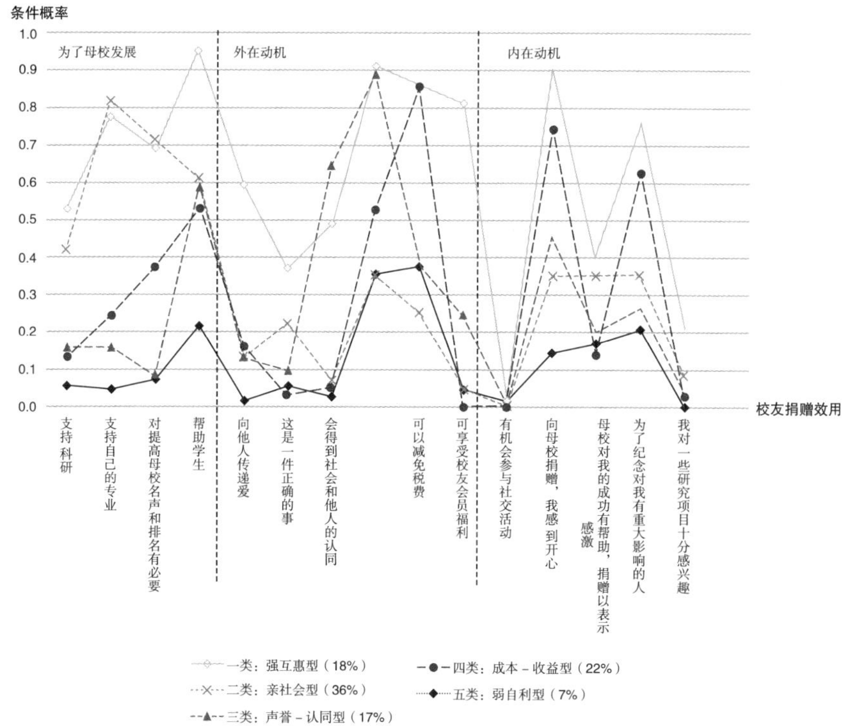

图 6–23 美国 M 大学校友捐赠效用偏好类型

认同或声誉）的提升和获得经济优惠（税费减免等）。对强互惠型效用偏好的校友来说，一旦不符合其捐赠期望，他们便会减少对母校的支持。有校友曾经向院系捐赠但从未获得认可和感激，因此他就不再继续捐赠。

> 我曾经向我所在的学院捐赠过，但是我从没有获得过学院的认可。这影响了我未来进一步捐赠。（问卷中的开放式问答，弗朗西斯，2017 年 8 月 3 日）

持亲社会型效用的校友（占样本的 36%）认为捐赠与纯粹的利他行为非常相似，他们捐赠主要动机为帮助学生、支持科研、提升母校排名等。这种利他行为也可能包含了隐性的个人利益，比如通过提升母校排名从而使自己的学位增值，因此不能定义为一种纯粹的利他行为。这类校友在被调查者中所占比例最多，这也说明增加“大学利益”是校友向大学捐赠的最普遍的动机。其中，捐赠目的为帮助学生的概率最大。焦点小组讨论后一致认为：因为 M 大学是一所州立大学，需要帮助州内经济困难的学生，捐赠是为了补充政策的不足。

> 这个州已经有很多不同背景的年轻人进入大学。我不担心来自其他州的学生。我捐赠过 10 万美元，作为学生的奖学金，但是只为对有需要的学生提供。（焦点小组 2，肯尼思，2017 年 8 月 30 日）

偏好“形象提升”捐赠效用的校友（占样本的 17%）更关注是否获得良好声誉和他人的认同。这种捐赠效用偏好非常隐性，在访谈中校友对通过捐赠获得声誉几乎表示不在意。持“形象提升”捐赠效用的校友的家庭年收入高于 15 万美元的明显多于低收入校友，这一方面反映被访谈者未曾捐赠或者捐赠金额较小，形象提升的意义微乎其微；同时也说明对大多数人而言，声誉回馈并不是向母校捐赠的必要条件。

持“经济 + 情感”捐赠效用的校友（占样本的 22%）尤其考虑捐赠的成本和心理情感。获得税费减免既减少了捐赠成本，又获得其他心理收益，如开心、感激、纪念等。在校期间获得过经济资助是校友感恩之心的来源之一。

> 作为本科毕业生，我获得过很多经济资助，我也应该捐赠以作回报吧。（问卷中的开放式问答，伊莱恩，2017 年 8 月 4 日）

持“弱自利型”捐赠效用的校友在调查中所占比例最少（占样本的 7%），他们对母校发展、他人福利的改善并无明显期望，相对而言更关注个人利益。但总体上这类校友受上述动机影响的概率较小，说明可能存在其他未知捐赠目的。

后三种捐赠效用偏好折射出校友的捐赠行为附带了一定的回馈期望，这些期望中属于公共政策的税费减免和校友会会员福利是显性的，而获得他人认可、内心感到开心满足等心理期望则是隐性的。在筹资实践中，捐赠者的隐性捐赠期望往往被忽视。两位校友在访谈中谈到"免费停车""参加大学日活动""观看橄榄球比赛""收到活动邀请"是他们期望的捐赠"回馈"。

> 捐赠福利的话，可以的话，比如提供停车券一类的东西，就可以在学校停多少次车或者一年等。（焦点小组3，克里，2017年8月31日）

> 我不是很在乎要获得什么回报。我想，如果有机会的话，可以参与校友活动，比如足球比赛、获得某些活动邀请等。我可能会对这些感兴趣。我想，应该有很多比较现实的捐赠者吧。（焦点小组3，肯尼思，2017年8月31日）

虽然，校友在捐赠时并未把回馈作为捐赠的必要条件，但是获得母校的回馈可以提升校友的捐赠体验，增加校友的捐赠成就感。

> 获得命名机会这种回馈方式让我感到非常荣幸，我没有想到过，但是我确实感到非常满意和舒服。（焦点小组2，谢尔顿，2017年8月30日）

不同背景的校友的捐赠效用偏好存在显著的差异：较低收入的校友，更倾向于互惠目的；高收入校友更可能偏好形象提升效用；男性校友更考虑税费减免和心理收益；年轻校友和非校友会会员更关注通过向母校捐赠获得良好的声誉，获得他人的认同；曾经受他人资助的校友的捐赠效用更小可能考虑自利因素。就捐赠行为结果而言，校友的捐赠效用偏好类型不同，捐赠的可能性和持续性有显著差异。亲社会类型的校友向母校捐赠的频率和次数显著较高，这可能与校友捐赠态度信念有关。亲社会效用指向支持科研、支持自己的专业、帮助学生等，怀揣着一种回馈母校、支持母校发展的信念和利他的积极态度，因此向母校捐赠的频率和次数明显更高。其他捐赠效用可能在其他慈善机构也能获得满足，而这种信念具有独一性，所以持亲社会效用偏好的校友向母校捐赠的持续性更强。

以上研究结论首先验证了校友捐赠效用存在多种偏好，与已有研究结论一致。劳伦斯（J. Lawrence）认为人们的慈善意识往往表现出混合型形态，既不完全利己，也不完全利他，有的人认为慈善行为是在承担一种社会责任，而有的人则认为慈善行为能够使内心愉悦。[①]

美国案例高校中亲社会型和经济 + 情感型占多数，中国案例高校中亲社会型和支持母校发展型占多数。校友捐赠动机总体上是内在动机强于外在动机，以帮助学生、支持自己的院系、传递爱等利他主义动机为主。持亲社会型动机的校友，对捐赠的态度非常接近纯粹的利他行为，其主要动机为帮助学生、支持科研、提升母校排名等。任何个体都处于社会关系之中，从而产生了亲社会性；亲社会性使得现实个体可以或多或少地认识到生命对整个社会的共同意义，在很大程度上愿意放弃自己的收益以换取社会福利的实质增长。亲社会型动机占主导地位，从捐赠目的来说，说明增加“大学利益”是校友向大学捐赠的最普遍的动机。当然，这种利他行为也可能包含了隐性的

① Lawrence J., *Philanthropy and Civility in American History,* Cambrige:Cambridge University Press, 2003, pp.229–321.

个人利益，比如通过提升母校排名从而使自己的学位增值，因此，亲社会型动机的回馈期望是低物质性的，也是非常隐秘的。不同捐赠效用偏好反映出校友主体对高等教育捐赠的看法、态度。捐赠效用偏好中，亲社会偏好反映出校友对高等教育的公共产品性质，向母校捐赠是基于公共福利，为他人增加享用同样教育的机会。这一点从捐赠目的来看也十分明显，因为帮助学生是重要的一个捐赠目的。

二、中美高校校友捐赠效用的差异性：经济效用偏好的影响力

中美案例高校校友捐赠效用偏好类型差异体现在：相比中国案例高校，美国案例高校中经济效用更受校友的偏爱。经济效用主要来自捐赠税费优惠，虽然中美两国在捐赠税费上都存在优惠，美国的税费激励效果更明显，在本研究中也能窥见一二。持“经济 + 情感”动机的校友尤其考虑捐赠的成本。获得税费减免既减少了捐赠成本，同时还获得其他心理收益，如开心、感激、纪念等。在调查中，61% 的校友同意向大学捐赠可以减税对他“比较重要”或“重要”，美国教育捐赠免税激励的效果可见一斑。持该种捐赠效用的校友中，男性显著多于女性，这可能与男性校友考虑捐赠经济因素更多有关，也可能是男性将母校捐赠视为一种非完全感性的决策。美国高等教育捐赠减税优惠的实用性非常强，在各个捐赠网站都有相关政策的介绍及咨询服务，并有专人提供减税建议，为捐赠者提供最好的捐赠计划。

本研究结论与萨金特的研究一致，税费减免是个人捐赠效用的一种，捐赠者会简单地进行成本和利益的评估。① 但是，捐赠过程中捐赠人对各种“利

① Sargeant A., Woodliffe L., “Gift Giving: An Interdisciplinary Review”, *International Journal of Nonprofit and Voluntary Sector Marketing,* Vol.12, No.4 (2007), pp.275–307.

益”并非都给予一样的权重。减税被认为是重要的捐赠动机之一，但是很可能“它重要，但其重要性被高估”[①]。或者说，对不同收入层次的人，因捐赠而获得减税的效用大小有差异。有研究者发现，减税福利并不是捐赠者的首要动机，捐赠者不会因为减税而捐赠，但是税费标准会影响捐赠额的大小。[②]德雷兹内在研究中也发现，在不同经济状况下，税费减免对富人捐赠的影响很小，对普通大众向高等教育捐赠的影响很大。[③]税费优惠也是我国个人向民办高校捐赠的动机之一。[④]总的来说，税费减免是校友捐赠的一种效用，降低了捐赠者的经济成本，但其重要性因人而异，也可能因经济情况而定，这都有待进一步研究。

在我国案例高校中，只有强互惠型校友认为税费减免是一个重要的效用。这可以从两个方面进行解释：一方面，虽然我国制定了慈善捐赠税费减免政策，但是实际作用不大，知晓度并不高，或是因减免手续过于烦琐或减免力度不大而对捐赠人的效用并没有多少，所以不被关注；另一方面，大部分校友捐赠属于小额捐赠，在我国税费减免制度中，小额捐赠可享受的免税福利很小。

美国高校在满足校友的经济效用时，除了使用税费减免激励以外，还提供各种层次的捐赠配比基金。捐赠配比基金直接配比校友捐赠，增加个人的捐款，可能捐一半的钱获得两倍捐款的荣誉，也提高了捐赠的经济性。美国

---

① Sargeant A., Jay E., *Fundraising Management : Analysis, Planning and Practice,* Routledge, 2004, p.100.

② Mount J., “Why Donors Give” . *Nonprofit Management & Leadership,* Vol.7, No.1 (1996) , pp.3–14.

③ Drezner N. D., “Recessions and Tax–Cuts: Economic Cycles’ Impact on Individual Giving, Philanthropy, and Higher Education” , *International Journal of Educational Advancement,* 2006, Vol.6, No.4 (2006) , pp.289–305.

④ 武楠:《中国民办高校个人捐赠者行为动机研究》，硕士论文，华中科技大学，2009 年。

通常配比基金的来源包括个人公司配比、捐赠人配比基金、大学自己提供配比基金。美国 M 大学为各个院系或学生组织基金会提供配比资金，在 M 大学捐赠日获得捐赠排行榜前三名的单位进行配比奖励。校友的成本和收益进一步被社会交换理论所解释。把慈善行为当作一种理性的选择行为，对于一些捐赠者来说，捐赠效益最大化是很重要的。

三、构建校友－母校互惠关系的支撑点：捐赠项目和回馈方式多元化

校友捐赠背后隐藏的是校友内在动机和外在影响因素相互作用形成的多元需求。从社会交换理论来看，捐赠人与母校之间存在着多元需求互构的关系。[①] 校友捐赠效用存在不同类型，每种动机类型反映了不同的捐赠态度及利益关注点。交换中所有包含的可交换资源均是有价值的，向母校捐赠的行为可以获得个人心理的满足，获得他人认同或声誉的提升，减免税费和增加社交机会辅助自己的事业。总的来说，校友捐赠的动机类型验证了社会交换理论中的互惠原则，在校友捐赠行为中体现三种互利结果："互惠共生"——获得自身利益、享受服务、减少捐赠成本；"互惠共荣"——声誉、自我形象的提高；"互惠共长"——帮助他人、传递爱心、兼济天下。

构建校友－母校互惠关系需要多元化捐赠项目和多元化回馈机制的支撑。捐赠项目多元化是为了迎合校友的多元化捐赠目的，回馈方式多元化是为了满足校友差异化的捐赠效用偏好。从研究结果来看，校友捐赠的利他效用可以分为"以任务为取向"和"以人为取向"，校友关注的是捐赠项目用于集体利益还是个人利益：以任务取向是为集体利益，比如建立图书馆、修建教学楼、科研项目、就业指导、心理咨询等；个人取向指以人为中心，捐赠资

① 李洁:《需求互构视域下大学筹资能力发展研究》,《现代教育管理》2014 年第 6 期。

金将用于帮助学生、帮助教师等。M 大学以“学生”为中心的奖学金项目有 130 余个，主题包括参与和领导力、纪念奖学金、助学金、返校学生奖学金、退伍军人奖学金等；以“任务”取向的包括就业指导、心理指导、健康支持、住宿设施、交通服务等。捐赠项目多样化满足校友的捐赠效用，为建立互惠关系打下基础。

校友捐赠行为是一种“社会资本”的转换。不同的捐赠效用偏好背后揭示的是不同类型资本之间的可转换性。校友捐赠可以提升自己的社会声誉，获得他人的认同，参与捐赠活动可以建立新的社会关系，把经济资本转换成了社会资本。为了增加校友捐赠，必须明确大学拥有哪些可交换资源，充分利用这些资源融入项目设计、回馈机制中，才能满足校友捐赠的期望。大学拥有的资源可以分为以下三种：

- 经济物质资源：减税福利。
- 大学自身资源：社会网络、教育资源、专业进修、图书馆资源、食堂、体育馆等公共设施，就业指导、心理咨询服务、比赛活动等。
- 社会性资源：通过宣传、颁发证书等形式提升个人形象，获得名誉，建立社会网络。

大学应充分利用这些交换资源设计捐赠项目，制定出因人而异的多元化回馈机制。不同捐赠效用偏好反映捐赠人的多种捐赠回馈需求，不同背景的捐赠人对回馈内容、回馈方式的期望存在差异。基于访谈发现，校友在捐赠决策时，对回馈的期望并不高，大多数校友以“学校发展”“情感效用”为主，而非以获得实物回馈作为直接的捐赠驱动。但是，如果母校对校友提供一定回馈，给予互惠的回馈会增加校友捐赠的热情，提升校友的捐赠体验，尤其是隐性的捐赠效用如“个人形象提升”“社交效用”等。在回馈机制中可以通过政策和法规形成正式的互惠规范，这种规范的特征是稳定性强，知晓度高，有利于激发捐赠意愿，如税费优惠、配比捐赠政策等。除此之外，回馈方式应该“有实有虚”，非正式的互惠规范形式上有颁发捐赠证书、建捐赠纪念碑、通过媒体传播捐赠信息、在校友杂志上刊发消息、允许冠名，大额捐赠者可以聘为大学基金会理事、参与学校活动等。在不违反伦理、保证大学名誉不受损、不影响大学正常事务的情况下，尽可能给予捐赠人名誉、情感回馈，以此满足校友捐赠效用的期望，增进校友关系。非正式的互惠规范内容上应该引领校友捐赠转向合作层面，更有利于建立稳固的捐赠关系。虽然大部分校友的捐赠效用趋于传统，但是少数校友表露出了“社交效用”“校友会会员福利”等实用性效用。因此，在捐赠项目设计、回馈方式中应该融入这些理念，与校友会活动衔接起来，在体验中参与捐赠，潜移默化地引导校友捐赠，给予精神性和实用性效用，丰富捐赠回馈内容，形成积极的捐赠回馈传统。

Chapter 07 | 第七章

讨论与建议

作为一项跨文化的实证研究，本研究从理论和实践两方面为高校管理者、从事校友工作或高校筹资的工作者提供了重要的启示。虽然我国历史上一直延续着捐资助学和民间力量兴办大学的传统，但是随着国家教育制度的更迭，我国高等教育规模扩张过程中主要还是依赖政府财政，私人捐赠支持办学对高等教育建设发挥的作用相比于美国高等教育来说明显逊色。随着我国高等教育进入普及化阶段，打破单一财政来源、丰富多元化的资金渠道是助力我国高校进入世界一流大学行列的必要举措。校友捐赠是高校筹资的重要来源，校友捐赠直接反映了校友对母校的支持，也间接反映和检测了高校与校友之间的“关系”如何。本研究尝试深度揭示这种“关系”，以回答哪些因素影响了校友的捐赠行为。通过理论分析，社会交换理论为解读这种“关系”提供了思路，本研究确定从情感、沟通和互惠三个维度来分析校友捐赠行为。同时，考虑高校校友捐赠的组织环境特殊性和社会文化环境的差异性，以组织认同理论和社会影响理论作为补充。通过实证分析，分析了基于“交换关系”的校友捐赠行为机制，以及国家文化差异背景下校友捐赠行为影响机制的异质性。

第一节　基于“交换关系”的校友捐赠行为阐释和启示

一、情感机制

在回顾和评述校友捐赠相关理论和实证研究的基础上，本研究以社会交换理论为理论基础，将校友捐赠视为一种“交换行为”。社会交换理论中的情感原则运用到社会捐赠课题研究中并不常见。一是由于将情感在交换关系中的作用或交换过程中情感结果作为交换理论的视角出现得比较晚，早期以功能主义主导的理论探索中很少有人注意到除了追求利益以外的交换动机。直到大量研究结果反映出行动者（捐赠者）出现了打破常规的以利益为核心的交换关系，这种关系的主要特征是在交换过程中个人并非简单追求利益。至此，研究者们开始关注积极的情感互动在交换关系中的作用，劳勒等人提出的关系凝聚理论就解释了情感如何影响交换结果。实质上，布劳在早期社会关系的建构中就曾提及情感因素，他认为交换关系中的情感关系随着时间的发展会越来越凸显内在价值。劳勒等人提出了社会交换的最简单因果链，产生积极的情感，比如喜欢和满意，即产生关系凝聚。这种积极情感影响了行为结果，比如关系承诺、额外的付出。这种交换行为的发生机制区别于传统的合同关系和纯粹的经济交换，该理论对理解校友对母校的“捐赠行为”这种社会交换关系提供了更全面的视角。

基于实证研究结果，校友捐赠的情感影响机制假设“大学参与—关系凝聚—额外的付出”因果链得到了充分验证。根据组织认同理论及相关研究，确定以大学满意度、归属感、捐赠责任感为主要关系凝聚变量，提出了以上变量对校友捐赠有显著影响的研究假设。结果发现，“关系凝聚”要素之大学满意度、归属感、捐赠责任感是大学参与作用于校友捐赠的中介变量。该结论揭示了校友与母校“关系”背后的基本机理，校友捐赠的行为发端于校友的大学校园体验，参与校园的教学活动以及体验学校提供的支持服务。校友最终的捐赠行为起始点为校友进入大学校门的时刻，在几年的校园体验中形成了三种积极的情感结果：满意度、归属感和捐赠责任感。这三种情感元素补充了梅勒的组织理论，把校友对母校的归属感明确为“被学校、教师、同辈的尊重、接纳和认同程度”，更加强调了校园体验中人际互动关系的关键所在。同时，在满意度维度，更全面地测量了校友对学校教学和支持服务质量两方面的评价。捐赠责任感则是考察校友对向母校捐赠的态度。这三种情感要素反映的是大学内部治理的结果，包括质量评价和组织文化，这也为优化大学筹资工作提供了抓手。

大学存在于国家大文化背景之中，脱离宏观文化背景看待校友捐赠可能会造成结论偏颇和不切实际。在本研究中，中美调查的结果存在一致性和差异性，因此在不同国家文化背景下的讨论校友捐赠问题，无论从理论还是实践都显得十分必要。理论上，以西方理论和实证研究结果为主的假设模型在中美高校都得到了验证，说明校友捐赠的“大学参与—关系凝聚—额外的付出”的情感机制在中美高校中具有适用性。当然，还需要更进一步去补充本土文化对校友捐赠的影响程度或具体机制，比如儒家文化中的慈善观念。尽管理论模型获得了一致性的验证，但是中美校友捐赠的情感影响机制中，不同的情感要素在模型中的影响效应存在差异。

具体而言，归属感对中国校友来说，中介效应更加明显。另外，通过中美高校差异分析发现，三个因素对校友捐赠的影响路径系数大小有明显差异。归属感和捐赠行为的关系中，美国校友的归属感对捐赠行为的预测作用显著小于中国，说明归属感更容易促使中国校友的大学参与转化为捐赠行为。此外，中国样本学生对归属感的参与程度的参数估计比美国样本更强，这可能是由集体主义和个人主义的文化差异造成的。中国高度的集体主义文化强调群体的整合，人际关系占主导地位，社交关系是信息的主要来源；具有集体主义倾向的社会则注重集体内部关系、关心大家庭、牢固的集体关系。因此，人人都渴望融入“集体”，忠诚于集体利益和价值观。相比之下，在个人主义社会中，人与人之间的联系是松散的，只参与他们感兴趣的和对自己有益的事情。因此，中国的校友可能会努力适应大学的集体生活，并倾向于投入更多的精力和时间在校园人际互动（如教师、工作人员、同龄人）和课外活动中。这可以解释为什么在集体主义文化中，学生的参与对归属感有着更大的影响。

美国校友的捐赠责任感对捐赠行为的预测作用显著高于中国，说明捐赠责任感这一情感因素对美国校友将校园参与经历转化为捐赠行为的作用更加显著。与美国校友相比，中国校友的捐赠责任感转化为实际捐赠行为更难。中国校友对“捐赠责任”的认同并不强。霍夫斯泰德的“权力距离”文化维度可以帮助解释为什么中国对大学捐赠的积极态度很少转化为实际捐赠。这种差异可能与中国在霍夫斯泰德的“权力距离”文化维度上的得分高有关。权力距离得分较高意味着，中国文化背景下正式权威占主导地位，在教育领域中则体现为政府主导高等教育财政经费，导致社会大众对政府负责大学财政的认识根深蒂固，从而削弱了校友的捐赠责任感。相比之下，美国校友捐赠行动受到非正式的社会规范影响，具有一种“非强制性”的自律色彩；中国高校的运行经费在很大程度上依赖于政府，导致高校抗拒承担筹资风险和额外的工作压力。这种文化差异本质上影响了社会大众对于向高校捐赠的态度。校友认为在中国教育财政制度下，大学的运转依靠的是政府，私人资金的支持力量有限，大学并不需要校友捐赠，因此向母校捐赠并非出于一种责任感。

大学满意度和捐赠行为的关系中，美国校友的大学满意度对捐赠行为的预测作用显著高于中国校友，说明美国高校校友对母校越满意则越容易把大学参与体验转化为捐赠行为。其很大原因是在教育产业化的影响下，“消费者剩余”激发美国校友捐赠，与西方大学教育消费主义观念一致。美国大学校友认为，只有大学提供的教育“物超所值”才会激发校友捐赠。也正因为如此，美国高校一直将“服务”理念贯穿于大学治理中，将学生和家长作为顾客，刻意营造“留住顾客”的大学体验和服务。只有充满深厚文化底蕴、富有独特校园传统的大学，才能对其校友产生向心力，这一观念在以校友为衣食父母的美国私立大学更是深入人心。而满意度对中国高校校友捐赠的积极影响较弱，这与国外研究结论不太一致。蒙克斯研究发现，大学满意度是影响校友捐赠的最有决定性作用的因素。[①] 因为中国大学教育观念中消费主义观念较弱。一方面，中国大学的运营成本以政府拨款为主，家庭所要付出的经济成本并不影响上大学的决策，家长和学生更关注上高水平的大学；另一方面，从大学管理角度而言，过去很长一段时间大学以追求硬性资源类指标为主，比如空间、科研条件、高层次人才等。进入 21 世纪，随着国际上高等教育质量的风向标转向软性指标，我国高校才注重人才培养的过程，即学生的大学体验。“满意度”评价在高校评价中才逐渐受到关注，在高等教育国际化进程中，以市场化角度评价大学的质量在我国还没有完全成为主导，这也能理解在中国校友捐赠的动因中还有其他比满意度更为重要的因素。

二、沟通机制

基于社会交换理论，沟通要素是平衡交换双方的权力和维系交换关系的关键。信任感是沟通机制的前提和保障，沟通方式是沟通机制的实现路径。与已有研究结论一致，中美高校校友对母校的信任度是预测校友捐赠态度的重要因素，其影响程度大于情感因素。沟通要素的具体表征为对母校使用捐赠经费的信任感和被劝募的频率。在对美国和意大利高校校友捐赠影响因素的跨文化比较研究中发现，校友参与校友活动是对母校产生信任的前因，信任会对校友对母校支持、忠诚度及捐赠的态度产生积极的影

① Monks J., “Patterns of Giving to One’s Alma Mater Among Young Graduates From Selective Institutions”. *Economics of Education Review,* Vol.22, No.2 (2003), pp.121–130.

响。[①] 大学捐赠中，高校有管理和使用捐赠资金的权力，校友具有捐赠决定权和监督使用权，校友向母校的捐赠离不开对母校管理和使用捐赠经费的信任。大学基金会的公信力是社会大众对捐赠资金用途信任感的来源。[②] 高等教育机构必须通过创建透明机制，确保有适当的措施来跟踪和实现捐赠者的愿望，从而不断赢得校友的信任。[③] 研究中发现，校友对母校的信任感主要基于捐赠信息的披露，具体包括捐款用途信息以及捐赠收支信息。

被劝募的频率成为沟通机制中的重要影响要素，这体现了以“募”促“捐”的沟通机制，也说明校友捐赠行为背后大学的筹资努力发挥着关键作用。校友向母校捐赠是基于一种情感，因此其沟通要素的具体表现是一种有限的沟通。“劝募”是最直接的沟通行为，通过电话、邮件等方式劝募。此外，社会交换理论发生在“给予”和“接受”的关系中，双方可能产生一种不平衡。信任感是减少不平衡的一个因素，高校在交换关系中拥有权力处理捐赠资金，但是，如果信息不够公开透明、捐赠资金使用不明确，则产生交换关系的“不平衡”将影响交换的结果。社会交换中沟通原则表现为校友对母校的信任感及被劝募的频率。

在调查中发现，中国高校劝募的主动性不够，劝募信息沟通不畅，覆盖面不广；校友缺乏信息了解渠道，不知道捐款用途影响校友捐赠与否的决策。捐赠资金使用透明度直接影响校友对母校的信任度。开展多元劝募方式，提升大学基金会公信力，是提升校友捐赠的有效途径。

---

① Francioni B., Curina I., Dennis C., Papagiannidis S., Hegner S. M., “Does Trust Play a Role When It Comes to Donations? A Comparison of Italian and Us Higher Education Institutions”, *Higher Education,* Vol.82, No.1 (2020), pp.1-21.

② 高鉴国:《中国慈善捐赠机制研究》，社会科学文献出版社 2015 年版，第 127—130 页。

③ Drezner N. D., Pizmony-Levy O., Anderson-Long M., “In ‘Alma Mater’ We Trust? Exploring Attitudes toward Institutions and Alumni Giving”, *Teachers College Record,* Vol.122, No.9 (2020), pp.1-44.

三、互惠机制

中美高校校友的捐赠效用偏好存在不同类型，每种效用类型反映了不同的捐赠态度及利益关注点。美国 M 大学校友捐赠效用呈现 5 种类型：持强互惠型效用偏好的校友（占样本的 18%），捐赠态度是秉持向母校捐赠是一种互惠行为，是一种“交换”；持亲社会型效用的校友（占样本的 36%），对捐赠的态度非常接近纯粹的利他行为，其主要动机为帮助学生、支持科研、提升母校排名等；偏好于“形象提升”捐赠效用的校友（占样本的 17%），更关注的是通过捐赠获得他人的认可和个人的荣誉，获得个人形象提升是这部分校友的捐赠回馈期望；持“经济 + 情感”效用偏好的校友（占样本的 22%），尤其考虑捐赠的成本，通过捐赠可以获得减免税费，同时也可以获得心理情感的收益，即“温情效益”；持“弱自利型”动机的校友在调查中所占比例最少（占样本的 7%），他们对母校发展、他人福利的改善并无明显期望，相对而言更关注个人利益。中国 B 大学校友捐赠效用呈现 4 种类型，分别为亲社会效用类（占 42.5%）、情感效用类（占 13.2%）、强互惠效用类（占 7.5%）、支持母校发展效用类（占 36.8%）。美国校友捐赠偏好于亲社会目的和“经济 + 情感”捐赠效用型，而中国高校校友以亲社会型和支持母校发展捐赠效用为主。利他主义捐赠效用是中美高校校友捐赠效用的共同倾向。在税费制度的倒逼作用下及税费优惠的激励作用下，美国高校校友捐赠偏好于经济效用，减少经济成本是捐赠的目的之一。校友捐赠背后的交换关系是建立在一定“条件”基础之上的，因此有必要建立多元化的回馈机制满足校友捐赠的多元化需求。大学筹资工作应该基于对个人利益的正当性的认可，大学筹资应该是“找到一个正确的方式把大学的需求和潜在捐赠者的利益结合”。

在我国，大学管理者通常对校友 – 母校的捐赠关系的认识限于“母校情结”，认为是一种情感契约。研究发现，校友捐赠的动机并非完全出于纯粹的利他，校友捐赠不仅是一种“情感回馈”，也是一种“社会交换”。校友捐赠的动机揭示了校友捐赠决策时的利益权衡。这种“交换关系”不同于朴素的“情感契约关系”，前者强调交换双方互动关系，而后者强调校友的“义务性”。所谓的潜在义务性，是大学赋予校友的一种“传统期望”，期望校友回馈母校。“母校情结”产生的捐赠义务性非常薄弱，就本身而言不具有强制性，再随着联系减少关系淡化，这种“义务性”会逐渐消失。基于“母校情结”的劝募方式也容易出现“情感绑架”或“道德绑架”，导致校友产生消极的捐赠态度。过度强调这种“传统期望”导致大学筹资拘泥于传统的工作模式，即坐等校友主动上门捐赠或忽略对捐赠人的感激与回馈，显然，实际效果不尽如人意。基于本研究结果，五种不同的校友捐赠动机类型揭示了校友是否捐赠与个人捐赠的价值期望有关，不同捐赠动机类型意味着偏好不同的捐赠效用。强互惠型捐赠动机直接印证了这一点，校友的捐赠动机包含通过捐赠获得多种价值，比如助力母校发展、获得荣誉和认同感、享受校友福利或满足个人心理的情感需求等。本研究发现，校友捐赠行为的发端可能是，期望在捐赠过程中获得个人形象的提升，从而增加自我价值感和他人的认可，也可能是期望获得税费减免和满足心理情感需求等。即使校友持亲社会型和弱自利型捐赠动机，依然会考虑个人的利益，包括经济的和心理的，并非完全属于纯粹的利他主义动机。因此，不能将校友向母校捐赠仅仅视为一种无私奉献，其本质是一种“给予—回馈”的交换关系。任何个体都处于社会关系之中，从而产生了亲社会性，亲社会性却使得现实个体可以或多或少地认识到生命对整个社会的共同意义，从而倾向于关注议价结果的效率，并在更大程度上愿意放弃自己的收益以换取社会福利的实质增长。“为己利他”行为机理，不仅体现了人类行为的本能冲动和亲社会性，而且能够清楚地反映出人类社会关系中的这种差序性，从而对人类行为做出更为合理的解释。

实证研究中可以看出，纯粹的利他主义即“完全无条件”的捐赠是极少的，校友捐赠总是建立在一定条件基础之上的。捐赠者追求交换关系的平衡，而不是平等，因为校友捐赠的付出和母校的回馈并没有绝对量化的对等关系。因此，校友向母校捐赠过程中的付出和回馈，是一个更注重意义化的过程。校友捐赠的初衷是增加大学利益，但并不等于完全利他主义，夹杂着个人利益是合情合理的。基于对个人利益的正当性的认可，大学筹资工作应该是“找到一个正确的方式把大学的需求和潜在捐赠者的利益结合”[①]。大学校友管理的价值取向应该注重服务、互利，哈佛大学校友会就提出“提高大学的福利，建立大学和校友之间的互利合作关系”的组织目标。校友会是大学校友管理的主要载体，通过校友会制度实现互惠是吸引潜在校友捐赠者的有效途径。美国马里兰大学以不同捐赠金额大小设置了多种校友会员身份，提供了多样化校友福利满足校友的多种价值需求，具体包括使用图书馆、就业指导服务、保险服务、职业能力提升、旅游服务、车辆牌照折扣、艺术展览票务优惠等。为了提高募捐效果，应该立足大学自身发展需求设计多样化的募捐项目来满足捐赠者的多种价值需求。比如，以感恩回馈为主题的项目——科研、学生资助项目，以增加校友成就感为主题的项目，优秀杰出校友评选等；以感动为主题的捐赠项目——美好校园回忆等。同时，不可忽视二级学院开展募捐的优势，本研究中“支持自己专业发展”是非常突出的捐赠原因之一。另外，把校友隐性的价值需求显性化，即让校友捐赠的价值达到最大化，从而增加校友捐赠体验的满意

① Lasher W. F., Cook W. B., “Toward a Theory of Fund Raising in Higher Education”, *Review of Higher Education,* Vol.20, No.1（2006）, pp.33–51.

度。以创新形式营造温情效应提升校友的成就感、自我价值感等，同时利用公共政策、校友会会员制度等增加校友的捐赠效用，如免税优惠政策、校友优惠折扣等。回馈校友应注重以感激为主要目的，将大学发展的使命融入回馈形式中，以增加校友捐赠的价值感。

随着时代的发展，大学校友的身份发生着变化，越来越多的校友已成长为互联网和商业投资人、新兴行业创业者等，除了出于帮助学生和情感效用以外，信奉某种理念、关注某个领域、希望产生社会影响也是他们捐赠的目的。捐赠者的捐赠动机不再热衷于捐资建楼而获得冠名权或者有倾向性的投资主题，而是被具有某种价值观念的机构吸引。西方一流大学中出现的巨额捐赠或终身捐赠背后的动机，虽然没有脱离获得社会认可的愿望，但已从“冠名”方式转向理念实现层面的“合作”，捐赠者的行为更像是在投资某种价值理念。大学和捐助者的关系不再是简单的施善与受善的关系，现在大学越来越像是融资机构，其筹资项目越符合捐赠者的兴趣或理念诉求，就越容易建立捐赠关系。捐赠者通过大学捐赠实现个人“改变”和“创新”的想法，与大学共同实现某种使命创造社会价值，从而获得社会或自我的认可，是捐赠者更深层次的心理需求。新一代捐赠者更富有冒险精神，愿意支持大学创新想法，比如支持一些跨学科研究项目。大学与捐赠者的关系维系不再仅限于熟络和友好层面，而是挖掘和销售自身的“优势”“理念”，寻觅愿意“合作”的捐赠者，建立起长久的捐赠关系成为大学筹资战略趋势。捐赠者动机转向“合作”层面后，筹资者帮助捐赠者寻找价值意义，与捐赠者建立信任关系显得非常重要。

第二节　国家文化与校友捐赠的关系

一、高等教育捐赠是全球同构的产物

本研究中运用的理论框架和基本概念大部分是以西方学术界的研究结果为基础的。中西方尽管在校友捐赠的情感机制方面存在一定差异性，但本研究从侧面证明了西方理论对中国校友捐赠的解释具有一定的适应性。正如先前跨文化背景下校友捐赠实证研究结果一样，如意大利（Francioni 等人，2020）、俄罗斯（Skhakova 等人，2020）、德国（Ilda Maria Pedro 等人，2020）。这些研究的共同之处在于，将校友捐赠与非营利组织捐赠区别开来，而关注大学组织的管理和文化。德雷兹内对这种趋同性的结果给出了解释：中国高等教育慈善的实践是全球同构的产物，或者说是借鉴了西方的实践。如果将校友捐赠问题置于高等教育国际化的背景下，那么另一种可能的解释是：在高等教育国际化的过程中，我国高等教育质量保障体系高度重视学生的学习体验，这种管理文化已经渗透到了大学与外部关系的方方面面。随着我国高等教育规模的增长以及国际化的深刻影响，已经形成了一种强烈的趋同组织文化，如追求学生满意度、组织校友相关活动、增强对大学的认同感等。即使如此，还需要更多的研究来印证。在另一项研究中，本人将我国儒家文化中的道德理想（仁、义、礼、孝）和大学体验情感（归属感、满意度、信任感）作为因变量，考察了影响中国校友捐赠意愿的因素。结果发现，二者对校友捐赠的意愿皆有积极影响，相比之下，西方理论框架下的变量的解释力度更强。因此，全球化的高校组织文化的共性在很大程度上削弱了高等教育慈善事业中民族文化的多样性。然而，这样的结论还需要更多案

例的支撑，有必要在其他国家进行更广泛的研究。

讨论理论适应性的目的并不是强调民族文化差异在高等教育慈善中完全无用或者消失了。相反，需要强调的是，校友捐赠归因原点是大学的治理，尤其是大学治理的复杂性和特殊性，在不同的国家、不同发展阶段呈现出不同的样态。文化作为大学治理的底色不可或缺，大学置身于大文化之中，也有自身的小文化。所谓“大文化”，在高等教育国际化程度日益增强的今天，大学向社会筹资的行动已经成为一种趋势，各国高校都纷纷开始制定激励政策和开展筹资工作。而这种“大文化”主导者主要是筹资最为成功的美国高校，它带来的影响包括大学治理理念和组织的革新。

过去，我国高等教育以办学资源投入及办学条件改善为前提，旨在实现高等教育规模及速度的大发展，这种传统的外延式发展模式并没有缩小与世界高等教育强国间的差距。20 世纪 80 年代，全球高等教育质量评价风向标从“资源投入”转向“人才培养和知识创新”。在此背景下，“内涵式发展”要求成为我国高校治理的新方向。在探究“内涵式发展”路径时，提出“过程环境”影响“输出质量”的北美“院校影响力理论”极大地影响了我国高校的质量保障文化。这种理念形成了一种强烈的共同组织文化，如“以学生为中心”追求学生体验满意度、提升院校服务能力、增强对大学的认同感等。精心营造大学的内在环境，比如学生活动、学生服务、教学互动、师生关系等成为大学治理的新关注点。而这些改变，也悄然影响了校友与母校的关系，越来越多的高校开始组织丰富多彩的校友活动，联络感情，为校友提供学习、交流的平台等。

组织变革层面主要是关于激励大学主动积极筹资的举措，比如建立专门的大学基金会和校友会，制定捐赠基金配比政策，税费政策优惠，等等。为了获得良好的筹资效益，这种“大文化”可能会冲击本土文化，比如改变组织的结构。在我国高校治理架构中，大学基金会在 20 世纪末开始如雨后春笋般地出现。在管理上，虽然与美国完全独立的机构管理模式不同，但是国内大学基金会已经开始吸纳专业筹资人士进入基金会管理层，而不仅限于高校体制内人员，比如清华大学就是如此。这种突破不仅限于基金会层面，也影响到我国高校多样化的治理模式，比如西湖大学、筹建中的福耀科技大学，这种“基金会办大学”模式是社会力量参与建设新型研究型大学的全新探索，极大地丰富了我国高等教育体系。

无论是在理念还是实践层面，我们都可以很清晰地看到我国高等教育捐赠受到的国际影响，这一点在本研究中的西方理论的适用性上也得到了一些验证。虽然本书中西方理论和概念解释了中国校友的捐赠行为，证明了西方理论的适用性，但是由于着重比较研究，本书并没有将本土文化因素作为因变量，这是一大缺憾。校友捐赠所具有的全球同构特征是受到高等教育组织同构性不断增强的影响，这拓宽了校友捐赠相关研究的理论视角，也为实践提供了更多交流平台。当然，本土文化即大学所处的“小文化”在校友捐赠中发挥的影响也值得进行更深入的探究。

二、国家文化差异与校友捐赠的情感影响因素

基于实证研究发现，影响校友捐赠的直接和间接情感动因包括满意度、归属感、责任感。对中美高校而言，起决定性意义的情感动因有所不同：中国案例高校中起决定性作用的是校友对母校的归属感，美国案例高校对校友捐赠起关键影响作用的是校友捐赠责任感。不同文化背景下个体的价值观不尽相同，这种区别导致了人们在认知、动机以及情绪等方面的差异[①]。中美高校中情感动因决定性因素的差异，可以从两国不同国家文化

① Markus H. R., Kitayama S., “Cultures and Selves”, *Perspectives on Psychological Science,* vol.5，NO.4（2010）, pp.420–430.

特征进行讨论。

中西传统慈善文化的差异是本研究中情感动因存在差异的原因之一。中国的慈善捐赠价值观念在很大程度上受到以儒家为核心的传统经典文化的影响，“儒家传统文化较多体现为选择性与非普遍性、纯粹自律导向、亲疏有别的差序格局以及家族财富观”[①]。中国社会讲究亲疏有别的差序格局，从古代到现代，慈善行为都是建立在宗法血缘关系之上的，以血缘、地缘、族缘关系的亲疏作为施予帮助的判断依据，强调“施由亲始”。儒家文化中，个人对家庭和亲属关系具有关切的责任感，也会主动向有血缘关系的亲戚寻求帮助。人们很少可能会向陌生人或是无血缘关系的人提供帮助。有人认为，这是因为浪费了可以为有血缘关系的人提供的资源。此外，儒家文化中认为个人关系应该建立在相互有利的利益交换基础上。这些传统的慈善捐赠价值观念在我国现代慈善文化中仍然根深蒂固，相比西方慈善文化体系不免有些落后。可见，在中国的慈善文化的义务限于“近亲”“宗族”关系。显然，向大学捐赠，对于大部分中国校友来说并不在个人慈善价值体系义务范围内，相反，美国校友捐赠具有一种“非强制性”的自律色彩。

每种文化都有其处理该社会基本事务的独特方法，而这些方法常常在该社会中被视为“理所当然”。文化的基本要素包括语言、规范、奖惩与价值观。在西方文化中的慈善捐赠规范和价值观是影响校友捐赠责任感形成的重要原因。博爱精神是西方社会慈善传统的核心，这是一种带有普世主义色彩的爱。慈善文化经过历史的沉淀、情感的熏陶、集体意识形成，最后成为民族共有的价值取向，形成以“公益”为目的的捐赠行为道德规范、以“公开”“开放”和广泛为原则的捐赠习俗与捐赠环境。在高等教育捐赠中，校友捐赠是一种责任也是一种选择，更是一种非正式的规范。在校友的捐赠动

① 高鉴国:《中国慈善捐赠机制研究》，社会科学文献出版社 2015 年版，第 176 页。

机中，“向母校捐赠是一件正确的事”获得了很高的认同。可见，在高等教育领域，校友反哺母校已经成为一种文化中的共同认识。在慈善文化兴盛的美国环境下，校友将向母校捐赠视为一种义务行为，是受到个人价值观、信念的驱动，是受到了非正式的社会规范的引导。

慈善行为是一种道德行为，责任感属于社会道德心理的范畴，二者之间因果关系建立在一定社会文化背景基础上。慈善行为是美国社会的普遍行为。佩顿在《慈善的意义和使命》一书中强调慈善行为源于道德，救济行动是道德选择，个人的慈善行为表达他们的价值观，倡导公益观念，为他们的任务而努力，并从中发现生命的目标、意义和希冀；通过慈善行为，可以憧憬、计划、争议，同时贯彻和重塑道德[①]。责任感属于道德范畴，其形成和增强受到意识形态和社会文化的影响，也包括教育本身的影响。教育影响或是环境影响，包括树立典型、了解标榜事迹、环境熏陶。大学捐赠文化传统是产生捐赠责任感与校友捐赠因果链的重要原因。

在集体主义的中国，校友们有强烈的回馈社会的义务，但还没有捐款。要挖掘增加校友捐赠的巨大潜力，应根据民族文化特点制定相应的策略。在集体主义社会中，人们更感兴趣的是作为一个群体的一部分，并被认为是一个更大的联盟的一部分，以实现共同的目标和维护群体内的关系[②]。在大学里，同学、老师和朋友都是现代集体主义的一部分。因此，从筹资策略的角度来看，高校应该采用网络驱动的方式开展慈善项目。具体来说，筹款项目可以以“团体”的名义来设计，比如班级、系。群体慈善更符合中国的集体

① [美]罗伯特·L. 佩顿、迈克尔·P. 穆迪：《慈善的意义与使命》，郭烁译，中国劳动社会保障出版社 2013 年版，第 120—128 页。

② Hofstede G., Hofstede G. J., Minkov M., *Cultures and Organizations: Software of the Mind*, Third Edition. New York: McGraw-Hill, 2010, p.113.

主义慈善模式。[①]

中国案例高校研究中，校友对母校的归属情感对个人的捐赠与否影响作用最为明显，这可以从东方文化中的集体主义折射出一二。在中西方文化比较研究中，集体主义作为中国文化特有的标志。“个人将自身视为某一个或多个集体（家庭、同事、种族或国家）中的一分子，彼此紧密相连，个人由于受到集体规范与赋予责任的驱使，愿意将集体目标置于个人目标之上，而且也重视与团体其他成员之间的联结关系。”[②] 个体的集体主义行为的决策基于情感关系的基础，集体应当有所回馈，个体才会付出。集体主义文化影响道德决策，集体主义作为文化价值观的重要维度之一，基于集体情感产生个体和群体的联结。已有研究表明，个人的集体主义倾向直接影响企业员工的捐赠意愿。[③] 校友自视为大学的一分子，构建起了一个依赖、联结的“家庭”，社会关系、情感归属在集体主义文化条件下显得尤为重要。校友在母校获得认同、尊重、成长、联结等情感会影响个体为集体付出。“集体参与”也是校友归属感的重要体现，校友乐于将向母校捐赠作为一种集体行动，以“重在参与”的心态进行捐赠，可以以此解释捐赠责任感对中国校友捐赠不存在显著的影响。

① Marquis, Christopher, Qi L, Kunyuan Qiao, “The Chinese Collectivist Model of Charity”, *Stanford Social Innovation Review,* Vol.15, No.3 (2017), pp.40–47.

② 杨国枢：《传统价值观、个人现代性及组织行为：后儒家假说的一项微观验证》，载杨国枢编：《中国人的心理与行为：本土化研究》，中国人民大学出版社 2004 年版，第 464—530 页。

③ 赵芬芬、杜兰英：《基于组织动员情境的员工捐赠意愿影响因素研究》，《科技与管理》2016 年第 2 期。

第三节 策略建议

校友是大学社会捐赠的重要主体，被视为经费筹集的“潜在供给者”。我国高校校友捐赠呈现“两低一高”：捐赠率低，捐赠频率低，潜在捐赠意愿高。调查显示，我国案例高校约 20% 的校友曾经向母校捐赠，大部分校友未曾捐赠，而美国案例高校的捐赠率超过 40.37%。相比之下，我国高校校友的捐赠率明显偏低。就捐赠频率而言，我国案例高校的年捐赠者仅占 9.8%，其中一半以上的校友捐赠时隔较长，或是仅捐赠过一次，美国案例高校年捐赠者超过了 1/5。但是，在未曾捐赠的校友群体中，我国案例高校有 2/3 的校友有意愿或有计划未来向母校捐赠，潜在捐赠者的比例高于美国案例高校。我国案例高校的捐赠者集中在男性和中青年校友，超过一半捐赠者的家庭收入偏中等（家庭年收入 10 万 ~ 29 万元），不存在城镇差异，本科毕业生占多数。潜在捐赠者中，女性占比稍多，年轻化明显（20 ~ 39 岁的校友占了 88.5%），大多数家庭收入偏中等以上（30 万 ~ 50 万元）。基本可以看出，中青年校友对母校的支持意愿最强，而且我国高校校友捐赠的潜力巨大。

通过研究发现，校友捐赠行为受到情感、沟通、互惠因素的影响。我国高校校友捐赠行为以大学参与为发端，通过经验融合，产生积极情感激发向母校捐赠。校友捐赠行为影响因素中，我国高校尤其在校友大学参与方面、大学基金公信力、捐赠信息和捐赠渠道宣传、校友联络工作、劝募努力、捐赠项目、捐赠回馈机制等方面存在明显的不足。

首先，大学筹资工作的顶层设计与大学发展战略缺乏联系，整体上大学筹资工作、校友工作重视程度较低。校友对学校在劝募努力、校友服务、捐赠项目策划等方面的感知度低。高校筹资工作理念落后，与校友沟通效力低，劝募主动性弱，校友被劝募频率低。缺少系统的筹资工作体系，缺乏有战略意义的筹资目标，发展思路不清，校友工作有待强化。

其次，研究中发现校友捐赠与大学参与体验积极相关，我国高校缺乏对学生大学体验的投入，缺失独特的大学参与体验活动，乏善可陈的大学经历难以产生凝聚力。大学体验影响校友对母校产生积极情感，师生关系维系、支持性服务和校友服务等方面满意度有待提高。校友捐赠行为依赖于校友对大学的依附和认同，研究生归属感维护有待加强。

再次，我国高校潜在捐赠者集中在中青年校友，校友关系维护急需作为校友工作的重点。学生事务工作与校友工作缺乏合作，在校生捐赠文化培育缺失，缺少品牌捐赠活动、校友活动等。校友参与校友活动频率低，校友组织活力不足。研究中发现，校友归属感下移二级学院明显，但是二级学院缺少捐赠渠道和捐赠项目，校友联络不够紧密。

最后，大学基金会公信力有待提升，捐赠项目、捐赠渠道等信息沟通欠佳。校友最为关心“捐款用于哪儿，如何花”，捐赠项目知晓力差，筹资工作宣传不足，校友对捐赠项目感知不足。大部分校友获得的劝募方式以邮件为主，校友被劝募的频率低，反映了高校劝募方式单一，对校友行为缺少研究，工作效果不显著。高校缺少校友信息库，劝募工作“有心无力”。“集体参与”也是校友归属感的重要体现，校友乐于将向母校捐赠作为一种集体行动，然而，高校目前劝募对象集中在成功或知名校友，忽视大量潜在校友。研究发现：校友捐赠效用存在差别化、多元化特征，目前高校捐赠项目单一，难以满足差别化的校友捐赠效用偏好；校友捐赠效用存在隐性和显性需求，校友隐性捐赠需求往往被忽视，缺少多元化捐赠回馈方式，内容有待突破传统，与校友现实需求结合。

一、提升筹资重要性，明确筹资目的，改善校友工作

随着社会经济的发展，世界大学发展呈现出新的格局，社会资源是大学弥补财政有限和大学发展不平衡的重要途径。在财政制度、文化传统的影响下，中国大学长期以来对大学筹资的兴趣不浓，秉持“君子不言利”的传统，羞于开口筹款，极大地束缚了大学迈向自主筹资。筹资对大学发展的意义体现在促进大学保持稳定和持续竞争力，增强大学的独立性和办学自主权，创造卓越的办学条件。面临高等教育强国建设的挑战和机遇，大学应当摒弃这种传统，突破束缚，立足于大学发展战略的高度思考大学筹资工作。大学筹资本身既关乎行动也关乎价值，大学筹资被赋予的价值从大学发展本身到促进社会发展，给大学筹资实践带来新的意义和使命，募捐文化在不断延续和发展中才能逐渐打破旧传统，以建立新的社会捐赠文化传统。

大学捐赠的根本目的不是对某一个学生或整个大学的救济，而是整体上关注大学的发展。回报母校，促进母校发展，这是校友捐赠的基本信条。饱含使命感和价值感，弘扬和传递爱心，凝聚集体的力量，具有感召力的捐赠项目才能吸引校友捐赠。将大学筹款作为一项集体运动，邀请所有校友参与其中，让每一位校友感受到作为大学一分子的参与感。首先从大学筹款项目的立意下手，比如耶鲁大学“为了耶鲁的明天”、密歇根大学的“卓越密歇根”等，主题鲜明并承载着特殊意义则更容易引起校友对母校的认同和关注，从而获得更多捐赠。大型筹款项目立意融入大学发展使命并具有前瞻性，小型筹款项目立意富有感召力并明确受惠对象，个人或团体捐赠项目需尊重捐赠人意愿。通过设计丰富的项目内容满足不同类型校友的效用需求，比如前沿学科和重大应用领域科研项目、教学改革项目、学院提升项目、奖助学金项目、未来学生能力发展项目、纪念类型项目等。差异化的捐赠项

目，融合大学发展的使命、历史人文和情感，感动校友，让校友成为母校的追随者、实践者和受益者。

从大学发展战略出发改善校友工作理念。我国校友会工作越来越受到重视，校友工作过去停留在感性阶段，校友工作处于被动状态导致校友和母校的关系脆弱。专业化的校友工作不仅仅只看到校友与母校的感情因素，也要将校友工作推进理性层面，寻找工作规律。一方面，积极开展校友调查，加强校友会规律性研究和应用理论研究，探讨新形势下校友会工作发展方向、组织体制和运行机制等。另一方面，通过校友调查和反馈，大学校友对母校的需求多样，不同校友存在不同捐赠效用偏好，校友会通过对需求内容和层次进行科学合理的分析后做出价值判断，通过捐赠项目回馈机制、校友会会员制度回应校友的需求。基于本研究，校友的捐赠效用偏好包含物质性需求、精神性需求、信息社交需求、经济性需求、成长性需求、声誉认同尊重性需求。校友会常规工作以联络校友，为校友提供服务为主，校友筹款工作与大学基金会筹款工作有交叉，但是校友关系维护、校友需求回应都集中在校友工作中。把回应校友需求融入校友会活动、校友会会员制度、校友管理服务中，不断丰富校友工作的使命，提升校友工作的专业化和重要性。

二、打造独特大学体验，强化归属感，凝聚校友情感

（一）改善校园环境，增加大学体验的投入，凝聚校友母校关系

把学生作为高等教育的主体，在当前高等学校内部体制管理和教学活动中突出学生的主体性是高等学校的核心议题。本研究发现，校友在校期间和毕业后参与大学的各种教学活动、课外活动、校友活动对校友向母校捐赠产

生了积极的影响。大量研究证实“在校参与”是反映整个大学教育质量的过程性指标，包括学术活动参与和社会活动参与，是大学生知识、技能、认知各方面提升的路径，是影响大学满意度的重要因素。以学生为主体，一方面为学生的身心发展需求提供支持性资源，并不断提高学生获取和使用资源的便利性，促使学生在学术环境和社交环境中充分融入，增加满意度，提高归属感；另一方面，为学生提供自主平台，产生拓展性学习活动、科研相关性活动、社会实践类活动，开放、丰富、多元的课程体系，激发不同背景、不同禀赋的学生付出主观努力，利用大学资源获得收益，留下深刻的、积极的印象，增强回馈之心。

什么样的大学体验才能给校友留下深刻的印象，产生积极的情感？首先，提供高质量、高影响力的教育活动才能增强学生的收益感和增值感。高影响力教育活动通过“非结构化”“高度情境化”“广泛涉猎不同知识领域”的学习任务设置，形成认知挑战，激发学生学习内部动机，对学生产生知识性冲击。[①] 这必然会打破传统课程体系设置、课程目标设置、教学方法，教学上也向教师提出了极大的挑战，只有形成“挑战—支持”的学习模式，才能激发学生学习兴趣，增强知识的收获感、能力提升感，增强自我效能感，获得终身受用的学习经历，向不同能力、不同志趣的学生提供参与门槛不同的学术活动，增加参与度。

其次，与教师的关系也是影响大学参与体验的重要方面。教师除了在学习上是学生自主学习的促进者和支持者以外，还是他们的人生态度和价值观的导师。增加师生互动的平台，提高师生互动的质量，形成良师益友、师生融洽的和谐校园人文环境。在制度上，本科生导师制、研究生导师制是重要

① 文雯、初静、史静寰：《“985”高校高影响力教育活动初探》，《高等教育研究》2014 年第 8 期。

的师生关系发展载体，有必要在制度上保障师生间相互尊重和平等的关系。大学规模大且班级人数多，会弱化师生互动、同伴互动的深度，让学生无法感受人情关怀，失去认同感。可以借助多元融合的人际交往载体，比如书院管理制度，提升学生情感方面的需求，加强师生互动、交流。尤其关注研究生群体与导师的关系问题。大学生在大学的体验犹如小型社会，除了学术活动以外，在师生互动、同伴交往等人际关系都影响着未来校友的社会关系网络。形成积极、和谐、平等友爱的人际氛围是提升在校体验的重要方面。

最后，打造精细的支持服务体系，重视不同群体的需求差异。高校支持服务体系与教育活动同等重要，在大学期间学术非认知性发展、生活等方面遇到的挑战需要学校给予专业的支持。建立以心理咨询、就业指导、经济资助为主要核心的支持服务体系，从校级到院级层层设立相关部门，增加资源投入，打造专业的支持服务体系。在让学生充分感知学校支持服务的同时，提高学校服务支持的质量，让学生充分利用这些资源获得帮助。心理咨询与经济资助服务关系到学生在读期间的基本保障，就业服务也是在校生获得满意的第一份工作的必要。有研究表明，校友对第一份工作的满意度将影响校友对母校的认同和后来向母校捐赠。开展有针对性的就业指导服务和帮扶政策，拓展社会资源提供就业平台，提高就业质量。改善学校硬件设施，创造良好的住宿生活环境，让学生感受到家的温馨，增加大学生的归属情感。支持服务体系的完善需要大学资源的重新分配，将改善大学校园环境作为一种长期投资未尝不可。

（二）精心设计校友活动，增加校友活动参与，延续情感

提高毕业生参与度，有利于提高校友对母校的归属感，也直接有益于提高校友捐赠的可能性。毕业生活动参与主要依托校友会工作。常年来，校友会工作未受重视，工作被动，缺少对校友活动的支持体系，缺少多样化的

有策划的校友活动。校友活动具有灵活、多样等特征，可组织校内和校外活动、线上和线下活动、全体性和分院系性等。在校内举办的校友活动，具有最大的开放性和影响力，通过整合校内外资源，举办多样化的校友活动，包括分年级、班级、专业的返校活动，校友文化节活动、志愿活动及校友分享会等。校外校友活动注重依托地方校友会组织，利用地方校友资源举办有特色的地方校友活动，增加校友参与度。校友活动形式和内容应该满足校友多元化需求以及参与的便利性。有序、有组织的校友活动依赖制度化的管理，校友会工作组织架构需进一步完善，除了设立宣传、联络职能部门以外，有必要设立对外业务部门。搭建起各地方校友互动网络是首要。其次，拓展大学资源开发校友服务产品，与社会机构、企业合作为校友提供多样优惠服务项目。

除了以活动为载体，为校友提供可视化的母校发展信息也是重要参与渠道。校友期刊、大学杂志、大学年度发展报告等有关母校发展的电子刊物，均可以以邮件、公共媒体、社交软件作为平台帮助持续关注母校发展。全球校友日活动是美国很多大学的传统校友活动。由校友会每年提前发布日期和主题，由行政人员和教授组成校方代表，在各国、各地方举办校友团聚活动。该形式也开始受到国内高校效仿。

（三）学生工作管理专业化，建立校友工作和学生工作的合作机制

大学筹资战略应该与学生的就读经验、情感体验结合在一起。打造高校独有的传统文化活动，“仪式、庆典、典礼”是大学体验中难以忘却的部分，架构起了大学的生活回忆。有研究者把高校传统文化活动比作大学的“流通货币”，将其作为所有大学成员共同的体验。这种共同的体验形成学生与大学的一种联结和相互的理解。提高大学生的参与，改善大学体验，给予学生自主性管理学生活动、组织活动。学生事务管理者的角色是服务者和督促

者，保障学生活动顺利开展，获得积极结果，产生积极影响。给予学生自主性的前提下，学生的多元化需求、兴趣志向、能力禀赋才能得到满意的发展。学生事务管理者应该提供学生平台、空间，充分发挥学生的能力兴趣，创造属于学生自己的“流通货币”。

参与活动通常被割裂为校友工作和学生事务工作，管理部门极少沟通合作，在实践中发现，诸多校友活动中，在校生参与益处甚多。在美国专门设立在校生校友志愿服务奖学金，鼓励在校生投入校友服务活动中。这也是为在校生和校友创造沟通机会。校友企业招聘、校友返校办讲座、校友分享活动等，有在校生的参与和贡献，一方面提升了在校生对母校的回馈责任心；另一方面为在校生提供生活、学习、工作方面的引导和机会。学生工作者和校友工作共同营造良好的参与环境，支持服务环境。

基于对人性的深刻理解，以“人”为中心，有组织、有目的地精心改善大学环境，提高校友参与并凝聚感情是从根本上为大学筹资工作提供基础。成功培育校友情感和校友捐赠文化才能帮助大学活动持续性地筹资增长，所谓“功夫在诗外”，让校友在入校之日起开启美好的大学体验至关重要。建立充满人文关怀，开展具有高质量的教学活动，营造多元化、积极的社会人际交往环境，让校友在就读过程中获得尊重、认同。在大学的传统活动中，感受大学的历史和传统，让校友产生对大学的自豪感和认同感。通过校友活动，继续联结校友，凝聚情感，让校友延续情感。

三、提升大学公信力，增加沟通渠道，提升沟通效能

（一）信任感是沟通机制的基础，捐赠信息公开、透明提高公信力

信任指“相信而敢于托付”。校友向大学捐赠，受校友对大学使用捐赠

资金的信任。在实际中，这种信任关系直接关系到大学基金会的公信力。公开透明和信息披露是基金会普遍倡导的机制。信息披露是建立公信力、获得校友信任的重要途径。信任基于有效的项目运作则包括高质量、切实有效地使用捐赠资金，用到实处，用到刀刃上；公开信息，接受监督、审查，杜绝捐款挪用他处、贪污、浪费等现象。信息透明要求财务运作和项目运作公开化，让公众可以随时在线获取年度报表，理解捐赠项目的财务状况及具体运作。专项报告是针对某个项目的细化报告，包括支出细节、成果。信任是维持校友和大学关系的基础。

在调查中，中国校友对母校捐赠建议中提及最多的是信息公开。在现实中，大学的信息公开透明机制并未尽善尽美。在校友未知“捐款怎么花，花到哪儿”的情况下，校友向母校捐赠的交换关系即出现不平衡，需要进行沟通。目前，大学理事会承担着监督工作，定期召开会议听取关于捐赠资金的使用情况，同时对基金会内部资金的保值增值及预算决算审定进行科学评估。大学理事会成员的组成有待丰富，有必要让校友和在校师生进入基金会理事会，增加多方的监督和信息反馈，提高理事会的工作效能。当前，大学基金会信息公开的内容主要集中在组织章程、年度工作报告。应在年度工作报告中以简报形式整理当年基金会工作，对有关募捐、捐赠资产的财务信息公开得相对粗略。建立健全自律和他律机制，建立公正公开透明的捐赠信息披露机制，提高社会捐赠的信任度。定期公布财务数字状况，严格审计制度，通过提高大学基金会筹资公信力来提高和动员更多社会慈善资源，还应借助信息披露平台增加信任感。

（二）劝募方式、捐赠渠道多元化，增加募捐沟通效能

校友捐赠的影响因素中，除了情感因素影响，有效劝募沟通是更直接的刺激因素。 劝募过程是有目的性的沟通过程，多元化和专业化的劝募方式才

可以增加校友捐赠可能性。

大学筹款的沟通机制建立体现在两个方面：一方面，通过不同的劝募渠道达成不同沟通目的；劝募信息明确捐赠用途、包含捐赠人的反馈信息。有目标、多元化的劝募方式才能提高沟通的效果。对校友捐赠来说，针对不同阶段、不同类型的校友或团体应该采用不同的劝募方式。大众传媒的劝募信息更新频率非常高，因此适合宣传捐赠项目，让广大校友感知母校募捐需求、感知校友捐赠是一项集体行动并诚挚邀请所有校友参加；通过社交平台有针对性地将劝募信息发布给地方校友会、班级群、专业群，可以增加舆论效应；通过活动或典礼仪式劝募，可以获得特定群体的捐赠；电话交谈和一对一交谈，更加适用于联络已捐赠者或极具捐赠意愿的潜在捐赠者。无论是哪种劝募渠道，需要提供给校友捐赠项目信息，最基本的捐赠信息通过学校网页、邮件、校友杂志等方式传播，劝募的内容至关重要。通常，劝募信息包括捐赠项目的主要目的和背景。但是，这样的劝募信息的最大弊端是容易引起校友的不信任感，没有详细的项目用途，即使再煽情也会让理性的捐赠人产生犹豫。所以，真情实意、真实有效的劝募信息，或者以过往受助者的感受、感言作为劝募信息更能拉近捐赠人和捐赠项目的距离，对信息产生信任感。不可忽略的是，定期发布捐赠项目进展、收获、财务信息都可以增加校友捐赠的信任感和劝募的有效性。另外，在劝募行动之前，平常的关系维护也应该增加强度和广度。传媒时代，信息高速传播，通过多元化的社交方式维系校友和母校的沟通，扩大宣传、扩大大学在社会的影响。增加联系方式，更好地服务校友组织、服务校友。

另一方面，捐赠渠道多元化、便捷简单。日新月异的社交方式让人更愿意追求简单便捷的捐赠方式。教育基金会是非公募基金会，不能向非特定人群募捐，不能拿着捐款箱到社会上筹资或义卖，不能通过报纸、广告发布募捐信息，最直接的途径是通过大学基金会网站、社交网络平台传递筹资倡议，或举办大型筹资活动或年度捐赠活动，在校友返校活动或聚会活动上表达筹资意向。在“互联网 +”时代，校友捐赠手段应该不断创新。将电子商务模式成熟地运用到校友捐赠项目中。支付平台基于移动端，拓宽平台，利用支付宝、微信、网银等推动便捷、随时随地、快速捐赠途径，还帮助高校统计和分析数据。小额捐赠可以帮助校友建立归属感，快捷方便的捐赠渠道有助于为小额捐赠提供便利性①。复旦大学几年来校友捐赠成绩显著，充分运用“互联网 +”模式是其成功经验之一。通过电子商务模式，如网上购物模式搭建校友捐赠平台，不到一年就募集 600 多万元，逾万名校友参与了小额捐赠。复旦大学校友会将每周五设定为“校友捐赠日”，通过微信公众号固定推送捐赠项目。北京大学通过微信推出了“118，我给母校发红包”的捐赠活动。浙江大学“我捐了，你呢”项目鼓励校友捐赠成功后分享出去，邀请朋友一起捐，也引发校友围观。

美国大学“校友年度捐赠”是最能凝聚校友的捐赠项目，可以借鉴一二。通过校友会联合基金会，以全球校友会和院系为网络，拓展校友捐赠渠道，创新校友捐赠筹募方式。校友会联系采访校友和班级，让大家回忆校园生活、讲述个人经历、感怀同窗师生情深，文后推出相应的捐赠项目，让捐赠变得温暖感人。校友在朋友圈和同学群转发文章，成为捐赠劝募人。同时，校友会积极组织各类线下活动，如动员校友分享海报、微视频、照片、捐赠证书获取礼品等，提高网络传播的深广度和捐赠的参与率。

（三）建立二级学院的校友捐赠沟通机制

研究发现，校友向自己的院系捐赠是重要的捐赠目的，毕竟校友对院系

① 杨维东、朱丽军:《大学捐赠基金筹资模式的转变——基于长尾理论的分析》,《教育与经济》2015 年第 3 期。

的归属感更明显。在校友捐赠的沟通机制中，有必要建立二级学院的捐赠沟通机制。美国高校在筹资过程中十分重视建立二级院系筹资平台，二级学院拥有自己的网络平台、项目设计、校友活动安排、捐赠联络工作人员。作为大学的二级单位，院系与校友的联系更为紧密，更容易与校友建立密切的信任关系，二级院系的捐赠平台是大学拓展资源、开展筹资工作的重要渠道。校友在校期间对母校产生的归属感，来自互动最为紧密的师生，这当属自己院系的老师和同学。利用二级学院的筹资平台联系和沟通，可以获得更多信任感、信赖感。校友更愿意捐赠支持二级学院的发展。

四、建立校友信息库，丰富回馈机制，强化互惠关系

（一）建立校友信息数据库，建立档案，建立信息化支撑

我国大学的校友信息数据库存在涵盖校友数量少、信息重复、信息有误、信息陈旧等问题，真正能够切实取得联系的校友数量大约占数据库中校友总数的5%左右。[①] 因此，及时获得校友信息，建立校友信息数据库才能开展校友服务工作并培养管理校友关系。校友信息库数据包括个人基本信息、在校信息、工作信息、社会关系信息、捐赠信息、其他信息等。高校可以通过毕业季首次进行相关信息确认，后续通过办理校友卡绑定手机，对上述信息实时更新。信息采集需要良好的人力组织、资源整合及多个部门的协同配合，包括就业创业中心、学生管理中心及院系等。内部协同配合才能提高校友信息采集效率。高校还可以依托校友优惠措施、活动、服务收集校友信息。利用网络等科技手段，通过提供校友优惠措施（如进校就餐、免费使用

① 李易飞、张德祥:《美国奥尔巴尼大学校友信息采集的经验与启示》,《高等农业教育》2016年第6期。

图书馆等），为校友提供学习深造的咨询建议、创业就业支持等。为校友提供入校、学习的便利，给一些激励机制办卡、补充信息、更新信息。

（二）丰富校友捐赠回馈机制

大学筹资应该是“找到一个正确的方式把大学的需求和潜在捐赠者的利益相结合”。借助回馈校友捐赠机制，依照不同捐赠水平、不同回馈需求，建立多元化的回馈机制。回馈机制是为了答谢校友的慷慨捐赠。本研究中发现，捐赠的动机反映出校友捐赠的心理需求和社会需求，以及捐赠用途偏好。基于社会交换理论中互惠互利原则，应该以校友需求为中心，构建多层次的、多元化的回馈策略。首先，大学应该明确自身所有的捐赠交换资源，同时整合院系、校内外的资源，为校友提供优惠措施与福利支撑，让校友的捐赠增值，提高校友的捐赠满意度。其次，设计回馈方案，形成制度。

按捐赠金额大小制定不同回馈方式，可采用回馈叠加的方式。回馈内容包括：赠送校级出版物，参与校领导出席的联谊活动，提供特别的母校纪念品，名字出现在年度捐赠荣誉榜（捐赠人要求匿名除外），邀请观看母校特殊文体比赛活动。冠名回馈方式常见于校友捐赠中，对校内建筑物（如大楼、学术报告厅、实验室、运动设施等场地）进行捐赠人冠名，是一种普遍的认可方式。冠名对象也可以包括校园内一砖一瓦、一木一街道等，此种冠名适合小额捐赠，以精致的形式留下校友名字，一条街道上一块砖刻上的名字对校友来说意义倍增。还可以以奖学金、奖项冠名。回馈捐赠的方式还有公开致谢：将捐赠人的名字、捐赠情况公布在大学媒介、校友会网站、大学新闻报刊上等，宣传和表彰捐赠人的贡献，还可以在捐赠人知晓同意的情况下提及捐赠人相关背景。制造“温情”回馈，在研究中很多校友存在心理收益期望，期望通过捐赠向母校表达感激、纪念某位重要的人，在熟知捐赠原因后，可以为捐赠人制定特别的“温情”回馈礼物。出自教师、受益的学生、其他校友、大学管理人员的信件与视频等都可以表达感谢，制造出温情效应。

五、融入文化特征，创新校友活动，促进情感转换

美国校友的归属感对捐赠行为的预测作用显著大于中国，这个结论可能是因为美国作为崇尚个人主义文化国家，更在乎个人的感受，校园体验中是否被接纳、被尊重、被支持会更加影响校友的捐赠决策。同样，由于个人主义对公平、平等等问题更加敏感，加之美国高等教育奉行消费主义文化，作为大学消费者，校友对大学质量更加在乎。这也能解释，为什么美国校友的归属感对大学体验满意度的预测作用显著大于中国，美国大学体验满意度对校友捐赠行为的中介效应也更显著。与先前的跨文化研究结论一致，美国作为个人主义、低权力距离文化的国家，校园互动质量（归属感和满意度）对个人的捐赠行为的影响更大。

我们也发现，中国校友参与校友活动对捐赠行为的预测作用显著大于美国。也就是说，中国高校校友通过参加各种校友活动，更容易产生捐赠行为。通过校友活动这个载体与校友保持联系，让他们感知母校的发展需求，更容易获得校友的捐赠。这也反映出集体主义社会的慈善行为特征。集体主义社会的亲社会行为，更容易通过集体行动彰显出来，为集体目标而产生慈善举动。集体主义文化中，利益主体是集体的发展和荣誉。集体主义文化背景下，通过各种校友活动唤起校友对母校的责任意识，更容易“内化于心，外化于行”，将积极的情感转化为捐赠行动。另外，校友活动通过推动校友社会关系互动来促进校友捐赠行为，这是由于在集体主义文化中，个人对“社会关系”非常看重，校友活动恰恰是推动校友社会关系的重要机会。

因此，在实践层面，我国高校促进校友捐赠要探索与集体主义文化相适应的措施。利用社交平台建立校友互动与分享平台，以增进校友的社会关系

互动，也可以增加校友对母校的关注，让校友建立更强的归属感。班级、院系、导师、社团等小型组织更容易唤起校友的归属感，因此以不同的集体身份组织、设计暖心、高参与度的活动，提高校友与母校的联结程度，激发校友的捐赠热情。同时，以二级学院、小型团体的名义建立筹款项目，激发集体参与意识，让更多校友感受到积极的捐赠体验感。

第四节　结　语

本研究的创新主要有如下三个方面。

其一，研究关注国际视域。在美国本土发放问卷收集数据并对美国校友捐赠问题进行探讨，突出了国际化研究。通过中美跨国研究，丰富了研究内容，对相关理论进行了不同文化差异背景的讨论和分析，对理论应用的适切性、现实问题的针对性都有重要意义。

其二，理论层面，对高等教育筹资理论进行了回顾比较，融合社会交换理论、组织认同理论与社会影响理论，构建了校友捐赠行为影响分析框架；构建了校友捐赠的情感影响机制“大学参与—关系凝聚—额外的付出”，帮助高校管理者从高校组织环境特性理解校友捐赠行为的产生机理，补充了个人捐赠行为理论，完善了高等教育筹资理论。

其三，方法层面，本研究采用混合研究，以量化研究为主、质性研究为辅。在量化分析中，运用潜在类别分析模型对校友捐赠的效用偏好进行类别分析。潜变量分析弥补了因子分析和结构方程模型的仅限于连续变量的不足，提高了分类变量的分析价值。潜在类别分析模型在高等教育领域应用较少，分析应用价值大于传统的聚类分析，除了分类功能还可以判断每种类型的条件概率，有利于深入剖析问题和挖掘数据价值。

本研究尚有不足，局限性主要体现在两个方面。

首先是研究对象上，本研究采用中美各一所案例高校的调查数据，案例高校为公立研究型大学，因此本研究结论只局限于样本学校，推广性有限。校友调查难度大、成本高；在有限的时间和资源条件下，本研究中问卷回收率偏低，样本数量有限，可能会造成研究结果偏差。

其次是研究数据上，在问卷调查中，美国高校校友的背景信息和捐赠记录均使用官方数据库数据，数据翔实准确。然而，中国高校缺少校友数据库，校友是否捐赠及捐赠频率均为自我报告，可能会存在一定误差，从而导致统计结果不精准。

主要参考文献

中文论文

1. 宝贡敏、徐碧祥:《组织认同理论研究述评》,《外国经济与管理》2006 年第 1 期。

2. 陈晓宇、冯倩倩:《我国高校的捐赠收入及捐赠人行为研究》,《北京大学教育评论》2011 年第 1 期。

3. 曹雪明:《美国大学发展战略中的校友关系策略》,《江苏高教》2013 年第 3 期。

4. 郭霞:《捐赠文化缺失的社会环境创生》,《山东师范大学学报(人文社会科学版)》2009 年第 3 期。

5. 顾建民、罗志敏:《校友文化及其培育的阐释框架》,《高等教育研究》2013 年第 8 期。

6. 洪成文:《创新资金新结构 着力推进"双一流"建设》,《中国高教研究》2018 年第 1 期。

7. 康宁、张其龙:《政府、市场和大学在高等教育资源配置中的角力》,《复旦教育论坛》2016 年第 14 期。

8. 罗公利、刘惠明:《我国高校社会捐赠影响捐赠者决策的因素研究》,《哈尔滨工业大学学报(社会科学版)》2005 年第 3 期。

9. 罗公利、牟宗荣、侯贵生:《高校社会捐赠的一种经济社会学分析》,《上海交通大学学报(哲学社会科学版)》2005 年第 3 期。

10. 李洁:《需求互构视域下大学筹资能力发展研究》,《现代教育管理》2014 年第 6 期。

11. 李易飞、张德祥:《美国奥尔巴尼大学校友信息采集的经验与启示》,《高等农业教育》2016 年第 6 期。

12. 罗志敏:《大学校友问题研究:当代挑战与范式转换》,《教育研究》2014 年第 6 期。

13. [美]马斯洛 A. H.、陈炳权、高文浩等:《人的动机理论(上)》,《经济管理》1981 年第 11 期。

14. 孟灿、武俊青、李玉艳等:《潜类别分析原理及其在聚类分析中的应用》,《中国卫生统计》2010 年第 3 期。

15. 徐贵宏、贾志永、王晓燕:《"经济人"利他行为的经济分析》,《经济学家》2008 年第 1 期。

16. 叶航:《利他行为的经济学解释》,《经济学家》2005 年第 3 期。

17. 杨自伟:《华人集体主义再思考——差序格局规范下的集体主义认知与行为倾向》,《中国人力资源开发》2015 年第 9 期。

18. 杨维东、朱丽军:《大学捐赠基金筹资模式的转变——基于长尾理论的分析》,《教育与经济》2015 年第 3 期。

19. 曾宪华、肖琳、张岩波:《潜在类别分析原理及实例分析》,《中国卫生统计》2013 年第 6 期。

20. 赵德国、冯用军、蔡言厚等:《"中国校友网 2011 中国大学排行榜"引发的思考——兼析"校友捐赠"与大学的"造富能力"》,《中国高等教育评估》2011 年第 1 期。

21. 周秋光、曾桂林:《试论近代慈善事业兴起的社会历史背景》,《湖南师范大学社会科学学报》2008 年第 4 期。
22. 钟玮、黄文辉、郭樑:《高校校友捐赠影响因素实证研究——基于对清华大学校友的调研》,《高教探索》2013 年第 4 期。
23. 武楠:《中国民办高校个人捐赠者行为动机研究》,硕士论文,华中科技大学,2009 年。
24. 文雯、初静、史静寰:《"985"高校高影响力教育活动初探》,《高等教育研究》2014 年第 8 期。

中文著作

1. 程星:《世界一流大学的管理之道:大学管理决策与高等教育研究》,北京大学出版社 2011 年版。
2. 程星:《细读美国大学》,商务印书馆 2015 年版。
3. 费孝通:《乡土中国》,人民出版社 2008 年版。
4. 高鉴国:《中国慈善捐赠机制研究》,社会科学文献出版社 2015 年版。
5. 厉以宁:《超越市场与超越政府:论道德力量在经济中的作用》,苑爱玲译,外语教学与研究出版社 2015 版。
6. 吕旭峰:《我国教育捐赠问题研究》,浙江工商大学出版社 2015 年版。
7. 吴明隆:《问卷统计分析实务——SPSS 操作与应用》,重庆大学出版社 2010 年版。
8. 吴明隆:《结构方程模型》,重庆大学出版社 2012 年版。
9. 杨国枢编:《中国人的心理与行为:本土化研究》,中国人民大学出版社 2004 年版。
10. 杨国枢编:《中国人的价值观:社会科学观点》,中国人民大学出版社 2013 年版。

11. 赵德国、蔡言厚、党亚茹:《2019 中国大学评价研究报告——高考志愿填报指南（校友会版）》，科学出版社 2019 年版。

12. 周晓虹主编:《现代西方社会心理学流派》，南京大学出版社 1990 年版。

13. [美] 韦斯布罗德、巴卢阿希:《使命与财富：理解大学》，洪成文、燕凌译，学苑出版社 2016 年版。

14. [美] 露丝·本尼迪克特:《文化模式》，王炜等译，生活·读书·新知三联书店 1988 年版。

15. [美] 露丝·本尼迪克特:《文化模式》，王炜译，社会科学文献出版社 2009 年版。

16. [美] 詹姆斯·杜德斯达、弗瑞斯·沃马克:《美国公立大学的未来》，刘济良译，北京大学出版社 2006 年版。

17. [美] 罗伯特·L. 佩顿、迈克尔·P. 穆迪:《慈善的意义与使命》，郭烁译，中国劳动社会保障出版社 2013 年版。

18. [美] 谢利·泰勒、利蒂希亚·安妮·佩普劳、戴维·西尔斯:《社会心理学》，崔丽娟、王彦等译，上海人民出版社 2010 年版。

19. [美] 加里 S. 贝克尔:《人类行为的经济分析》，王业宇、陈琪译，上海人民出版社 1995 年版。

英文论文及著作

1. Affleck, Arthur G, "Fund Raising from Black-College Alumni: Successful Strategies for Supporting Alma Mater", *International Journal of Educational Advancement,* Vol.5, No.1 (2004).

2. Alkan N., "Psychological Sense of University Membership: An Adaptation Study of the PSSM Scale for Turkish University Students", *The Journal of Psychology: Interdisciplinary and Applied,* Vol.150, No.4 (2016).

3. Andreoni J., "Impure Altruism and Donations to Public Goods: A Theory of Warm-Glow Giving" , *Economic Journal,* Vol.100, No. 401 (1990) .

4. Andreoni J., Ragan P., "Public Goods Experiments without Confidentiality: A Glimpse into Fund-Raising" , *Journal of Public Economics,* Vol.88, No.7-8 (2004) .

5. Ariely D., Bracha A., Meier S., "Doing Good or Doing Well? Image Motivation and Monetary Incentives in Behaving Prosaically" , *The American Economic Review,* Vol.99, No.1 (2009) .

6. Ashforth B.E., Mael F., "Social Identity Theory and the Organization" , *Academy of Management Review,* Vol.14, No.1 (1989) .

7. Astin A. W., "What Matters in College" , *Liberal Education,* Vol.79, No.4 (1993).

8. Astin A. W., "Student Involvement: A Developmental Theory for Higher Education" , *Journal of College Student Development,* Vol.40, No.5 (1999) .

9. Atchley R. C., "A Continuity Theory of Normal Aging" , *Gerontologist,* Vol.29, No.2 (1989) .

10. Baade R. A., Sundberg J.O., "What Determines Alumni Generosity?" , *Economics of Education Review,* Vol.15, No.1 (1996) .

11. Baum S., Elliott D. C., Ma J., Bel D.W., "Trends in Student Aid" , *The College Board,* 2014.

12. Bekkers, Wiepking P., " A Literature Review of Empirical Studies of Philanthropy: Eight Mechanisms That Drive Charitable Giving" , *Nonprofit & Voluntary Sector Quarterly,* Vol.40, No.5 (2010) .

13. Bergami M., Bagozzi R. P., "Self-Categorization, Affective Commitment and Group Self-Esteem as Distinct Aspects of Social Identity in the Organization" , *British Journal of Social Psychology,* Vol.39, No.4 (2000) .

14. Blackbaud, "2020 Donor Centric Annual Report on Higher Education Alumni Giving", 2021–2–14, https://s21acms01blkbsa02.blob.core.windows.net/prod/docs/default–source/industry–insights/reports/2020–dc–he–report.pdf.

15. Brooks A. C., "Public Subsidies and Charitable Giving: Crowding Out, Crowding In, or Both?", *Journal of Policy Analysis & Management,* Vol.19, No.3 (2000).

16. Bogardus E. S., "Social Distance and Its Origins", *Journal of Applied Sociology,* Vol.9, No.2 (1925).

17. Boyce J., Bowers A. J., "Principal Turnover: Are There Different Types of Principals Who Move From or Leave Their Schools? A Latent Class Analysis of the 2007–2008 Schools and Staffing Survey and the 2008–2009 Principal Follow–Up Survey", *Leadership & Policy in Schools,* Vol.15 (2016).

18. Clotfelter C. T., "Alumni Giving to Elite Private Colleges and Universities", *Economics of Education Review,* Vol.22, No.2 (2003).

19. Conley A.T., *Student Organization Membership and Alumni Giving at a Public, Research I University,* Indiana University, 1999.

20. Cook K. S., Rice E., *"Social Exchange Theory"*, SAGE Publications, 1987.

21. Cunningham B. M., Cochi–Ficano C. K., "The Determinants of Donative Revenue Flows from Alumni of Higher Education: An Empirical Inquiry", *Journal of Human Resources,* Vol.37, No.3 (2002).

22. Cropanzano R., Mitchell M. S., "Social Exchange Theory: An Interdisciplinary Review", *Journal of Management,* Vol.31, No.6 (2005).

23. Douglas J. A., Douglas A., McClelland R. J., Davies J., "Understanding Student Satisfaction and Dissatisfaction: An Interpretive Study in the UK Higher Education Context", *Studies in Higher Education,* Vol.40, No.2 (2015).

24. Diamond W. D., Kashyap R.K., "Extending Models of Prosocial Behavior to Explain University Alumni Contributions", *Journal of Applied Social Psychology,* Vol.27, No.10 (1997).

25. Drezner N. D., "Recessions and Tax-Cuts: Economic Cycles' Impact on Individual Giving, Philanthropy, and Higher Education", *International Journal of Educational Advancement,* Vol.6, No.4 (2006).

26. Drezner N. D., "Why Give?: Exploring Social Exchange and Organization Identification Theories in The Promotion of Philanthropic Behaviors of African-American Millennials at Private-HBCUs", *International Journal of Educational Advancement,* Vol.9, No.3 (2009).

27. Drezner N. D., "Philanthropy and Fundraising in American Higher Education", *ASHE Higher Education Reports,* Vol.37, No.2 (2011).

28. Drezner N.D., "Philanthropic Mirroring: Exploring Identity-Based Fundraising in Higher Education", *The Journal of Higher Education,* Vol.89, No.3 (2018).

29. Drezner N. D., Pizmony-Levy O., "I Belong, Therefore, I Give? The Impact of Sense of Belonging on Graduate Student Alumni Engagement", *Nonprofit and Voluntary Sector Quarterly,* Vol.50, No.4 (2020).

30. Drezner N. D., Pizmony-Levy O., Anderson-Long M., "In 'Alma Mater' We Trust? Exploring Attitudes toward Institutions and Alumni Giving", *Teachers College Record,* Vol.122, No.9 (2020).

31. Ehrenberg R. G., "New Strategies for Educational Fund Raising", *Journal of Higher Education,* Vol.76, No.1, (2005).

32. Emrey-Arras M., "State Funding Trends and Policies on Affordability", *Gao Reports,* Vol.3, 2014.

33. Fishbein M., Ajzen I., *Predicting and changing behavior: The Reasoned Action Approach,* Psychology Press, 2010.

34. Francioni B., et al., "Does Trust Play a Role When It Comes To Donations? a Comparison of Italian and Us Higher Education Institutions", *Higher Education,* Vol.82, No.1 (2020).

35. Gallo M. L., "Beyond Philanthropy: Recognizing The Value of Alumni to Benefit Higher Education Institutions", *Tertiary Education & Management,* Vol. 18, No.1 (2012).

36. Gaier S., "Alumni Satisfaction with Their Undergraduate Academic Experience and the Impact on Alumni Giving and Participation", *International Journal of Educational Advancement,* Vol.5, No.4 (2005).

37. Gasman M., Bowman N., *A Guide to Fundraising at Historically Black Colleges and Universities: An All Campus Approach,* New York, NY: Routledge, 2011.

38. Goodenow C., "Classroom Belonging Among Early Adolescent Students Relationships to Motivation and Achievement", *The Journal of Early Adolescence,* 1993, Vol.13, No.1 (1993).

39.Grill Alan John, *An Analysis of The Relationships of Selected Variables to Financial Support Provided by Alumni of a Public University,* Doctoral Dissertation, The Pennsylvania State University,1988.

40. Harrison W. B., Mitchell S.K., Peterson S.P., "Alumni Donations and Colleges' Development Expenditures: Does Spending Matter ?" *American Journal of Economics & Sociology,* Vol.54, No.4 (1995).

41. Holmes J. Prestige, "Charitable Deductions and Other Determinants of Alumni Giving: Evidence From a Highly Selective Liberal Arts College", *Economics of Education Review,* Vol.28, No.1 (2009).

42. Homan M., Richmond J., Morrow J., Salomone K., "Investigating 'Sense Of Belonging' In First-Year College Students" , *Journal of College Student Retention: Research, Theory and Practice,* Vol.4, No.3 (2002) .

43. Hu L. T., Bentler P.M., "Cutoff Criteria For Fit Indexes In Covariance Structure Analysis: Conventional Criteria Versus New Alternatives" , *Structural Equation Modeling A Multidisciplinary Journal,* Vol.3, No.4 (1998) .

44. Hurtado S., Carter D F., "Effects of College Transition And Perceptions of the Campus Racial Climate on Latino College Students' Sense Of Belonging" , *Sociology of Education,* Vol.70, No.4 (1997) .

45. Ira Teieh, *A Marketing Perspective of Donation Attitudes and Intentions: An Analysis Of Selected Factors Which May Impact Alumni Contributions,* Ph.D. Dissertation, New York University,New York, USA, 2001.

46. Iskhakova L., Hilbert A., Joehnk P., "Cross-Cultural Research in Alumni Loyalty: An Empirical Study Among Master Students From German and Russian Universities" , *Journal of Nonprofit & Public Sector Marketing* , Vol.33, No.4 (2021) .

47. Karakayali N., "Social Distance and Affective Orientations" , *Sociological Forum,* Vol.24, No.3 (2009) .

48. Kellian Clink, "The NEA 2015 Almanac of Higher Education" , *Reference Reviews,* 2015.

49. Kelly K. S., "The State of Fund-Raising Theory and Research" , In *New Strategies for Educational Fund Raising,* M.J. Worth (ed.) , Westport, CT, American Council on Education and Praeger Publishers, 2002.

50. Kuh G. D., "The National Survey of Student Engagement: Conceptual and Empirical Foundations" , *New Directions for Institutional Research,* Vol.141 (2009) .

51. Kogut T., Ritov I., "The Identifiable Victim Effect: Causes and Boundary Conditions" . in *The Science of Giving: Experimental Approaches to the Study of Charity, D. M. Oppenheimer and C. Y. Olivola*(*eds*) , New York: Psychology Press, 2011.

52. Kwong J., "The Reemergence of Private Schools In Socialist China" , *Comparative Education Review,* Vol.41, No.3, (1996) .

53. Lawler E. J., "An Affect Theory of Social Exchange" , *American Journal of Sociology,* Vol.107(2001) .

54. Leslie, Ramey G., "Donor Behavior and Voluntary Support for Higher Education Institutions" , *Journal of Higher Education,* Vol.59, No.2, (1988) .

55. Lawler E. J., Yoon J., "Power and The Emergence of Commitment Behavior In Negotiated Exchange" , *American Sociological Review,* Vol.58, No.4(1993) .

56. Lawler E. J., Yoon J., "Commitment In Exchange Relations: Test of a Theory of Relational Cohesion" , *American Sociological Review,* Vol.61(1996) .

57. Lawler, E. "Relational Cohesion" ., In *Encyclopedia of social theory,* G. Ritzer (Ed.) , SAGE Publications, 2005.

58. Lasher W. F., Cook W. B., "Toward a Theory of Fund Raising in Higher Education" , *Review of Higher Education,* Vol.20, No.1(2006) .

59. Liu Y., "Determinants of Private Giving to Public Colleges and Universities" , *International Journal of Educational Advancement,* Vol.6, No.2(2006) .

60. Lin T. H., Dayton C. M., "Model Selection Information Criteria For Non-Nested Latent Class Models" , *Journal of Education and Behavioral Statistics,* Vol.22, No.3(1997) .

61. Luria G.,Cnaan R. A., Boehm A., "National Culture and Prosocial Behaviors Results from 66 Countries" , *Nonprofit & Voluntary Sector Quarterly,* Vol.44, No.5(2015).

62. Mael F., Ashforth B.E., “Alumni and Their Alma Mater: A Partial Test of the Reformulated Model of Organizational Identification” , *Journal of Organizational Behavior,* Vol.13, No.2 (1992) .

63. Mael F. A., Tetrick L. E., “Identifying Organizational Identification” , *Educational & Psychological Measurement,* Vol.52, No.4 (1992) .

64. Markus H. R., Kitayama S., “Cultures and Selves” , *Perspectives on Psychological Science,* Vol.5, NO.4 (2010) .

65. Marquis, Christopher, Qi L, Kunyuan Qiao: “The Chinese Collectivist Model of Charity” , *Stanford Social Innovation Review,* Vol.15, No.3 (2017) .

66. Marr K. A.,Mullin C. H., Siegfried J. J., “Undergraduate Financial Aid And Subsequent Alumni Giving Behavior” , *Quarterly Review of Economics & Finance,* Vol.45, No.1 (2000) .

67. Meer J., Rosen H. S., “Family Bonding with Universities” , *Research in Higher Education,* Vol.51, No.7 (2000) .

68. Meer J., Rosen H.S., “Does Generosity Beget Generosity? Alumni Giving and Undergraduate Financial Aid” , *Economics of Education Review,* Vol.31, No.6 (2012) .

69. Miller, Michael T., Arthur L. Casebeer, “Donor Characteristics of College of Education Alumni: Examining Undergraduate Involvement” , 1990.

70. Miracle W.D., “Differences Between Givers and Non-Givers to the University of Georgia Annual Fund” , Doctoral Dissertation, University of Georgia,1977.

71. Monks J., “Patterns of Giving to One’s Alma Mater Among Young Graduates from Selective Institutions” , *Economics of Education Review,* Vol.22, No.2 (2003) .

72. Molm L. D.,Takahashi N., Peterson G., “Risk And Trust In Social Exchange: An Experimental Test Of a Classical Proposition” , *American Journal of Sociology,* Vol.105, No.5 (2000) .

73. Mount J., "Why donors give?" *Nonprofit Management and Leadership,* 1996, Vol.7, No.1 (1996) .

74. Oglesby R. A., *"Age, Student Involvement, and Other Characteristics of Alumni Donors and Alumni Non-Donors of Southwest Baptist University"*, Doctoral Dissertation, University of Missouri,1991.

75. Patouillet L. D., *Alumni association members: Attitudes toward university life and giving at a public AAU institution,* Doctoral dissertation, University of Pittsburgh, 2000.

76. Patricia Purish O' Neill, *"The Impact of Undergraduate Greek Membership on Alumni Giving at the College of William and Mary"*, Doctor Dissertation, The College of William and Mary in Virginia, 2005.

77. Pearson J., "Comprehensive Research on Alumni Relationships: Four Years of Market Research at Stanford University" , *New Directions for Institutional Research,* Vol.26, No.1 (1999) .

78. Pedro I. M.,Pereira L. N., Carrasqueira H. B., "Determinants for the Commitment Relationship Maintenance Between the Alumni and the Alma Mater" , *Journal of Marketing for Higher Education*, Vol.2, No. 1 (2018) .

79. Podsakoff P. M., MacKenzie S. B., Lee J. Y., Podsakoff N. P., "Common Method Biases in Behavioral Research: a Critical Review of The Literature and Recommended Remedies", *Journal of Applied Psychology,* Vol.88, No.5 (2003).

80. Rau N. E., Erwin T. D., "Using Student Engagement to Predict Alumni Donors: An Analytical Model" , *The Journal of Nonprofit Education and Leadership,* Vol.5, No.2 (2015) .

81. Reid A.K., Mizrahi K., et al., "Parameters of Social Identity" , *Journal of Personality & Social Psychology,* Vol.68, No.68 (1995) .

82. Rhoads T., Gerking S., "Educational Contributions, Academic Quality, and Athletic Success", *Contemporary Economic Policy,* Vol.18, No.2 (2000) .

83. Sargeant A., "Charity Giving: Towards a Model of Donor Behavior", *Journal of Marketing Management,* Vol.15 (1999) .

84. Sargeant A., Lee S., "Trust and Relationship Commitment in The United Kingdom Voluntary Sector: Determinants of Donor Behavior", *Psychology & Marketing,* Vol.21, No.8 (2004) .

85. Sargeant A., Woodliffe L., "Gift Giving: An Interdisciplinary Review", *International Journal of Nonprofit and Voluntary Sector Marketing,* Vol.12, No.4 (2007) .

86. Saxton J., "A Strong Charity Brand Comes From Strong Beliefs And Values", *Journal of Brand Management,* Vol.2, No.4 (1995) .

87. Smith J., McSweeney A., "Charitable Giving: The Effectiveness of a Revised Theory of Planned Behavior Model in Predicting Donating Intentions and Behavior", *Journal of Community and Applied Social Psychology,* Vol.17, No.5 (2007) .

88. Steeper D W., *"The Effects of Selected Undergraduate Student Involvement and Alumni Characteristics on Alumni Gift-Giving Behavior at the University of Virginia"*, Doctoral Dissertation, University of Virginia, 2009.

89. Sung M., Yang S. U., "Student–university relationships and reputation: a study of the links between key factors fostering students' supportive behavioral intentions towards their university", *Higher Education*, Vol.57, No.6 (2009) .

90. Sun X., Hoffman S. C., Grady M.L., "A Multivariate Causal Model of Alumni Giving: Implications for Alumni Fundraisers" ,*International Journal of Educational Advancement,* Vol.7, No.4 (2007) .

91. Taylor A. L., Martin J.C., "Characteristics of Alumni Donors And Nondonors at a Research I, Public University", *Research in Higher Education,* Vol.36, No.3 (1995).

92. Terenzini P. T., Pascarella E.T., “Twenty years of research on college students: Lessons for future research” , *Research in Higher Education,* Vol.32, No.1 (1991) .

93. Tinto V., *Leaving College: Rethinking the Causes and Cures of Student Attrition.* University of Chicago Press, Chicago, 1993.

94. Tsunoda K., “Asian American Giving to Us Higher Education” , *International Journal of Educational Advancement,* Vol.10, No.1 (2010) .

95. Turner S. E., Meserve L. A., Bowen W. G., “Winning and Giving: Football Results and Alumni Giving at Selective Private Colleges and Universities” , *Social Science Quarterly,* Vol.82, No.4 (2010) .

96. Wang X., “A Policy Analysis of the Financing of Higher Education in China: Two decades reviewed” , *Journal of Higher Education Policy and Management,* Vol.23, No.2, (2001) .

97. Waters R. D., “Applying Relationship Management Theory to the Fundraising Process for Individual Donors” , *Journal of Communication Management,* Vol.12, No.1 (2008) .

98. Weerasinghe I. M. S., Fernando R. L., “Students’ Satisfaction in Higher Education Literature Review”, *American Journal of Educational Research,* Vol.5, No.5 (2017).

99. Weerts D. J., Ronca J.M., “Characteristics of Alumni Donors Who Volunteer at Their Alma Mater”, *Research in Higher Education,* 2008, Vol.49, No.3 (2008) .

100. Wesley E. Lindahl, Aaron T. Conley, “ Literature Review: Philanthropic Fundraising” , *Nonprofit Management & Leadership,* Vol.13, No.1 (2002) .

101. Willemain T. R.,Goyal A., Deven M.V., “Alumni Giving: The Influences of Reunion, Class, and Year” , *Research in Higher Education,* Vol.35, No.5 (1994) .

102. Wunnava P. V., Lauze M.A., “Alumni Giving at a Small Liberal Arts College: Evidence From Consistent and Occasional Donors” , *Economics of Education Review,* Vol.20, No.6 (2001) .

103. Yamagishi T., Cook K. S., "Generalized exchange and social dilemmas" , *Social Psychology Quarterly,* Vol.56, No.4 (1993) .

104. Young P. S., Fischer N. M., "Identifying Undergraduate and Post-College Characteristics that May Affect Alumni Giving" , AIR 1996 Annual Forum Paper, 1996.

英文著作

1. Ajzen I., "The Theory of Planned Behavior" , *Organizational Behavior and Human Decision Processes,* Vol.50, No.2 (1991) .Burnett K., Relationship Fundraising, London: White Lion Press, 1992.

2. Behling Orlando, S. Law Kenneth, *Translating Questionnaires and Other Research Instruments: Problems and Solutions,* Thousand Oaks, Calif: SAGE, 2000.

3. Blau, *Exchange And Power In Social Life,* New York: Wiley, 1964.

4. Boulding, Kenneth Ewart, Martin Pfaff, Anita B. Pfaff, *Transfers In an Urbanized Economy: Theories and Effects of The Grants Economy,* Wadsworth Publishing Company, 1973.

5. Boyer E. L., *College: The Undergraduate Experience in America, New York:Harper & Row,* 1987.

6. Cascione G. L., *Philanthropists in Higher Education: Institutional, Biographical, and Religious Motivations for Giving,* New York: Routledge Falmer, 2003.

7. Cutlip S. M., *Fund Raising in the United States: Its Role in America's Philanthropy,* Transaction Publishers, 1965.

8. Drezner N. D., Huehls F., *Fundraising and Institutional Advancement: Theory, Practice, and New Paradigms*, Routledge, 2014.

9. Hair J. F.,Black W. C., Babin B.J., Anderson R.E., *Multivariate Data Analysis*(*8th ed*), NJ: Prentice Hall, 2018.

10. Hayhoe R., *China's Universities 1895-1995: A Century of Cultural Conflict,* New York and London: Garland publication, 1996.

11. Hofstede G., Hofstede G. J., Minkov M., *Cultures and Organizations: Software of the Mind,* Third Edition. New York: McGraw–Hill, 2010.

12. Homans G. C., *Social Behavior: Its Elementary Forms*, New York: Harcourt Brace, 1961.

13. Lawrence J., *Philanthropy and Civility in American History,* Cambrige: Cambridge University Press, 2003.

14. Mitchell M., Palacios V., Leachman M., *States are Still Funding Higher Education Below Pre-Recession Levels*, Washington, D.C.: Center on Budget and Policy Priorities, 2014.

15. Nunnally J.C., Bernstein I. H., *Psychometric Theory,* McGraw– Hill Inc., 1994.

16. Prince R. A., *The Seven Faces of Philanthropy: a New Approach to Cultivating Major Donors*, Jossey–Bass nonprofit sector series, 1994.

17. Salmi J., "The Challenge of Establishing World–Class Research Universities in Developing Countries" , Washington D.C.: The World Bank, 2009.

18. Sargeant A., Jay E., *Fundraising Management : Analysis, Planning and Practice,* Routledge, 2004.

19. Sargeant A., Shang J., *Fundraising Principles and Practice,* John Wiley & Sons, 2010.

20. Strayhorn T. L., *College Students' Sense of Belonging: A Key to Educational Success for All Students,* New York: Routledge, 2018.

附　录

附录 1　美国 M 大学校友调查问卷中变量的描述性定义和编码（样本量 =1073）

变　量	描述性定义和编码	均值	标准差
性别	1= 女，0= 男	0.57	498
年龄	2017 —出生年份：1=20~39；2=40~59；3=60 以上	1.64	777
种族	1= 亚洲或太平洋岛民；2= 非西班牙裔黑人 3= 西班牙裔；4= 美洲原住民（印第安人） 5= 白人，非西班牙裔	4.23	1.48
学位	在 M 大学获得的最高学位是： 1= 学士学位；2= 硕士学位；3= 博士学位	1.51	718
GPA	毕业时的 GPA：1= 3.5~4.0, 0= <3.5	0.55	497
家庭收入	目前的家庭年收入为： 1_<50000 美元；2_50000~99999 美元 3_100000~149999 美元；4_>150000 美元	2.667	1.069
荣誉奖学金	就读 M 大学期间，是否获得过荣誉奖学金： 1= 获得过，0= 未曾获得	0.26	443
奖学金	是否获得过奖学金： 1= 获得过，0= 未曾获得	0.67	470
宗教信仰	是否有宗教信仰：1= 是，0= 否	0.68	463
校友会成员	是否为 M 大学校友会成员： 1= 是（终身会员或是年度会员）；0= 否	0.14	350
捐赠原因	您向母校捐赠的原因是		
帮助学生	1= 是，0= 否	0.71	0.451
支持教学和科研	1= 是，0= 否	0.62	0.484
支持自己的专业	1= 是，0= 否	0.10	0.309
向他人传递爱	1= 是，0= 否	0.36	0.482
会得到社会和他人的认同	1= 是，0= 否	0.51	0.500

（续表）

<table>
<tr><th>变 量</th><th colspan="2">描述性定义和编码</th><th>均值</th><th>标准差</th></tr>
<tr><td>因为这是一件正确的事情</td><td colspan="2">1= 是，0= 否</td><td>0.12</td><td>0.329</td></tr>
<tr><td>可享受校友会员福利</td><td colspan="2">1= 是，0= 否</td><td>0.45</td><td>0.498</td></tr>
<tr><td>M 大学对我的成功有帮助，捐赠以表示感激</td><td colspan="2">1= 是，0= 否</td><td>0.30</td><td>0.462</td></tr>
<tr><td>向母校捐赠可获得好的声誉</td><td colspan="2">1= 是，0= 否</td><td>0.12</td><td>0.329</td></tr>
<tr><td>对提高 M 大学名声和排名有必要</td><td colspan="2">1= 是，0= 否</td><td>0.04</td><td>0.212</td></tr>
<tr><td>可以减免税费</td><td colspan="2">1= 是，0= 否</td><td>0.17</td><td>0.380</td></tr>
<tr><td>为了纪念对我有重大影响的人</td><td colspan="2">1= 是，0= 否</td><td>0.10</td><td>0.453</td></tr>
<tr><td>向 M 大学捐赠我感到开心</td><td colspan="2">1= 是，0= 否</td><td>0.24</td><td>0.342</td></tr>
<tr><td>我对一些研究项目十分感兴趣</td><td colspan="2">1= 是，0= 否</td><td>0.17</td><td>0.497</td></tr>
<tr><td>有机会参与社交活动</td><td colspan="2">1= 是，0= 否</td><td>0.10</td><td>0.523</td></tr>
<tr><td rowspan="3">归属感</td><td>被教师认同（α=0.88）</td><td>您多大程度上同意以下说法？
5.M 大学大多数老师都喜欢我
13.M 大学的老师们尊重我
7. 当我遇到问题至少可以向一位老师或是工作人员倾诉
17. 在 M 大学有人知道我能干
9.M 大学的老师们对我的成功没有帮助
2. 在 M 大学，当我取得成绩时，会被他人注意
8.M 大学的人对我很友善</td><td>4.38</td><td>876</td></tr>
<tr><td>被同伴认同（α=0.86）</td><td>14. 在 M 大学，感觉自己与其他学生格格不入
3. 像我这种学生在 M 大学很难被他人喜欢
6. 有时，我感觉不属于 M 大学
11. 我得到了和其他同学一样的尊重
12. 在 M 大学，我能做真实的自己
16. 其他同学都喜欢我</td><td>4.61</td><td>861</td></tr>
<tr><td>对大学的认同（α=0.76）</td><td>1. 我感觉是 M 大学的一分子
15. 作为 M 大学毕业生，我感到骄傲
18. 我希望我上的是另一所大学
10. 在 M 大学，我参与了很多活动</td><td>4.41</td><td>962</td></tr>
</table>

（续表）

变　量	描述性定义和编码	均值	标准差
减税的重要性	向大学捐赠可以减税对校友的重要性： 1（完全不同意）~ 6（完全同意）	3.67	1.409
捐赠信任感	您多大程度上信任 M 大学使用社会捐赠资金？ 1 完全信任 ~ 5 不信任	3.43	1.040
对母校的满意度（α=0.88）	您对 M 大学的满意程度：1（很不满意）~ 6（非常满意）共计 10 个题项：(1) 课程；(2) 学校整体教学质量；(3) 学生资助服务；(4) 就业指导服务；(5) 学生心理健康咨询服务帮；(6) 助你应对经济问题，完成学业；(7) 学校硬件设施（图书馆、宿舍等）;(8) 校风、学风；(9) 校友服务；（10）对大学就读体验的总体满意度	4.51	730
校友责任感（α=0.79）	向母校捐赠责任的看法：程度 1（完全不同意）到 6（完全同意）： 1. 我有责任向 M 大学捐赠 2. 我认为，其他人有义务回馈母校 3. 我支付了学费，所以我没有责任回报更多	3.69	1.101
校友参与度（α=0.86）	下列为校友部分行为，过去几年您参与以下活动的频率？程度 1（从未）到 4（常常）： 1. 参与 M 大学校友会的活动 2. 与其他校友保持联系 3. 参与院系组织的活动 4. 参与有利于母校学生的活动 5. 关注母校的新闻和信息 6. 做母校志愿者 7. 参加校友返校活动（班级聚会、社交活动等）	3.57	431
在校参与（α=0.84）	在 M 大学就读期间，您参与下列活动的频率？ 程度 1（从未）到 4（常常）： 1. 参加学生社团、学生会等组织的活动 2. 参加志愿服务活动 8. 课外与同学交流（如社交活动） 6. 与教师交流或讨论 7. 与行政人员的交流 3. 参加学校组织的体育、表演、宿舍文化活动 4. 参加学校组织的心理咨询、就业指导等活动 5. 参加各种兼职（研究助理、学生助理等）	2.11	580
被劝募频率（α=0.78）	隔多长时间您会接到 M 大学募捐请求？（1= 从未；2= 每隔几年；3= 每年一次；4= 几个月一次；5= 每个月）： 1. 通过电话　2. 通过邮件或网络平台 3. 通过私人见面　4. 在某个活动上	2.27	1.23
捐赠行为			

（续表）

变 量	描述性定义和编码	均值	标准差
捐赠与否	过去是否向 M 大学捐款：1= 捐赠者；0= 非捐赠者	407	491
捐赠频率	向 M 大学捐款的频率： 1= 每年；2= 每 2 年；3= 每 3 ~ 5 年；4= 每 5 年以上	2.22	1.195
捐赠意愿	如果从未捐赠，您是否有计划向 M 大学捐赠： 1= 有；0= 没有	0.39	488
捐赠次数	至今向 M 大学捐赠的次数 1=1 次；2=2~3 次；3=4~9 次；4=10~19 次；5=20 次以上	2.32	1.14

附录 2　中国 B 大学校友调查问卷中变量的描述性定义和编码（样本量 =679）

变 量	描述性定义和编码	均值	标准差
性别	1= 女，0= 男	0.432	495
年龄	2017 —出生年份： 1=20~39；2=40~59；3=60 以上	1.17	416
民族	1= 汉族；2= 少数民族	4.23	1.48
学位	在 B 大学获得的最高学位是： 1= 学士学位；2= 硕士学位；3= 博士学位	1.82	835
GPA	毕业时的 GPA：1= 3.5~4.0, 0= <3.5	0.55	497
家庭收入	目前的家庭年收入为： 1_<10 万元；2_10 万 ~29 万元 3 _30 万 ~50 万元；4_>50 万元	2.13	0.885
奖学金	是否获得过奖学金：1= 获得过，0= 未曾获得	0.435	547
宗教信仰	是否有宗教信仰：1= 是，0= 否	0.014	356
捐赠原因	您向母校捐赠的原因是		
1. 帮助学生	1= 是，0= 否	0.48	0.438
2. 支持教师科研	1= 是，0= 否	0.23	0.505
3. 支持自己所在的专业	1= 是，0= 否	0.28	0.409
4. 改善大学设施	1= 是，0= 否	0.16	0.348
5. 向他人传递爱	1= 是，0= 否	0.27	0.540
6. 因为这是一件正确的事情	1= 是，0= 否	0.30	0.470
7. 向母校捐赠可获得好的声誉	1= 是，0= 否	0.07	0.386
8. 会得到他人的认可	1= 是，0= 否	0.09	0.504
9. 可以减免税费	1= 是，0= 否	0.06	0.349

（续表）

变量	描述性定义和编码		均值	标准差
10. 捐赠可以享受到大学提供的一些优惠福利	1= 是，0= 否		0.13	0.312
11. 向母校捐赠有利于增加社交	1= 是，0= 否		0.09	0.430
12. 母校对我的成功有帮助，捐赠以表示感激	1= 是，0= 否		0.32	0.363
13. 向母校捐赠我感到开心	1= 是，0= 否		0.29	0.432
14. 为了纪念或致敬某位重要的人	1= 是，0= 否		0.14	0.517
15. 为了庆祝校庆或是同学会等	1= 是，0= 否		0.18	0.601
归属感	被教师认同（α=0.88）	您多大程度上同意下列说法：程度 1（完全不同意）~ 6（完全同意） 5. 大多数老师都喜欢我 13. 老师们会尊重我 9.B 大学的老师们对我的成功没有帮助 11. 在 B 大学，我得到了和其他同学一样的尊重 7. 当我遇到问题时，至少可以向一位老师或是工作人员倾诉或寻求帮助 2. 在 B 大学，当我获得成就时，会被关注 17. 在 B 大学，有人知道我有能力	3.75	561
	被同伴认同（α=0.87）	14. 在 B 大学感觉自己与其他学生格格不入 12. 在 B 大学，我能做真实的自己 8. 就读期间，大家对我很友善 3. 像我这种学生在 B 大学很难被他人喜欢 16.B 大学的同学们都喜欢我	4.06	622
	对大学的认同（α=0.76）	15. 作为 B 大学的一名毕业生，我感到骄傲 10. 在 B 大学，我参与了很多活动 1. 我是 B 大学的一分子 6. 有时，我感觉自己不属于 B 大学 18. 我真希望我上的是另一所大学	4.52	912
捐赠信任感	您多大程度上信任 B 大学使用社会捐赠资金？ 1 完全信任 ~ 5 不信任		3.43	1.040

（续表）

<table>
<tr><th>变　量</th><th colspan="2">描述性定义和编码</th><th>均值</th><th>标准差</th></tr>
<tr><td>对母校的满意度
(α=0.90)</td><td colspan="2">您对 B 大学的满意程度：1（很不满意）~ 6（非常满意）共计 10 个题项：(1) 课程；(2) 学校整体教学质量；(3) 学生资助服务；(4) 就业指导服务；(5) 学生心理健康咨询服务帮；(6) 助你应对经济问题，完成学业；(7) 学校硬件设施（图书馆、宿舍等）;(8) 校风、学风；(9) 校友服务；（10）对大学就读体验的总体满意度</td><td>4.6</td><td>850</td></tr>
<tr><td>校友责任感
(α=0.72)</td><td colspan="2">向母校捐赠责任的看法 . 程度 1（完全不同意）~ 6（完全同意）：
1. 我有责任向母校捐赠
2. 我认为，其他人有义务回馈母校
3. 我支付了学费，所以我没有责任回报更多</td><td>2.1</td><td>1.044</td></tr>
<tr><td>校友参与度
(α=0.82)</td><td colspan="2">1. 参与 B 大学校友会的活动
7. 参加校友返校活动（班级聚会等）
3. 参与院系组织的活动
6. 做母校志愿者
5. 关注母校的新闻和信息
4. 参与有利于母校学生的活动
2. 保持与其他校友联络</td><td>2.24</td><td>584</td></tr>
<tr><td>大学参与度
(α=0.83)</td><td colspan="2">3. 参加学校组织的体育、表演、宿舍文化活动
1. 参加学生社团、学生会等组织的活动
4. 参加学校组织的心理咨询、就业指导等活动
8. 课外与同学交流（如社交活动）
7. 与行政人员的交流
5. 参加各种兼职（研究助理、学生助理等）
6. 与教师交流或讨论</td><td>2.11</td><td>580</td></tr>
<tr><td>被劝募频率
(α=0.83)</td><td colspan="2">隔多长时间您会接到 B 大学募捐请求？（1= 从未；2= 每隔几年；3= 每年一次；4= 几个月一次；5= 每个月）：
1. 通过电话
2. 通过邮件或网络平台
3. 通过私人见面
4. 在某个活动上</td><td>1.254</td><td>564</td></tr>
<tr><td rowspan="3">捐赠行为</td><td>是否捐赠</td><td>过去是否向 B 大学捐款：1= 是；0= 否</td><td>197</td><td>398</td></tr>
<tr><td>捐赠频率</td><td>向 B 大学捐款的频率：
1= 每年
2= 每 2 年
3= 每 3 ~ 5 年
4=5 年以上捐赠一次</td><td>3.83</td><td>1.371</td></tr>
<tr><td>潜在捐赠者</td><td>如果从未捐赠，您是否有计划向 B 大学捐赠：1= 有；0= 没有</td><td>650</td><td>477</td></tr>
</table>

附录 3　美国 M 大学校友调查问卷

UMD Alumni Survey (2017)

From Willingness to Give: Alumni Behavior in University of Maryland–College Park IRB Protocol No. 17–342　Principal Investigator: Noah D. Drezner, Ph.D. & Xianping Liang Teachers College, Columbia University

You are being invited to participate in this research study called From Willingness to Give: Alumni Behavior in the University of Maryland." You may qualify to take part in this research study because you are over 18 years old and hold a degree from the University of Maryland. Approximately 800–1000 people will participate in this study and it will take 10–15 minutes of your time to complete. This study is being done to determine what factors affect philanthropic giving among recent alumni of UMD. If you decide to participate, you will be asked to take an online survey (approximately 10–15 minutes) . This is a minimal risk study. However, you do not have to answer any questions or divulge anything you dont want to answer. You can stop participating in the study at any time without penalty.

There is no direct benefit to you for participating in this study. Participation may benefit UMD, who is seeking to better engage their alumni. You will not be paid to participate. There are no costs to you for taking part in this study.

The study is over when you have completed the online survey. The investigator will not be able to identify who you are as your responses are anonymous. The results of this study will be published in journals and presented at academic conferences. Your name or any identifying information about you will not be published. This study is being conducted as part of the research project of the principal investigator.

If you have any questions about taking part in this research study, you should contact the principal investigator, Dr. Noah D. Drezner, at 212-678-3787 or at drezner@tc.columbia.edu. Xianping Liang at xl2647@tc.columbia.edu

If you have questions or concerns about your rights as a research subject, you should contact the Institutional Review Board (IRB) (the human research ethics committee) at 212-678-4105 or email IRB@tc.edu. Or you can write to the IRB at Teachers College, Columbia University, 525 W. 120th Street, New York, NY 1002. The IRB is the committee that oversees human research protection for Teachers College, Columbia University. By clicking "FORWARD" below, you are stating that you are over 18 years old and consent to participate in this study.

Q1 During your studies at UMD, how frequently have you done the following?

	Never (1)	Sometimes (2)	Often (3)	Always (4)
Participated in student organization (1)	○	○	○	○
Participated in volunteer service activities (such as education, community service, environmental protection,etc.) (2)	○	○	○	○
Participated in sports, school performance, residential life(dorm) culture activities (3)	○	○	○	○
Participate in activities such as counseling and career guidance (4)	○	○	○	○
Worked as a student employee (Work Study, Research Assistant, Teaching Assistant, etc.) (5)	○	○	○	○
Attended office hours of professor(s)/ instructor(s) (6)	○	○	○	○
Communicated with administrative staff members (7)	○	○	○	○
Interacted with classmates in a non-academic environment (e.g. networking) (8)	○	○	○	○

Q2 What is the degree of your satisfaction with UMD?

	Extremely Dissatisfied (1)	Dissatisfied (2)	Somewhat Dissatisfied (3)	Somewhat Satisfied (4)	Satisfied (5)	Extremely Satisfied (6)
Curriculum(core courses, electives, professional skills taught) (1)	○	○	○	○	○	○
Overall quality of instruction /teaching (2)	○	○	○	○	○	○
Student financial services (3)	○	○	○	○	○	○
Career employment services (4)	○	○	○	○	○	○
Student support services(mental health and counseling) (5)	○	○	○	○	○	○
Financial aid (6)	○	○	○	○	○	○
Facilities (7)	○	○	○	○	○	○
Intellectual enthusiasm (8)	○	○	○	○	○	○
Alumni benefits (library, access, discounts, etc.) (9)	○	○	○	○	○	○
Overall satisfaction (10)	○	○	○	○	○	○

Q3 Do you agree or disagree with the following statements?

	Strongly disagree (1)	Disagree (2)	Somewhat Disagree (3)	Somewhat Agree (4)	Agree (5)	Strongly Agree (6)
I felt like a real part of UMD. (1)	○	○	○	○	○	○
People at UMD noticed when I did well at something. (2)	○	○	○	○	○	○
It was hard for people like me to be accepted UMD. (3)	○	○	○	○	○	○
Other students at UMD took my opinions seriously. (4)	○	○	○	○	○	○
Most professors at UMD were interested in me. (5)	○	○	○	○	○	○

（续表）

	Strongly disagree (1)	Disagree (2)	Somewhat Disagree (3)	Somewhat Agree (4)	Agree (5)	Strongly Agree (6)
Sometimes I didnt feel as if I belonged at UMD. (6)	○	○	○	○	○	○
Theres at least one teacher or staff member, I was able to talk to if I had a problem. (7)	○	○	○	○	○	○
People at UMD were friendly to me. (8)	○	○	○	○	○	○
Professors at UMD were not interested /invested in my success. (9)	○	○	○	○	○	○
I was included in lots of activities at UMD. (10)	○	○	○	○	○	○
I was treated with as much respect as other students. (11)	○	○	○	○	○	○
I could really be myself at UMD. (12)	○	○	○	○	○	○
The instructors at UMD respected me . (13)	○	○	○	○	○	○
I felt very different from most other students at UMD. (14)	○	○	○	○	○	○
I feel proud of to be a graduate of UMD. (15)	○	○	○	○	○	○
Other students at UMD liked me the way I am. (16)	○	○	○	○	○	○
People at UMD knew I could do good work. (17)	○	○	○	○	○	○
I wish I attended a different university. (18)	○	○	○	○	○	○

Q4 Do you agree or disagree with the following statements?

	Strongly Disagree (1)	Disagree (2)	Somewhat Disagree (3)	Somewhat Agree (4)	Agree (5)	Strongly Agree (6)
I have a obligation to donate to UMD. (1)	○	○	○	○	○	○

（续表）

	Strongly Disagree (1)	Disagree (2)	Somewhat Disagree (3)	Somewhat Agree (4)	Agree (5)	Strongly Agree (6)
I think that other people have an obligation to give back to UMD. (2)	○	○	○	○	○	○
Only very wealthy people should give back financially to the institution they graduated from. (3)	○	○	○	○	○	○
Receiving a tax deduction for my donation to higher education is very important to me. (4)	○	○	○	○	○	○
UMD does not need my financial support. (5)	○	○	○	○	○	○
I would prefer to donate to other educational institutions rather than UMD. (6)	○	○	○	○	○	○
UMD needs my financial support to increase the quality of its programs. (7)	○	○	○	○	○	○
I paid my tuition. Therefore, I do not have an obligation to give more. (8)	○	○	○	○	○	○
As a public institution I feel the state of Maryland has the obligation to be the primary source of funding, rather than tuition or donation. (9)	○	○	○	○	○	○
I paid my tuition. Therefore, I do not have an obligation to give more. (10)	○	○	○	○	○	○
The amount of a donation is very important; small donations make little impacts. (11)	○	○	○	○	○	○
I would rather support a more prestigious institution than UMD with my donation. (12)	○	○	○	○	○	○

Q5 How frequently have you done the following?

	Never (1)	Every few years (2)	Once a year (3)	Every few months (4)	Every month (5)
Read UMDs alumni magazine (1)	○	○	○	○	○
Read brochures or letters about the alumni association, class reunions, or giving to UMD. (2)	○	○	○	○	○
Been asked to give of your time or do volunteer work for UMD. (3)	○	○	○	○	○
Returned to campus for an event, game, or other reason. (4)	○	○	○	○	○
Participated in an alumni or other UMD activities off campus. (5)	○	○	○	○	○

Q6 How often do you receive a request to make a donation from UMD?

	Never (1)	Every few years (2)	Once a year (3)	Every few months (4)	Every month (5)
By phone (1)	○	○	○	○	○
By email (2)	○	○	○	○	○
In person (3)	○	○	○	○	○
At an event (4)	○	○	○	○	○

Q7 Do you think that UMD is becoming a better institution than when you were a student?

○ Definitely no (1)

○ Probably no (2)

○ Probably yes (3)

○ Definitely yes (4)

Q8 Listed below are several types of actions that alumni could take. How frequently did you do the following in the past few years?

	Never (1)	Sometimes (2)	Often (3)	Always (4)
Participate in activities hold by the alumni association. (1)	○	○	○	○
Keep in touch with other alumni. (2)	○	○	○	○
Take part in activities organized by the institution. (3)	○	○	○	○
Participate in activities to benefit students at UMD. (4)	○	○	○	○
Keep up with news and information about UMD. (5)	○	○	○	○
Volunteer for UMD. (6)	○	○	○	○
Participate in alumni homecoming activities (reunions, socials, networking events, etc.). (7)	○	○	○	○

Q9 Which is the University of Maryland Mascot?

○ Image:OSU (1)

○ Image:Maryland logo (2)

○ Image:Michigan (3)

○ Image:Fla (4)

Q10 Have you ever given a financial donation to UMD?

○ Yes (2)

○ No (3)

Display This Question:

If Have you ever given a financial donation to UMD? Yes Is Selected

Q11 How often do you make a donation to UMD?

○ Annually (1)

○ Every other year (2)

○ Every five years (3)

○ Less often than every five years (4)

Display This Question:

If Have you ever given a financial donation to UMD? No Is Selected

Q12 Do you ever plan to make a donation to UMD?

○ Yes (1)

○ No (2)

Display This Question:

If Do you ever plan to make a donation to UMD? Yes Is Selected

Or Have you ever given a financial donation to UMD? Yes Is Selected

Q13 If you donated or plan to, what are the reasons why you chose to give a donation? (Please Mark All.)

○ To help a student (1)

○ To support faculty research (2)

○ To support my program/major (3)

○ To "pay it forward" to others (4)

○ For recognition by public (5)

○ Because giving back is the right thing to do (6)

○ To help UMD hire the best faculty possible (7)

○ Giving back gives me a good reputation (8)

○ It is necessary for improving the reputation and ranking of UMD. (9)

○ To receive a tax deduction. (10)

○ UMD contributed to my success, so I give back to show gratitude. (11)

○ I feel interested in some of the research projects.(12)

○ In honor or memory of someone impact to me (13)

○ There are UMD alumni benefits to giving. (14)

○ I feel happy to give back to UMD (15)

○ Other, please specify (16) ____________________

Q14 Did you receive a scholarship (merit– or need–based) from the University of Maryland? (Mark all that apply)

○ Merit–based scholarship (1)

○ Needed–based scholarship (2)

○ I was not a scholarship recipient (3)

Q15 People often rely on different sources to pay for their education. This includes tuition and room and board if you lived away from home. How did you pay for most of your college expenses? Please mark up to two MAIN source.

○ My parents paid (1)

○ Received scholarship money that covered the cost (2)

○ Relied on student loans that I have / had to pay back later (3)

○ Paid the cost myself using my own income and savings (4)

○ Other, please specify (5) ____________________

Q16 Who should have the MAIN responsibility for the cost of college, including tuition and room and board?

○ Students (1)

○ Parents (2)

○ State or local government (3)

○ Federal government (4)

○ Private donations and endowments (5)

Q17 Who should be the SECOND MOST responsible for the cost of college, including tuition and room and board?

○ Students (1)

○ Parents (2)

○ State or local government (3)

○ Federal government (4)

○ Private donations and endowments (5)

Q18 Thinking about UMD, how much trust do you have in the institution to spend your donation as you have directed?

○ Full trust (1)

○ A lot of trust (2)

○ Some trust (3)

○ Little trust (4)

○ No trust (5)

Q19 What is your gender?

○ Woman (1)

○ Man (2)

○ Trans* (3)

○ Other (4)

Q20 What is your year of birth ?

Q21 What is the highest grade of school or level of education you have from UMD?

○ Bachelor's degree (1)

○ Master's degree (2)

○ Doctoral degree or other terminal (3)

○ Non–degree (4)

○ Other (5)

Q22 What did you major in for your highest degree from UMD?

○ Arts and Humanities (1)

○ Behavioral and Social Sciences (Sociology, Psychology, Anthropology, Geography, Economics, etc.) (2)

○ Business (3)

○ Computer (4)

○ Education (5)

○ Information Science (6)

○ Journalism (7)

○ Public Health (8)

○ Public Policy (9)

○ Mathematical (10)

○ Natural Sciences (11)

○ Other, please specify (12) ____________________

Q23 In what year did you graduate with your highest degree from UMD?

Q24 What was your cumulative GPA at the time of graduation?

○ 1.0–1.49 (1)

○ 1.5–1.99 (2)

○ 2.0–2.49 (3)

○ 2.5–2.99 (4)

○ 3.0–3.49 (5)

○ 3.5–3.99 (6)

○ 4.00 (7)

Q25 What is your race/ethnicity? Please mark all that apply:

○ Black or African American (1)

○ White (2)

○ American Indian or Alaska Native (3)

○ Asian Indian (4)

○ Chinese (5)

○ Filipino (6)

○ Japanese (7)

○ Korean (8)

○ Vietnamese (9)

○ Other Asian (10)

○ Native Hawaiian or other Pacific islander (11)

Not listed above(please specify) (12) ____________________

Q26 What is the highest grade of school or level of education that your parents (father/mother/legal guardian) completed?

	Parent/ Legal Guardian 1 (1)	Parent/ Legal Guardian 2 (2)
Less than high school (1)	○	○
High school (2)	○	○
Associate/Junior College (3)	○	○
Some college but no degree (4)	○	○
Bachelor's degree (5)	○	○
Master's degree (6)	○	○
Medical, law (J.D.) or other doctorate degree (7)	○	○
Not Applicable (8)	○	○

Q27 Did you ever attend UMD as a Full–time student?

○ Yes (1)

○ No (2)

Q28 Are you a member of the UMD Alumni Association?

○ Yes, Annual Paid Membership (1)

○ Yes, Lifetime Membership (2)

○ No (3)

Q29 Are you currently employed?

○ I am employed full time (1)

○ I am employed part time (2)

○ I am currently unemployed but looking for a new job (3)

○ I am currently unemployed (4)

Q30 In which sector is your current occupation?

○ Public sector (government agency, school, municipality, etc.) (1)

○ Private sector (business, corporation, company, etc.) (2)

○ Non–profit sector NGO, charity, etc. (3)

○ No specific sector/Freelance (4)

○ Not employed (5)

Q31 What is your job title? Please avoid vague occupational titles such as manager, clerk, or farmer. Describe your most important duties. For example, an accountant would be certified industrial accountant, the clerk would be the sales clerk, the farmer would be the dairy farmer, and the manager would be the regional sales manager.

Q32 How much is your annual income currently?

○ $0 – $19,999 (1)

○ $20,000 – $29,999 (2)

○ $30,000 – $39,999 (3)

○ $40,000 – $49,999 (4)

○ $50,000 – $74,999 (5)

○ $75,000 – $99,999 (6)

○ $100,000 – $149,999 (7)

○ More than $150,000 (8)

○ other (9) ____________________

Q33 Are you currently--married, widowed, divorced, separated, or have you never been married?

○ Married (1)

○ Partnered (2)

○ Widowed (3)

○ Divorced (4)

○ Separated (5)

○ Never married (6)

Q34 With what religion do you identify, if any?

○ Catholic (1)

○ Protestant (2)

○ Christian (e.g. Lutheran, Methodist, Mormon) (3)

○ Jewish (4)

○ Muslim (5)

○ Buddhist (6)

○ Hindu (7)

○ Spiritual (10)

○ I have no religious preference (8)

○ Religion not listed above (please specify): (9) ____________________

Q35 Would you describe yourself as:

○ Very religious (1)

○ Moderately religious (2)

○ Slightly religious (3)

○ Not religious at all (4)

Q36 How would you classify your political views?

○ Extremely Liberal (1)

○ Liberal (2)

○ Slightly Liberal (3)

○ Moderate (4)

○ Slightly Conservative (5)

○ Conservative (6)

○ Extremely Conservative (7)

Q37 Do you have any comments about any of the topics discussed in the survey? Please use the text box below. Thank you.

Q38 Thank you for taking this survey. Are you willing to possibly be included in a focus group on this topic? If you select yes, you will be directed to a separate survey to input your contact information. Your contact information will not be linked to your responses.

○ Yes (1)

○ No (2)

Q39 Would you like to be entered into a sweepstakes for a chance to win a $25 Amazon gift certificate? If you select yes, you will be directed to a separate survey to input your contact information. Your contact information will not be linked to your responses.

○ Yes (1)

○ No (2)

附录 4 中国 B 大学校友调查问卷

北京师范大学校友调查问卷（2017）

亲爱的校友：

您好！本调查旨在了解北京师范大学校友向母校捐赠的意愿和行为，以便为大学的管理提供决策依据。问卷中的所有信息只用于研究目的，不作他用或泄漏给任何个人或组织。问卷采用匿名方式，对您和您的家庭不会产生任何不利的影响。您的参与对本次调查的结果至关重要，在此，课题组对您的参与表示衷心的感谢!

Q1 在北师大就读期间，您参与下列活动的频率：

	从未 (1)	偶尔 (2)	经常 (3)	常常 (4)
参加学生社团、学生会等组织的活动 (1)	○	○	○	○
参加志愿服务活动（支教、社区服务、环保等公益活动）(2)	○	○	○	○
参加学校组织的体育、表演、宿舍文化等活动 (3)	○	○	○	○
参加学校组织的心理咨询、就业指导等活动 (4)	○	○	○	○
参加各种兼职（勤工助学、研究助理、学生助理等）(5)	○	○	○	○
与教师交流或讨论 (6)	○	○	○	○
与行政人员的交流 (7)				
课外与同学交流（如社交活动）(8)	○	○	○	○

Q2 您对北师大的满意程度：

	很不满意 (1)	不满意 (2)	比较不满意 (3)	比较满意 (4)	满意 (5)	非常满意 (6)
课程（包括选修课、必修课）(1)	○	○	○	○	○	○
学校整体教学质量 (2)	○	○	○	○	○	○
学生资助服务 (3)	○	○	○	○	○	○
就业指导服务 (4)	○	○	○	○	○	○
学生心理健康咨询服务 (5)	○	○	○	○	○	○
帮助你应对经济问题，完成学业 (6)	○	○	○	○	○	○

（续表）

	很不满意 (1)	不满意 (2)	比较不满意 (3)	比较满意 (4)	满意 (5)	非常满意 (6)
学校硬件设施（图书馆、宿舍等）(7)	○	○	○	○	○	○
校风、学风 (8)	○	○	○	○	○	○
校友服务（图书馆使用，其他服务等）(9)	○	○	○	○	○	○
对大学就读体验的总体满意度 (10)	○	○	○	○	○	○

Q3 您多大程度上同意以下说法？

	完全不符合 (1)	不符合 (2)	比较不符合 (3)	比较符合 (4)	符合 (5)	完全符合 (6)
我是北师大的一分子 (1)	○	○	○	○	○	○
在北师大，当我获得成就时，会被关注 (2)	○	○	○	○	○	○
像我这种学生在北师大很难被他人喜欢 (3)	○	○	○	○	○	○
其他同学会尊重我的观点 (4)	○	○	○	○	○	○
大多数老师都喜欢我 (5)	○	○	○	○	○	○
有时，我感觉自己不属于北师大 (6)	○	○	○	○	○	○
当我遇到问题时，至少可以向一位老师或是工作人员倾诉或寻求帮助 (7)	○	○	○	○	○	○
就读期间，大家对我很友善 (8)	○	○	○	○	○	○
北师大的老师们对我的成功没有帮助 (9)	○	○	○	○	○	○
在北师大，我参与了很多活动 (10)	○	○	○	○	○	○
在北师大，我得到了和其他同学一样的尊重 (11)	○	○	○	○	○	○
在北师大，我能做真实的自己 (12)	○	○	○	○	○	○
老师们会尊重我 (13)	○	○	○	○	○	○
在北师大，感觉自己与其他学生格格不入 (14)	○	○	○	○	○	○
作为北师大的一名毕业生我感到骄傲 (15)	○	○	○	○	○	○
北师大的同学们都喜欢我 (16)	○	○	○	○	○	○
在北师大，有人知道我有能力 (17)	○	○	○	○	○	○
我真希望我上的是另一所大学 (18)	○	○	○	○	○	○

Q4 您多大程度上同意以下说法：

	完全不同意 (1)	不同意 (2)	有点不同意 (3)	有点同意 (4)	同意 (5)	完全同意 (6)
我有责任向北师大捐赠 (1)	○	○	○	○	○	○
我认为其他人有责任向北师大捐赠 (2)	○	○	○	○	○	○
只有富裕的校友应该向母校捐款 (3)	○	○	○	○	○	○
向大学捐赠可以减税，这对我来说很重要 (4)	○	○	○	○	○	○
北师大不需要我的经济支持 (5)	○	○	○	○	○	○
我更愿意向别的教育机构捐赠而不是北师大 (6)	○	○	○	○	○	○
北师大需要我的经济支持来提升办学质量 (7)	○	○	○	○	○	○
我付了学费，所以我没有责任向北师大回报更多 (8)	○	○	○	○	○	○
作为公立大学我认为政府才是北师大首要的经费来源，而不是学费或是捐赠 (9)	○	○	○	○	○	○
我认为捐款额度很重要，小额度没有必要捐 (10)	○	○	○	○	○	○
我更愿意捐赠给比北师大声誉更好的大学 (11)	○	○	○	○	○	○

Q5 您多大程度上同意以下说法：

	从未 (1)	每隔几年 (2)	每年一次 (3)	几个月一次 (4)	每个月 (5)
阅读北师大校友杂志 (1)	○	○	○	○	○
通过报刊或是网络了解校友会活动或捐赠情况 (2)	○	○	○	○	○
为母校提供志愿服务 (3)	○	○	○	○	○
回母校参加活动 (4)	○	○	○	○	○
在校外参与北师大校友活动 (5)	○	○	○	○	○

Q6 隔多长时间您会接到北师大的募捐请求？

	从未 (1)	每隔几年 (2)	每年一次 (3)	几个月一次 (4)	每个月 (5)
通过电话 (1)	○	○	○	○	○
通过邮件或网络平台 (2)	○	○	○	○	○
通过私人见面 (3)	○	○	○	○	○
在某个活动上 (4)	○	○	○	○	○

Q7 您认为，与过去您上学期间相比，北师大的发展是否越来越好？

○肯定不是 (1)

○可能不是 (2)

○可能是 (3)

○肯定是 (4)

Q8 毕业后，您参与以下活动的频率？

	从未 (1)	有时 (2)	经常 (3)	常常 (4)
参与北师大校友会活动 (1)	○	○	○	○
与其他校友保持联系 (2)	○	○	○	○
参与院系组织的活动 (3)	○	○	○	○
参与有助于北师大学生发展的活动 (4)	○	○	○	○
关注母校的新闻和信息 (5)	○	○	○	○
做北师大志愿者 (6)				
参加校友返校活动（如班级聚会、社交活动等）(7)	○	○	○	○

Q9 到目前，您是否向北师大捐赠过？

○有 (1)

○没有 (2)

Q10 您向北师大捐赠的频率如何？

○每年 (1)

○每两年 (2)

○每 3–4 年 (3)

○每五年 (4)

○到目前仅捐过一次 (5)

○其他 (6) ______________________________

Q11 您是否有意愿向北师大捐赠?

○有 (1)

○没有 (2)

Q12 您向北师大捐赠或有意愿进行捐赠，那么您捐赠是为了:(可多选)

○帮助学生 (1)

○支持教师科研 (2)

○支持自己所在的专业 (3)

○向他人传递爱 (4)

○可以得到社会的认同 (5)

○因为这是一件正确的事情 (6)

○尽最大可能为北师大增聘优质师资 (7)

○向母校捐赠可获得好的声誉 (8)

○对提高北师大声誉和排名有必要 (9)

○可以减免税费 (10)

○北师大对我的成功有帮助，捐赠以表示感激 (11)

○自己会感到骄傲 (12)

○为了纪念对我有重大影响的人 (13)

○向母校捐赠我感到开心 (14)

○通过捐赠可以有机会参与某些社交活动，认识学校领导 (15)

○捐赠可以享受到大学提供的一些优惠政策 (16)

○改善大学设施 (19)

○其他 (18) ______________________________

Q13 在北师大，您是否获得过奖学金？

○奖学金（单项奖学金，综合奖学金，其他类型奖学金）(1)

○助学金（国家助学金，学校助学金等）(2)

○没有获得过任何奖助学金 (3)

○不适用 (4)

Q14 您多大程度上相信母校有能力用好捐赠资金？

○完全信任 (1)

○信任 (2)

○比较信任 (3)

○很少信任 (4)

○不信任 (5)

Q15 您的性别：

○女 (1)

○男 (2)

Q16 您的民族：

○汉族 (1)

○少数民族 (2)

○不适用 (3)

Q17 您的出生年份：______________

Q18 您的出生地属于：

○直辖市 / 省会城市 (1)

○地级市 (2)

○县城或县级市 (3)

○乡镇 (4)

○其他国家 (5)

Q19 在师大，您是哪一年获得最高学位或毕业的？ ______________

Q20 您在北师大获得的最高学位？ ______________

Q21 您的专业是：

____

Q22 在您毕业时，您的 GPA 是多少？

○ 1.0 ~ 1.99 (2)

○ 2.0 ~ 2.49 (3)

○ 2.5 ~ 2.99 (4)

○ 3.0 ~ 3.49 (5)

○ 3.5 ~ 3.99 (6)

○ 4.00 (7)

○不适用 (8)

Q23 您父母（或是法律监护人）的学历：

学历情况	父母 / 监护人 1 (1)	父母 / 监护人 2 (2)
高中以下 (1)	○	○
高中 (2)	○	○
专科 (3)	○	○
大学但是无学位 (4)	○	○
学士学位 (5)	○	○
硕士学位 (6)	○	○
博士学位 (7)	○	○
其他 (8)	○	○

Q24 您是否为北师大全日制学生？

○是 (1)

○不是 (2)

Q25 在北师大期间，您是否担任过学生干部？

○是 (1)

○否 (2)

Q26 您现在的工作状况：

○从事全职工作 (1)

○从事兼职 (2)

○未就业，正在寻找新的工作 (3)

○未就业，没有找到新的工作 (4)

○已退休 (5)

Q27 您目前的家庭年收入为：

○ 0 ~ 9.9 万元 (1)

○ 10.0 万 ~ 19.9 万元 (2)

○ 20.0 万 ~ 24.9 万元 (3)

○ 25.0 万 ~ 29.9 万元 (4)

○ 30.0 万 ~ 39.9 万元 (5)

○ 40 万 ~ 49.9 万元 (6)

○ 50.0 万元以上 (7)

○其他 (8) ____________________

Q28 您的婚姻状况：

○已婚 (1)

○未婚 (6)

○其他 (2)

Q29 您的宗教信仰是：

○佛教 (6)

○基督教 (3)

○伊斯兰教 (5)

○道教 (8)

○没有宗教信仰 (9)

○天主教 (7)

○其他，请具体说明：(10) ______________________

Q30 您对母校提高社会捐赠有何建议：

____

____

____

____

附录 5　访谈提纲

This focus group is for the research to better understand alumni engagement with UMD. This study is partnering with the University of Marylands Division of University Relations on my dissertation. so thank you all for coming, I appreciate it. We will record the audio only for transcription purposes. All recordings and identifiers will be destroyed after transcription.

Lets start. How about everyone making a brief introduction yourself, so that could be your name, the degree you earned from UMD, year of graduation. any demographic information that you feel comfortable sharing. Please feel free to share that.

Now, lets move to the topics today. we have 45 minutes, and we have three topics to discuss. I just ask the questions and feel free to answer it.

1.What factors influence your desire to give back or not to give back to UMD?

2.What area or purpose do you want your gift used by UMD? Why?

3.Whats your experience with UMD Alumni or Fundraising staff? How did they connect with you?

4.How do you rate/compare your experience at UMD to prior experience(s) at other institutions?

5.Have you ever give financial support to other organization? How did your experience and motivation of giving have changed over time? Why?

6.What is your understanding the role of philanthropy in higher education?

7.What kind of challenges do you think UMD face when it comes to engaging alumni in their philanthropic work?

后　记

在攻读博士学位之初，我读到《学术作为一种志业》时感慨万千，也满怀憧憬。韦伯把现实的学术职业描述出了一份高尚，也有一份悲观。那会儿，我只被那种高尚吸引，深信博士学习经历可以锤炼自我，让自己像众多令人仰慕的教授一样，成为有思想、有自由的人，成为有光环的人。可惜，在博士学习过程中，越来越体会到韦伯演讲中所传达的“悲观”。我想把我研究的问题回答得非常漂亮，用别人没有想过的办法去分析解读，可结果是一次次被卡住，开始不断地自我怀疑、自我否定。我在博士论文写作过程中，不知多少次把韦伯说的“一个人是否具有科学灵感，取决于我们无法了解的命运，但也取决于‘天赋’的有无”这句话视作放弃的理由。从完美主义到不断肢解自己，再重拾信心就像是一个重新认识自我的过程。这本博士论文，烙下了求学三载的每一步，也记录了迂回、破立的辛苦。再读《学术作为一种志业》，潸然泪下，学术带给我的快乐，我感受到了；学术带给我的痛苦，我也承受了。这个过程，深感自己的平庸，就像在象牙塔里坐井观天；这个过程，磨炼了耐心，享受了孤独，每一次小突破就有柳暗花明后的愉悦。博士论文写作，从设计研究方案到调研写作完成，是知识不断积累、技能不断提升的过程，也是不断否定自我、建立自我的过程。这一经历就是一场修炼，这场修炼凝聚了师大六年时光的付出和收获，也是一场美丽、幸运的人生际遇。

我的博士生导师洪成文教授，也是我的人生导师。学术上，洪老师带领我进入大学筹投资研究领域，洪老师常常带给我很多新颖、独到的观点，给我的学习和研究带来启发和思考。博一阶段，我常常带着自己不成熟的文章跟老师请教和讨论，洪老师一直以来都是耐心地与我研讨我的拙作。在我印象中，老师说得最多的是“再改改，慢慢磨，再发给我看看”。回想起来，那些不成熟的文章，现在觉得非常粗糙，却一再让老师花费宝贵时间精力给我指导，真是惭愧。记忆犹新的是，在出国前一天博士论文开题，答辩委员会的老师们提了很多尖锐的问题，当场急得掉眼泪，被一番建议后，真是不知道该如何走下去。开题答辩后，洪老师跟我深入聊了 3 个小时，从思路、问题、研究设计各方面，重新帮我一起梳理，指出需更改的地方。论文谈完还叮嘱我出国学习应该要做的事情，就这样带着画满符号、标注的开题报告出国联培，心安而踏实。出国期间，每逢节日老师都会提前发信息、发邮件，身在异国，倍感亲切。博士期间，跟从老师课题，走访了多所地方院校，实地调研了高校管理问题，也让我更深入地扎向高教研究领域。洪老师还资助我多次参加国内外的学术研讨会，鼓励我发表观点，锻炼自我。在生活中，洪老师是一位极具大智慧的生活家，传授了我很多为人处世的哲学道理。很多在我看来是艰难的事情，在老师那里换个思路、换个心态，就会变得豁然开朗。洪老师常常给我传递一种“利他者为王”的处世哲学，这是一种博大胸襟、大格局、大智慧，他一直说他自己做得还远远不够。在我看来，这是我一生都难以做到的，也是未来应该学习的。很怀念和老师一起在学校散步的时光，每次博士论文遇到瓶颈，洪老师都会以一起散步的方式帮我疏解困惑，给予鼓励和支持，让我敢于去挑战自己。太多细碎的回忆都是老师的悉心勉励，师徒情谊，难以言喻，唯愿不懈努力，不负师恩！

博士第二年在美国哥伦比亚大学教育学院度过，这一年充满了欣喜、孤独，也是在这关键的一年打下了研究的基础。2016 年，在北京结缘认识我的外导德雷兹纳教授和他的爱人奥伦教授，在一间咖啡馆里，我们讨论了预研究计划和问卷设计。就这样，我开始一边申请联合培养一边开始预研究。到哥大后，每周三下午与德雷兹纳教授约见，满满的安排里，每周给了我一个小时甚至更多时间跟他汇报学习情况，他不遗余力地帮我联系马里兰大学开展调研。

这个过程真是个拉锯战，从联系到收完数据，持续了大半年。在德雷兹纳教授的帮助下，与马里兰大学多次电话协商、讨论之后，终于拿到其校友邮箱开始调研工作。以一个中国博士生的身份去调查国外大学校友的难度可想而知，第一个月只收到200多份问卷，为了获得马里兰大学校友的信任，德雷兹纳教授又重新以他的名义写了邀请信，两个月后回收了1000多份问卷。每次收到马里兰大学校方的邮件，教授都会及时帮助我、指导我该如何回复解决对方提出的问题，他就像我的“蜘蛛侠”。这一年里，跟随二位教授上课，参加课题组讨论，受益匪浅。二位教授在论文思路、数据处理方面给我提了很多有价值的建议，帮助我解决了很多方法难题。除了师生关系，二位教授亦与我同志趣，像朋友一样一起度过了很多重要的日子，感恩节在教授家一起度过，我的生日和教授一起观看同门导演的话剧，等等，那些感动的瞬间，至今也能让我热泪盈眶。二位国外导师，亦师亦友，何等幸运！还要感谢德雷兹纳团队的同学们，Maria、Alex、Bret、Brian帮我校对英文问卷，给问卷提出了很多宝贵的意见。回国后，开始收集国内数据，十分感谢北师大校友会、北师大大学基金会的所有工作人员为我提供与校友访谈的机会。校友会沈老师多次帮忙发送问卷邀请邮件、向各大校友群转发问卷。

最后，要感谢一直默默爱我、支持我的家人。感谢我的父母，他们含辛茹苦，给我最好的生活，感谢他们的无限支持，永远让我自己选择自己要走的路。十分惭愧，多年来，未能给予父母陪伴和照顾，希望父母健康常驻。感谢我的家人，一直以来的关心和疼爱，愿你们生活愉悦、幸福安康！

感谢3年的博士生求学经历，让我获得成长，懂得上下求索过程中的苦与乐。完成博士论文只是学术之路的开端，吾尚需奋斗；学术生涯中的星辰与大海，向往之，追寻之！

2022年10月15日 于家中